에우데모스 윤리학

정암고전총서 02

에우데모스 윤리학

ΗΘΙΚΑ ΕΥΔΗΜΕΙΑ

아리스토텔레스

송유레 옮김

아카넷

정암고전총서는 윤독의 과정을 거쳐 책을 펴냅니다.
아래의 정암학당 연구원들이『에우데모스 윤리학』원고를 함께 읽고
번역에 도움을 주셨습니다.
김유석, 임성진, 장미성, 허민준

'정암고전총서'를 펴내며

그리스 · 로마 고전은 서양 지성사의 뿌리이며 지혜의 보고이다. 그러나 이를 우리말로 직접 읽고 검토할 수 있는 원전 번역은 여전히 드물다. 이런 탓에 우리는 서양 사람들의 해석을 수동적으로 수용하는 처지를 완전히 극복하지 못하고 있다. 사상의 수입은 있지만 우리 자신의 사유는 결여된 불균형의 문제를 안고 있는 것이다. 이런 상황은 우리의 삶과 현실을 서양의 문화유산과 연관 지어 사색하고자 할 때 특히 심각한 문제를 야기한다. 우리 자신이 부닥친 문제를 자기 사유 없이 남의 사유를 통해 이해하거나 해결하는 것은 거의 불가능하기 때문이다. 우리의 문제에 대한 인문학적 대안들이 때로는 현실을 적확하게 꼬집지 못하는 공허한 메아리로 들리는 것도 그런 이유 때문일 것이다.

한 공동체에서 살아가는 사람들이 자신들의 생각과 말을 나누며 함께 고민하는 문제와 만날 때 인문학은 진정한 울림이 있는 메아리가 될 수 있다. 이것은 우리가 우리의 현실을 함께 고민하는 문제의식을 공유함으로써 가능하겠지만, 그조차도 함께 사유할 수 있는 텍스트가 없다면 요원한 일일 것이다. 사유를 공유할 텍스트가 없을 때는 앎과 말과 함이 분열될 위험에 노출될 수 있기 때문이다. 이런 점에서 진정한 인문학적 탐색은 삶의 현실이라는 텍스트, 그리고 생각을 나눌 수 있는 문헌 텍스트와 만나는 이중의 노력에 의해 가능할 것이다.

현재 한국의 인문학적 상황은 기묘한 이중성을 보이고 있다. 대학 강단의 인문학은 시들어 가고 있는 반면 대중 사회의 인문학은 뜨거운 열풍이 불어 마치 중흥기를 맞이한 듯하다. 그러나 현재의 대중 인문학은 비판적으로 사유하는 인문학이 되지 못하고 자신의 삶을 합리화하는 도구로 전락하는 경향이 없지 않다. 사유 없는 인문학은 대중의 욕망을 충족시키기 위해 소비되는 상품에 지나지 않는다. '정암고전총서' 기획은 이와 같은 한계상황을 극복할 수 있는 기본적인 토대를 마련하고자 하는 절실한 문제의식에서 시작되었다.

정암학당은 철학과 문학을 아우르는 서양 고전 문헌의 연구와 번역을 목표로 2000년 임의 학술 단체로 출범하였다. 그리고 그 첫 열매로 서양 고전 철학의 시원이라 할 『소크라테스 이전 철학자들의 단편 선집』을 2005년도에 펴냈다. 2008년에는 비영리 공익법인의 자격을 갖는 공적인 학술 단체의 면모를 갖추고 플라톤 원전 번역을 완결할 목표 아래 지금까지 20여 종에 이르는 플라톤 번역서를 내놓고 있다. 이제 '플라톤 전집' 완간을 눈앞에 두고 있는 시점에 정암학당은 지금까지의 시행착오를 밑거름 삼아 그리스 · 로마의 문사철 고전 문헌을 우리말로 옮기는 고전 번역 운동을 본격적으로 펼치려 한다.

정암학당의 번역 작업은 철저한 연구에 기반한 번역이 되도록 하기 위해 처음부터 공동 독회와 토론을 통해 이루어진다. 번역 초고를 여러 번에 걸쳐 교열 · 비평하는 공동 독회 세미나를 수행하여 이를 기초로 옮긴이가 최종 수정하는 방식으로 진행된다.

이같이 공동 독회를 통해 번역서를 출간하는 방식은 서양에서도 유래를 찾기 어려운 번역 시스템이다. 공동 독회를 통한 번역은 매우 더디고 고통스러운 작업이지만, 우리는 이 같은 체계적인 비평의 과정을 거칠 때 믿고 읽을 수 있는 텍스트가 탄생할 수 있다고 확신한다. 이런 번역 시스템 때문에 모든 '정암고전총서'에는 공동 윤독자를 병기하기로 한다. 그러나 윤독자들의 비판을 수용할지 여부는 결국 옮긴이가 결정한다는 점에서 번역의 최종 책임은 어디까지나 옮긴이에게 있다. 따라서 공동 윤독에 의한 비판의 과정을 거치되 옮긴이들의 창조적 연구 역량이 자유롭게 발휘될 수 있도록 노력하였다.

정암학당은 앞으로 세부 전공 연구자들이 각각의 연구팀을 이루어 연구와 번역을 병행함으로써 아리스토텔레스 철학 원전, 키케로 전집, 헬레니즘 선집 등의 번역본을 출간할 계획이다. 그리고 이렇게 출간될 번역본에 대한 대중 강연을 마련하여 시민들과 함께 호흡할 수 있는 장을 열어 나갈 것이다. 공익법인인 정암학당은 전적으로 회원들의 후원으로 유지된다는 점에서 '정암고전총서'는 연구자들의 의지뿐만 아니라 시민들의 소중한 뜻이 모여 세상 밖에 나올 수 있는 셈이다. 이런 점에서 '정암고전총서'가 일종의 고전 번역 운동으로 자리매김되길 기대한다.

'정암고전총서'를 시작하는 이 시점에 두려운 마음이 없지 않으나, 이런 노력이 서양 고전 연구의 디딤돌이 될 것이라는 희망, 그리고 새로운 독자들과 만나 새로운 사유의 향연이 펼쳐질 수 있으리라는 기대감 또한 적지 않다. 어려운 출판 여건에도 '정암고전총서' 출간의 큰 결단을 내린 아카넷 김정호 대표에게 경의와 감사의 뜻을 전한다. 끝으로 정암학당의 기틀을 마련했을 뿐만 아니라 앎과 실천이 일치된 삶의 본을 보여 주신 이정호 선생님께 존경의 마음을 표한다. 그 큰 뜻이 이어질 수 있도록 앞으로도 치열한 연구와 좋은 번역을 내놓는 노력을 다할 것이다.

2018년 11월

정암학당 연구자 일동

차례

3권

7권

8권

일러두기

1. 이 책은 아리스토텔레스가 집필한 『에우데모스 윤리학』의 그리스어 원문을 한국어로 옮긴 것이다. 『니코마코스 윤리학』과 겹치는 4권에서 6권까지는 학계의 관례에 따라 번역에서 제외했다.
2. 원전 번역의 기준 비판본은 R. R. Walzer & J. M. Mingay가 편집한 *Aristotelis Ethica Evdemia*(Oxford 1991)이다. 원문을 기준 비판본과 다르게 읽은 경우는 각주에 명시했다.
3. 원문의 쪽, 단, 행의 표기는 벡커(Bekker)가 편집한 아리스토텔레스 전집(Aristotelis opera, Berlin 1831~1870)에 따랐다. 예를 들어 1214b8~1215a7은 1214쪽 오른쪽 단 (b) 8행부터 1215쪽 왼쪽 단 (a) 7행까지를 지시한다.
4. 내용의 이해를 돕기 위해 원문에 없는 문구를 첨가한 경우 [ ]를 사용했다. 〈 〉는 사본에는 없지만 후대 텍스트 편집자가 보충한 내용을, { }는 후대 텍스트 편집자가 삭제한 내용을 표시한다. † †는 원문에서 훼손된 부분을 나타낸다.
5. 각 장의 제목은 옮긴이가 달았다.
6. 각주에는 원문 이해에 도움을 주는 어휘 해설, 인용 문구의 출처 및 관련 참고 사항을 제시했다. 발표 연도가 명시되지 않은 참고문헌은 『에우데모스 윤리학』의 주요 판본 및 번역/주해서에 해당한다.
7. 그리스어 고유명사의 한국어 표기는 고전 시대의 발음에 가깝도록 했다. 단, 이미 일상적으로 통용되는 표현들은 예외로 두었다. 예) 피타고라스(퓌타고라스).
8. 본문에서 그리스어 병기는 가급적 피했다. 「찾아보기」를 참조하길 바란다.

약어

주요 필사본

P	Codex Vaticanus 1342(13세기)
C	Codex Cantabrigensis 1879(1278년)
L	Codex Laurentianus 81. 15(15세기)
Π	Consensus codicum PCL(위의 필사본들에 공통된 전승)
Λ^1	Versio Latina ab anonymo(16세기)
Λ^2	Versio Latina De Bona Fortuna(1482년)
Λ^3	Fragmentum Latinum

그 밖에 인용된 필사본

Mar.	Codex Venetus Marcianus 213(15세기)

1권

"덕에 관한 한 가장 가치 있는 것은
그것이 무엇인지를 아는 게 아니라,
그것이 무엇으로부터 나오는지를 인식하는 것이다.
왜냐하면 우리가 바라는 것은
용기가 무엇인지를 아는 게 아니라
용감한 사람이 되는 것이며,
정의가 무엇인지 아는 게 아니라
정의로운 사람이 되는 것이기 때문이다."

1장

행복은 가장 아름답고 가장 좋으며 가장 즐거운 것

델로스 성역 내의 레토 신전 입구에 비명을 새겨 자신의 견해 1214a1
를 공표한 어떤 이는 좋음과 아름다움[1] 그리고 즐거움[2]이 같은 것에 속하지 않고 서로 다르다고 판별하면서 다음과 같은 시구

1 '아름다움'으로 옮긴 그리스어 'kalos'는 이른바 미학적인 영역에만 국한되어 사용되지 않고, 도덕적인 영역에도 적용될 수 있는 광범위한 가치 개념으로, 근사함, 고귀함, 고매함, 경탄할 만함, 옳음 등으로 옮길 수 있다. 아리스토텔레스는 『형이상학』 M 3, 1078a36에서 'to kalon'의 개념을 질서(taxis), 균형(symmetria), 한정(to hôrismenon)과 같은 개념을 통해 설명한다. 윤리학적 맥락에서 '아름다움'은 유덕한 행위를 유발하는 동기이자 목적이 된다. 예를 들어, 오직 '아름다움' 때문에 두려움을 견디는 자가 용감한 자이다. 아래 III 1, 1229a4, 29, 32 참조.

2 '즐거움'으로 옮긴 'to hêdy'는 직역하자면 '달콤함'을 의미하며, 쾌락을 의미하는 'hêdonê'와 어원상 연결되어 있다. 행복이 가장 즐거운 것임을 보여주는 논변은 『에우데모스 윤리학』에서 제시되지 않고, 『니코마코스 윤리학』 I 8, 1099a7~28에서 발견된다.

를 지었다.

가장 정의로운 것이 가장 아름답고, 건강한 것이 가장 좋지만
가장 즐거운 것은 자신이 사랑하는 것을 얻는 것이다.[3]

그러나 우리는 그에게 동의하지 말자. 왜냐하면 행복[4]이 만물 중에서 가장 아름답고도 가장 좋으면서 가장 즐겁기 때문이다. 각각의 대상과 본성에 관련해 의문을 제기하고 탐구를 요구하는 연구 영역들이 많이 있는데, 그 가운데 일부는 아는 것에만 공헌하는 데 비해, 일부는 대상의 획득과 실천에도 관여한다. 그런데 오로지 이론적인 철학에 관해서는 적절한 기회가 생겼을 때 무엇이 과연 그 학문에 고유한 것인지 논의되어야 할 것이다.[5]

3 테오그니스 단편 225 (Dr.). 『니코마코스 윤리학』 I 8, 1099a27에도 인용된다.
4 통상적으로 '행복'으로 번역되는 'eudaimonia'는 어원상 '좋은 신(daimôn: 수호신 내지 신령)의 가호 아래에' 있음을 뜻하며, 고대 그리스어의 일상적인 어법에 따라 '잘 산다는 것(eu zên)'과 동일시된다. 'eudaimonia'가 삶에 대한 주관적 만족이 아니라 객관적인 성공을 의미한다는 점에서 행복보다는 오히려 복(福)에 가까운 개념이라 할 수 있다. 따라서 행복을 공리주의적 전통에 따라 쾌락이나 고통의 부재로 이해한다면, 'eudaimonia'는 행복이라 번역될 수 없다. 역자는 학계의 관행에 따라 '행복'이라는 번역어를 채택하지만, 독자는 이 번역어의 난점을 염두에 두어야 할 것이다.
5 이 책에 도입된 학문의 구분에 따르면, 행복에 대한 탐구는 '제작적 학문'에 속하며, 학문의 목적이 앎 자체에 있는 '이론적 학문'과 대조를 이룬다 (1216b10 이하 참조). 아리스토텔레스는 『형이상학』 E 1025b18~28에서 학

1214a

우선, 잘 사는 것[6]이 어디에 놓여 있고 어떻게 획득되는지 살펴보아야만 한다.[7] 행복하다고 불리는 사람들이 모두 마치 키가 크거나 작거나 피부색에서 차이가 나는 것처럼 본성상 행복하게 된 것인가? 또는 행복이 어떤 앎이기 때문에[8] 배움을 통해서 행복하게 된 것인가? 또는 어떤 훈련을 통해서 그렇게 되었는가? 인간에게 속하는 많은 것이 타고난 것도 배운 것도 아니고, 단지 습관이 든 것인데, 나쁜 것은 나쁘게 습관이 든 이에게 속하는 한편, 좋은 것은 좋게 습관이 든 이에게 속하니까.[9] 또는 이러한 방식들 가운데 하나에 따라서가 아니라, 다음의 둘 중 하나의 방

문을 보다 세분해서, 세 분야로, 즉 이론적 학문, 실천적 학문, 그리고 제작적 학문으로 나눈다.

6 아리스토텔레스가 '행복(eudaimonia)'을 '잘 사는 것(to eu zên)'과 동일시함을 이 단락에서 추론할 수 있다. 『니코마코스 윤리학』 I 2, 1095a18~20 참조.

7 잘 사는 것, 즉 행복을 어떻게 획득할 것인가라는 질문에 대해 다섯 가지 가능한 대답이 제시된다. 아리스토텔레스의 표준적 입장에 따르면, 행복하기 위해서는 한편으로는 훈련 또는 습관도 필요하지만, 다른 한편으로는 일종의 실천적 지혜, 즉 슬기로움도 요구된다. 물론, 행복할 수 있는 타고난 재질, 다시 말해 본성도 필요하다고 할 수 있다. 사실, 아리스토텔레스에 따르면, 동물들의 경우 본성상 행복할 수 없다(I 7, 1217a24 이하 참조). 이 세 가지 가능성들은 『형이상학』 Θ 5, 1047b31~35에 고려된다. 『니코마코스 윤리학』 I 8, 1099b9~11; X 9, 1179b20~6("본성적으로, 습관에 의해, 그리고 배움에 의해")과 플라톤, 『메논』 70a1 이하를 비교하라.

8 소크라테스의 입장을 염두에 두고 하는 말로 보인다. 아래 I 5, 1216b3~25; VIII 1, 1246a35 참조. Rackham은 '행복에 대한 어떤 앎이 있어서'라고 읽는다.

9 아래 II 1, 1220a13~b20; 『니코마코스 윤리학』 II 1~4 참조.

식으로 그렇게 되었는가? 즉 님프에 홀리거나[10] 신들린 사람들과 같이 어떤 신적인 존재[11]에 의해 영감을 받아서[12] 또는 우연에 의해? 많은 이들이 행복과 행운이 같은 것이라고 주장하니까.[13]

그런데 행복이 그 모든 것들을 통해서든 아니면 그중 몇몇을 통해서든 아니면 어떤 하나를 통해서든 인간들에게 있음이 분명하다. 왜냐하면 거의 모든 생성은 그러한 원리들[14]의 지배를 받기 때문이다.[15] 그리고 혹자는 사유로부터 연유한 모든 행동들을 앎으로부터 연유한 행위들과 통합할 수 있을 테니 말이다.

다른 한편, 행복하다는 것과 복되고 아름답게 산다는 것은 무엇보다도 가장 택할 만한 가치가 있다고 여겨지는 세 가지 대상에 놓여 있을 것이다. 어떤 이들은 지혜[16]가 가장 좋다고 말하지

10 플라톤, 『파이드로스』 238c5~d3; 241e3 참조.

11 'daimoniou(1214a24)'를 옮긴 말이다. 그리스어 'eudaimonia'가 어원상 'daimonion'과 관련된다.

12 신적 영감에 대해서는 아래 VIII 2, 1247a23~29 플라톤의 『메논』 99b11~100a2와 『이온』 비교.

13 행복과 행운(eutychia)의 관계에 대해서는 아래 8권 2장 참조.

14 이때 '원리(archê)'는 '원인(aitia)'을 의미한다. 이 두 용어의 다양한 의미에 대해서는 아리스토텔레스의 철학 용어 사전에 해당하는 『형이상학』 Δ의 1~2장 참조.

15 생성의 원인에 관해서는 『자연학』 II 1; 『형이상학』 Z 7, 1032a12~30; 『철학에의 권유』 49, 3~11(Fr. 11 Ross) 참조.

16 그리스어 'phronêsis'를 옮긴 말이다. 아리스토텔레스는 『니코마코스 윤리학』 6권과 겹치는 『에우데모스 윤리학』 4권에서 실천적 지혜를 의미하는 'phronêsis'를 이론적 지혜를 의미하는 'sophia'와 구분한다. 하지만, 이 구

만, 다른 이들은 덕(德)[17]이, 또 다른 이들은 쾌락이 가장 좋다고 말하니 말이다.

그리고 몇몇 사람들은 행복과 관련해 세 가지 대상이 지니는 중요성을 두고 하나가 다른 하나보다 행복에 더 많이 기여한다 1214b1
고 주장하면서 논쟁을 벌이는데, 어떤 이들은 지혜가 덕보다 더 낫다고 주장하고, 다른 이들은 그것보다는 덕이 낫다고, 또 다른 이들은 이 둘보다 쾌락이 더 낫다고 주장한다. 그리고 어떤 이들

분이 『에우데모스 윤리학』의 다른 부분에, 특히 4권 이전의 책들에, 이미 전제되어 있는지가 불확실하다. Dirlmeier는 이 자리의 'phronêsis'가 '이론적 앎'을 뜻한다고 주장한다. Dirlmeier가 지적하는 대로 아래 5장 1216a14에서 아낙사고라스의 천문학적, 우주론적 지식이 'phronêsis'의 예로 등장하는 것을 볼 때, 'phronêsis'가 적어도 이론적 지혜를 포함하는 것으로 짐작할 수 있다. 따라서 이 문맥에서 'phronêsis'를 '실천적 지혜'로 옮기지 않는 편이 안전하다. 역자는 'phronêsis'가 명백하게 '실천적 지혜', 즉 '슬기'의 의미로 쓰인 곳을 제외하고는, 보다 넓은 의미를 가진 '지혜'로 번역한다.

17 원어인 'aretê'는 일반적으로 양질(良質) 내지 좋은 상태를 뜻하며 '탁월성' 내지 '수월성(excellence)'으로 옮길 수 있으나, 윤리학적 맥락에서 전통적으로 '덕(德)'으로 번역되어 왔다. 그것은 전통적으로 무엇보다도 전쟁 무사의 남자다움(cf. arrhen, lat. vir/virtus)을 가리키는 말이었다(호메로스의 『일리아스』 XV 641~2). 말과 같은 동물(헤로도토스, 『역사』 III 88. 3)이나 도구의 '훌륭함'(플라톤, 『국가』 X 601a)을 나타날 때에도 이 용어를 사용했다. 이 자리에서 이 용어는 이미 '도덕적' 의미를 가진 것으로 보인다. 여기서 'aretê'가 'phronêsis'와 대비되어 쓰이고, 나아가 4장 1216a19~26에서 'phronêsis'를 최고선으로 하는 철학적 삶의 형식에 대비되는 정치적 삶의 형식의 최고선으로 다루어진다는 점에서 이론적 덕이 아닌 실천적 덕, 달리 말해 지성적 덕이 아닌 '성격적(êthikê)' 덕을 가리키는 것으로 좁혀 볼 수 있다.

1214b

은 행복이 이 모든 것들로부터 생기는 것으로 여기고, 다른 이들은 둘로부터, 또 다른 이들은 그 가운데 어떤 하나에 행복한 삶이 놓여 있다고 여긴다.[18]

18 『철학에의 권유』 59, 28P(Fr. 15 Ross) 참조.

2장

행복의 내용과 조건

이제 이 주제와 관련하여 자신의 선택에 따라 살 수 있는 사람은 누구나[19] 아름답게 살기 위한 어떤 목표를—명예든 명성이든 부든 교양이든—정해야 하고, 그 목표를 바라보면서 모든 행위들을 할 것이라는 점이 확립되었으므로—삶이 하나의 목적을 향해 정돈되어 있지 않다는 것이야말로 큰 어리석음의 표징이니까—무엇보다도 먼저 과연 잘 산다는 것이 우리에게 속한 것들 가운데 무엇 안에 놓여 있는지, 또 인간들이 잘 살기 위해 없어서는 안 되는 것이 무엇인지를 성급하지도 않고 해이하지도 않게 스스로 구별해야만 한다.

왜냐하면 건강하기 위해 없어서는 안 되는 것과 건강함은 동

19 이 점에서 동물들과 노예들은 행복한 삶으로부터 제외된다. 『정치학』 III 9, 1280a34 참조.

일하지 않기 때문이다. 그리고 다른 많은 경우에도 이와 마찬가지이다. 그래서 아름답게 사는 것과 아름답게 살기 위해 없어서는 안 되는 것은 다르다. 그런데 후자에 속하는 것들 가운데 일부는 건강이나 아름다운[20] 삶에 고유하지 않고, 말하자면 모든 것들, 즉 모든 성향들과 행위들에 공통된다. 예컨대 숨을 쉬거나 깨어 있거나 또는 운동에 참여하지 않고서는 우리에게 어떤 좋은 것도 나쁜 것도 속할 수 없을 것이다. 반면에 [후자에 속하는 것들 가운데] 다른 일부는 오히려 개별적 대상에 고유하다. 이 점을 간과해서는 안 된다. 육식과 식후의 산책은 앞서 언급된 것들과는 동일하지 않은 방식으로 몸이 좋은 상태를 가지는 데 고

20 1214b18에서 Richards와 함께 'ζωῆς(삶)' 앞에 'καλῆς(아름다운)'를 보충해서 읽었다. 아리스토텔레스는 바로 앞에서 건강과 건강의 필수 조건을 구분하듯이 아름다운 삶과 아름다운 삶의 필수 조건을 구분했다. 괄호 안의 내용은 필수 조건을 다시 일반적 필수 조건과 개별적 필수 조건으로 나누는 것을 골자로 한다. 다시 말해, 건강과 아름다운, 즉 고귀한 삶에 고유한 조건과 건강과 아름다운 삶, 나아가 모든 성향과 행위가 존재하기 위해서 일반적으로 요구되는 조건이 구분된다. 가령, 숨을 쉴 수 있어야지 살 수 있고, 살아야 건강하든 아름다운 삶을 영위할 수 있을 것이다. 이때 호흡 내지 생명은 건강과 아름다운 삶의 일반적 필수 조건이라 할 수 있다. 이러한 일반적 필수 조건은 호흡하는, 즉 살아 있는 대상의 상태나 행위가 좋고 나쁨에 영향을 주지 않는다. 하지만 개별 대상 내지 그 대상의 본성(physis: 22)에 특유한 조건도 생각해 볼 수 있다. 예를 들어, 식후에 산책을 가는 것은 개별적 몸의 어떤 상태, 정확히 말해 좋은 상태(euhexia: 23)에 고유한 조건이 될 수 있다. 같은 논리에서 '아름다운 삶'이라는 개별 대상에 고유한 필수 조건들을 고려해 볼 수 있다.

유하니까.

사실, 이러한 점들이 행복이 무엇이고 무엇을 통해 행복이 생기는지에 대한 논쟁의 원인이 된다. 왜냐하면 몇몇 이들은 행복하기 위해 없어서는 안 될 것들을 행복의 부분으로 간주하기 때문이다.[21]

21 행복이 있기 위해 전제되는 외적인 필수 조건(conditio sine qua non)과 행복을 구성하는 내적 요소의 혼동이 지적된다.

3장

행복에 대한 탐구 방법

1214b28 그런데 사람들이 가질 수 있는 행복에 대한 견해들을 전부 살펴
보는 것은 과한 일이다. 어린애들과 병든 이들 그리고 정신이 나
간 이들에게도 많은 생각이 들지만, 지각이 있는 사람이라면 아무
도 그것에 대해 고민하지 않을 테니까. 그들에겐 논변이 필요한
것이 아니라, [그들 가운데] 어떤 이들에겐 자신들이 변할 성장 기
간이 필요하고, 다른 이들에겐 의료적 내지 정치적 교정[22]이 필요
하다.[23] 약이 매보다 못한 교정은 아니니까. 마찬가지로 대중(大
1215a1 衆)의 견해를 〈고찰해야 하는 것도〉 아니다. 왜냐하면 대중은 거

22 플라톤은 『고르기아스』 478~480에서 교정 내지 처벌(kolasis)을 하나의 치료에 비유한다. 아리스토텔레스도 아래 1220a35d에서 처벌이 치료한다는 표현을 사용한다. 하지만 이 문단에서는 치료가 하나의 처벌로 간주된다는 점이 특이하다. 처벌의 교육적 역할에 관해서는 『변증론』 II 1, 20a34~37; III 2, 30a38~b8; 『니코마코스 윤리학』 X 10, 1179b4~1180a14와 비교하라.

23 탐구 방법론에 대해 『변증론』 I 11, 105a3~7을 비교하라.

의 매사에 대해, 특히 〈이것[24]에 대해 아무렇게 되는 대로 말하기 때문이다. 적어도 이 주제에 관해서는 오로지 현인들의 견해들을 고찰해야 할 것이다〉. 논변이 아닌 경험[25]이 필요한 이들에게 논변을 제시하는 것은 이상하니 말이다.

그런데 모든 탐구 분야가 제각기 고유한 문제들을 가지고 있으므로, 최상의 삶의 방식과 최고의 삶에 관련된 분야 역시 그러함이 분명하다. 그러므로 그러한 문제들을 제기하는 견해들을 검토하는 것이 올바르다. 논쟁자들에 대한 반박은 그들에게 반대하는 이론들의 논증이니 말이다.

게다가, 그러한 사항들을 알고 있는 것이 이득인데, 특히 모든 탐구가 지향해야 하는 바와 관련해서, 즉 만약 '지극히 복되게'라는 표현이 시기를 불러일으킬 말이라면[26] 잘 그리고 아름답게 사는 것에 참여할 수 있게 만드는 것이 무엇인가라는 물음과 관련해서 그리고 각 분야에 있는 좋은 것들을 얻을 수 있다는 희망과

24 행복.

25 이때 논변(logos)에 대비되는 경험(pathos)은 고생을 의미하는 것으로 볼 수 있다. 말하자면, 어리석은 자는 겪어야 안다는 것이다. 아이스퀼로스, 『아가멤논』 177(πάθει μάθος) 참조.

26 그리스어 'makarios'는 주로 초인적이거나 신적인 지복의 상태를 가리킨다. 앞의 1, 1214a30; 『정치학』 VII 15, 1334a30; 『니코마코스 윤리학』 X 8, 1178b8~9 참조. 인간의 행복을 신의 지복을 가리키는 용어로 기술함으로써 신의 시기를 살 수 있다는 생각이 암시되어 있다.

관련해서 이득이다.

만약 우연에 의해서나 본성에 의해서 아름답게 살게 된다면, 많은 이들에게는 아무 희망도 없을 것이니 말이다. 아름다운 삶이 애써서[27] 얻을 수 있는 것도 아니고, 그것의 획득이 그들 자신에게 달린 것[28]도 아니고, 그들 자신의 소관도 아닐 테니까. 그러나 만약 그것이 [행위자가] 어떤 질(質)의 사람인지에 그리고 그의 행동이 어떤 질의 행동인지에 달려 있다면, 좋음이 더 공통적이고 더 신적이 될 것이다. 더 많은 이들이 그것에 참여할 수 있다는 점에서 더 공통적이고, 자신과 자신의 행동들이 어떤 질을 지니도록 만드는 이들에게 행복이 놓여 있다는 점에서 더 신적이다.[29]

27 직역: 애씀을 통해. 그리스어 'epimeleia'는 애씀, 돌봄, 주의를 기울임, 열심히 노력함을 의미하며 방심, 소홀함을 뜻하는 'akêdia'와 'ameleia'와 대조를 이룬다.

28 아리스토텔레스는 '우리 자신에게 달린 것(to ep' hêmin)'이라는 표현을 2권 6장에서 사용하는데, 이 표현은 이후 철학사에서 이른바 '자유의지(liberum arbitrium)'와 결정론 논쟁과 도덕 책임론에서 핵심 역할을 하게 된다.

29 신성을 자족성과 자기 결정성과 연결시켜 이해한다면, 외부 환경에 좌우되는 것이 아니라, 행위자 자신의 인간됨과 행위 자체의 질에 달려 있는 행복이 우연이나 자연에 의한 행복보다 '더 신적'이라고 불릴 수 있을 것이다. 신의 자족성과 행복에 대하여 『정치학』 VII 1, 1323b23~26 참조.

4장

행복한 삶의 방식

그런데 대다수 논쟁거리와 난제는 행복이 무엇으로 간주되어야 하는지를 올바르게 규정하면 해명될 것이다. 행복이란, 몇몇 연로하신 현자들[30]이 생각하듯이, 오로지 영혼이 어떤 질을 지니고 있는 데에 놓여 있는가? 아니면 그 자신이 어떤 질을 지녀야 할 뿐만 아니라 거기에 더해 그의 행위가 어떤 질을 지녀야 함도

30 알렉산드리아의 클레멘스, 『학설집』 II 22, 133, 4~6에 따르면, 스페우시포스는 행복을 "자연에 따르는 이들의 완전한 내적 성향(hexis teleia) 또는 좋은 사람들의 상태"라고 정의했고, 크세노크라테스는 행복이 영혼 안에 있으며 "각자에게 알맞은 덕의 소유(ktêsis tês oikeias arêtes)"에 있다고 주장했다. 따라서 '연로하신 현자들(a23~24)'이 플라톤의 뒤를 이어 아카데미아의 수장이 된 스페우시포스와 크세노크라테스라고 짐작해 볼 수 있을 것이다. 하지만 플라톤이 『필레보스』 11d에서 인간 삶을 행복하게 만드는 영혼의 성향과 상태가 있다고 전제하고 있기 때문에, 아리스토텔레스와 연배가 비슷한 스페우시포스나 크세노크라테스보다는 오히려 플라톤이 '연로하신 현자들'에 속한다고 보는 편이 나을 것 같다.

요구되는가?

한편, 여러 종류의 삶의 방식들이 구분되는데,[31] 어떤 것들은 그와 같은 성공을 위해 다투는 것들에 속하는 것이 아니라, {필수적인 것들을 위해 애쓰는 것에 속한다}.[32] 가령, 저속한 기술들과 관련된 것과 상업과 수공업에 종사하는 것에 속하는 것이 있다. 그런데 나는 오직 허세[33]를 위해 추구되는 기술을 '저속하다' 라고 일컫고, 앉아서 하는 작업과 임금 노동에 관련된 기술을 '수공업술'[34]이라고 칭하며, 시장에서 사고파는 소매상의 기술[35]을 '상업술'이라고 한다. 다른 것들은 행복을 가져오는 삶의 방식으로

31 고전기의 삶의 방식들(bioi)에 대해서는 Joly(1956) 참조.

32 비판본에서 삭제된 부분을 복구함.

33 '허세'로 번역한 그리스어 'doxa'는 명성 또는 평판을 의미하지만, 이 문맥에서는, Dirlmeier(p. 165)가 주장하듯이, 허황되게 자신을 내세움, 잘난 척함("Protzentum")을 나타내는 것으로 보인다. 이와 관련해서, 플라톤의 『국가』 581d3에서 돈을 사랑하는 사람이 자신의 삶이 지혜나 명예를 추구하는 사람의 삶보다 더 낫다고 칭찬하면서, 돈벌이에 비해, 배우는 즐거움 내지 명성은 돈과 상관없는 한, 무가치하다고 주장한 점을 고려할 필요가 있다.

34 수공업을 가리키는 그리스어 'banausos'는 '저급함'을 의미하기도 한다. 이와 관련해서 아리스토텔레스는 『정치학』에서 단순 노동에 쓰이는 수공업 기술들이 자유인들로 하여금 덕의 실현을 위해 육체와 정신을 활용하는 것을 막고(1337b6~15), 나아가 몸의 상태를 나쁘게 만든다는 사실을 지적한다(1258b37).

35 Dirlmeier와 함께 원문(1215a31~32)을 다음과 같이 읽었다: χρηματιστικὰς δὲ τὰς ⟨ἀγοραίας⟩ τὰς πρὸς ὠν⟨ὰς⟩ [ἀγορὰς] μὲν καὶ πράσεις καπηλικάς.

분류될 수 있으며, 여기에는 세 가지가 있다. {앞에서 인간에게 가장 큰 좋음으로 일컬어진 것들로}[36] 덕, 지혜 그리고 쾌락이 있듯이, 자의에 따라[37] 살기를 선택하는 모든 이들이 영위하는 삶의 방식에도 세 가지 삶의 방식, 즉 정치적,[38] 철학적, 향락적 삶의 방식이 있음을 우리는 본다.

이들 가운데 철학적 삶은 지혜와[39] 진리에 대한 관조에, 정치적 삶은 아름다운 행위들에, 이들은 덕으로부터 나온 것들이다. 향락적 삶은 육체적 쾌락에 관여함을 뜻한다. 바로 그런 까닭에, 전에도 논의된 것처럼,[40] 사람들은 각기 다른 사람을 행복한 사람이라고 부른다.

클라조메나이의 아낙사고라스가 누가 가장 행복한가라는 질문을 받자 "네가 생각하는 사람들 중에서는 아무도 아니다. 그는 너에게 오히려 이상한 작자로 보일 것이다"라고 말했다. 그는 질문한 사람이 키가 크지 않고[41] 아름답지 않거나 부유하지 않은

36 비판본에서 삭제한 부분을 복구함.

37 ep'exousias: 자발적으로, 자신의 결정에 따라(*LSJ* 599 참조). 『철학에의 권유』 9, 52P에서도 'exousia'의 유사한 용법이 발견된다.

38 '정치적' 삶은 시민으로서의 삶을 가리킨다. 『정치학』 VII 2, 1234a25 이하 참조.

39 그리스어 'kai'를 '즉'으로 번역할 수 있는데, 이 경우 지혜가 진리를 보는 것을 의미하게 된다.

40 I 1, 1214a30~b5 참조.

41 '기가 큰(megas)'은 '아름다운(kalos)'과 짝이 되어 서사시에 등장한다. 예)

이는 누구도 그렇게 불릴 수 없다고 전제하는 것을 알았기 때문에 그런 식으로 대답했지만, 자신은 아마도 고통 없이[42] 그리고 정의에 관련해서 깨끗하게 사는 사람이나 또는 어떤 신적인 관조[43]에 참여하는 사람이야말로, 인간인 한에서 말하건대, 지극히 복되다고 생각했을 것이다.[44]

『오뒷세이아』 IX 513. 물론, 'megas'는 세력이 큼을 표현할 수도 있다.

42 고통 없이(alypôs) 사는 것이 즐겁게 사는 것과 동일하지는 않다. 아래 I 5, 1216a35~36 참조.

43 아낙사고라스는 자연학적 탐구를 신적인 관조라고 여긴다. 아래 I 5, 1216 a10 이하 참조.

44 '지극히 복되다(makarion)'라는 표현을 인간에게 적용하면서 "인간인 한에서 말하건대"라는 단서를 단 점에 유의해야 한다. '지복'이 초인적 내지 신적인 존재에게 속한다면, '신적인 인간'은 신적인 한에서 지복에 참여할 수 있지만, 인간인 한에서 신의 지복을 누릴 수는 없음이 자명하다. 따라서 그의 지복은 신적이되, 인간인 한 누릴 수 있는 지복인 것이다.

5장

삶을 택하게 하는 가치들

많은 다른 것들에 대해서 올바로 판단하기가 쉽지 않은데, 특히 모든 이에게 제일 쉬워 보이고 누구나 알 수 있다고 여기지는 것에 대해서 그렇다. 즉, 삶에 포함된 것들 가운데 무엇이 택할 만한 것이며, 무엇을 취해야 욕구를 충족시킬 수 있는가에 대해서. 사실, 많은 사건들은 사람들로 하여금 삶을 포기하게 만든다. 예를 들어, 병, 극심한 고통,[45] 폭풍. 그래서 만약 누군가가 우리에게 선택권을 준다면, 적어도 그런 것들 때문에 애초에 태어나지 않기를[46] 택할 법도 하다는 점이 분명하다.

45 periôdynia: 이 단어는 『시학』 1452b12에서 죽음과 신체의 상해와 관련해서 사용된다.

46 Dirlmeier가 지적한 대로 '오래된 지혜(alte Weisheit)'에 속하는 생각이다. 니체는 『비극의 탄생』 3장에서 소포클레스의 『콜로노스의 오이디푸스』(1225행)를 인용하면서 다음과 같은 전설을 전한다. 미다스 왕이 디오니소스의 동반자인 반인 반수의 현자(賢者) 실레노스를 오랫동안 쫓아다니다 마침내

1215b

게다가 여전히 아이로서 사는 삶의 방식도 있다. 사실, 아무도 제정신이라면 그러한 삶으로 다시 되돌아가는 것을 용납할 수 없을 것이다.

나아가 쾌락도 고통도 주지 않는 것들과 쾌락을 주되 아름답지 않은 쾌락을 주는 것들 다수는, 사는 것보다 차라리 존재하지 않는 편이 더 낫도록 만든다. 일반적으로 누군가 인류 전체가 행하고 겪는 것들을 전부 모으고,—하지만 그중 아무것도 그 자체가 목적이 아니기에 아무도 자발적으로 행하고 겪으려고 하지 않는다면—거기에 무한한 시간의 양을 덧붙인다고 한다면, 아무도 그런 것들을 위해서 살지 않는 쪽보다 사는 쪽을 택하지는 않을 것이다.[47]

그러나 어느 누구도 완전히 노예적인 근성을 타고나지 않은 한, 인식하거나 바라보거나 또는 다른 감각들 가운데 어떤 것이 사람들에게 제공하는 다른 쾌락들이 박탈된 채, 오로지 먹는 즐거움이나 성적 쾌락 때문에 사는 것을 더 높이 사지는 않을 것이다. 왜냐하면 그러한 선택을 하는 이에게는 짐승으로 태어나든

잡았을 때, 인간에게 가장 좋은 것이 무엇인지를 물었다. 실레노스는 가장 좋은 것은 태어나지 않는 것이고, 차선은 일찍 죽는 것이라 대답했다.

47 아리스토텔레스는 만약 누구든 자발적으로 원해서가 아니라 비자발적으로 또는 억지로 만사를 행하고 겪어야 한다면, 영원히 살 수 있다고 해도, 그렇게 사느니 차라리 살지 않는 쪽을 택하리라고 주장하고 싶은 것 같다. 물론, 이러한 주장엔 유보적인 단서가 따라붙는다.

인간으로 태어나든 아무런 차이가 없을 것임이 분명하기 때문이다. 실제로 이집트에서 아피스신으로 모시는 소(牛)는 많은 군 1216a1
주들보다 더 많이 그러한 쾌락들을 누린다.

마찬가지로 잠자는 즐거움[48] 때문에 사는 것을 선호하지도 않을 것이다. 깨어나지 않고 첫 날부터 마지막 날까지 천 년이나 그 이상 잠을 자는 것이 식물로서 사는 것과 무슨 차이가 있는가? 실제로 식물들은 그러한 삶에 참여하는 것으로 보인다. 마치 태아들과도 같이 말이다. 왜냐하면 이들도 어머니 안에 처음 생긴 이래 성장하지만,[49] 모든 시간 동안 잠을 자기 때문이다.[50] 따라서 이상의 논의로부터 삶에서 '잘'이 무엇이고, '좋음'이 무엇인지를 탐구자들이 놓치고 있음이 분명하다.[51]

48 수면의 쾌락에 대해서는『정치학』VIII 5, 1339a14~21 참조.

49 Fritzsche(crescunt quidem)와 Décarie(croître mais)의 번역에 따랐다.『동물생성론』753b28 이하 참조.

50 『동물생성론』V 1, 778b20~779a4; 753b27. 아리스토텔레스에 따르면, 식물이 잠을 자는 것이 아니라 잠과 같은 상태에 있다고 말하는 것이 정확하다. 왜냐하면, 잠이란 깨어남과 상반되는 개념으로 깨어날 수 없는 존재는 잠을 잘 수도 없기 때문이다. 따라서 아리스토텔레스는 생성 초기에 있는 태아의 경우, 깨지 않고 자는 한, 엄밀한 의미에서 잠을 자는 것이 아니라, 유사 수면 상태에 놓인 것으로, 이 점에서 식물과 같은 삶을 산다고 주장한다.

51 행복(eudaimonia)을 잘 사는 것 내지 좋은 삶이라고 이해한다면, 행복이 무엇인지를 알기 위해서는, 삶에 있어 '잘'이 무엇을 의미하고 '좋음'이 무엇을 의미하는지 알아야 한다.

그런데 누군가 이러한 문제들을 제기하며, 무엇을 위해서 어떤 사람이 안 태어나는 것보다 태어나는 것을 택하겠는가라고 계속해서 묻자, 아낙사고라스는 "천체와 우주 전체의 질서를 관조하기 위해서"라고 대답했다고 한다.[52] 그러니 그는 일종의 앎[53]을 위해서 삶을 택하는 것이 가치가 있다고 생각했다.

하지만 사르다나팔로스[54], 쉬바라의 스민뒤리데스[55] 또는 여타 향락적 삶을 산 사람들을 복되다고 찬양하는 이들은 모두 행복을 기쁨[56]안에 놓는 것으로 보인다. 또 어떤 다른 이들은, 어떠한 지혜나 육체적 쾌락도 덕에서 유래한 행위들보다 우선하여 택하지 않을 것이다. 실로 어떤 이들은 단지 명성을 위해서뿐만 아니라 유명해질 전망이 없는 경우에도 그런 행위들을 택한다.

그러나 대다수의 정치가들은 '정치가'라는 명칭에 실제로 부합

52 1216a11~14=『철학에의 권유』 9, 51, 11~15P; I 4, 1215b6~14 참조.

53 이 맥락에서 '천체와 우주에 대한 관조(theôria)'를 되받으므로 이론적 지식을 의미하거나 적어도 그것을 포함하는 앎을 뜻한다.

54 니네베(Nineveh)의 왕 아슈르바니팔(Ashur-bani-pal, 기원전 667년경~647년경)을 가리킨다. 헤로도토스, 『역사』 II 150~151; 아리스토텔레스의 『정치학』 V 10, 1312a1 참조.

55 사치스러움의 대명사였으나 이후 철학자들의 영향을 받아 쾌락과 사치에 대한 저술을 하기도 했다. 헤로도토스, 『역사』 VI 127 참조.

56 기쁨(chairein)은 '쾌락(hêdonê)'과 같은 의미로 사용된다. 『생성소멸론』 723b32; 724a1에 동일한 용례가 있다. 『철학에의 권유』 41, 21P와 『정치학』 VII 1, 1323 b1에서 삶의 방식을 규정짓는 개념으로 사용된다.

하지 않는다. 그들은 참된 의미에서 정치가가 아니니까. 왜냐하면 정치가란 아름다운 행위를 그 자체를 위해[57] 선택하는 데 반해, 대다수의 정치가들은 재산이나 이익을 위해 그렇게 사는 것에 집착하기 때문이다.[58]

이제 이상의 논의로부터 모든 이들이 행복을 세 가지 삶의 방식, 즉 정치적, 철학적 그리고 향락적 삶의 방식에 귀속시키는 것이 분명해졌다. 여기에서 육체와 향락에 관련된 쾌락이 무엇이고 그것이 어떤 성격을 가지는지 또 무엇을 통해 생기는지는 분명하므로 그 쾌락들이 무엇인지는 탐구할 필요가 없고, 대신 그것들이 행복에 뭔가 이바지하는지 아닌지, 또 어떻게 이바지하는지, 그리고 아름다운 삶에 어떤 쾌락들이 결부되어 있어야 한다면, 그 쾌락들이 결부되어 있어야 하는지, 아니면 행복한 사람이 그 쾌락들에 어떤 다른 방식으로 참여하는 것이 필연적이되, 다른 쾌락들에 의해서 단지 고통 없이[59] 살 뿐만 아니라 즐겁게 산다고 간주됨이 합당한지를 탐구해야 한다.

그러나 이 문제들에 대해서는 나중에[60] 살펴보아야 할 것이다.

57 플라톤, 『국가』 357b4~6과 비교.

58 진짜 정치가와 가짜 정치가의 구분은 『니코마코스 윤리학』 I 5, 1095b22~31에서도 발견된다.

59 위의 1215b12 이하 참조. '고통 없음'과 '쾌락'의 구분에 관해서는 『대윤리학』 II 7, 1204a20~24; 플라톤, 『필레보스』 42c~46b 참조.

60 이 자리에서 아리스토텔레스는 행복과 쾌락의 관계에 대한 연구를 예고하

덕과 지혜[61]에 대해서 우선 탐구하자. 그것들 각각의 본성이 무엇이고, 그것들 자체가 또는 그것들로부터 나오는 행동들이 좋은 삶의 부분인지. 왜냐하면 모든 사람은 아니더라도, 언급할 가치가 있는 사람들 모두가 그것들을 행복에 귀속시키기 때문이다.

노(老)소크라테스[62]는 [인생의] 목적이 덕을 인식하는 것이라고 여겼고, 정의가 무엇인지, 용기가 무엇인지, 즉 덕의 부분들 각각이 무엇인지를 탐구하곤 했다. 그렇게 한 것도 일리가 있긴 하다. 왜냐하면 그는 모든 덕이 앎이며 따라서 정의를 아는 것과 정의로운 자인 것이 동시에 성립한다고 여겼기 때문이다.[63] 우리는 기하학과 건축학을 배워서 아는 동시에 건축학자이자 기하학자이니까. 이런 이유로 그는 덕이 무엇인지 물었지만, 그것이 어떻게 생기고 무엇으로부터 나오는지는 묻지 않았다.

는데, 실제로 그런 연구는 '공유서(common books)'에 속하는 6권(=『니코마코스 윤리학』 7권) 12~15장을 제외하고는 『에우데모스 윤리학』에서 발견되지 않는다. 이를 근거로 '공유서'가 원래 『에우데모스 윤리학』에 속한다는 주장이 옹호될 수 있다.

61 앞의 1216a15~21; 28~29에서 언급된 세 가지 삶의 방식들에 상응하는 세 가지 최고선 중 쾌락을 제외한 나머지 두 가지 선을 가리킨다.

62 플라톤의 스승. 참고로 『형이상학』 Z 11, 1036a25에는 소(少)소크라테스가 언급된다.

63 마지막 구절을 의역하자면, "따라서 정의를 알면 곧 정의로워진다고 여겼기 때문이다."

1216b

하지만 이런 탐구 방식은 이론적 학문들에 적합한 것이다. 왜냐하면 학문들의 대상들의 본성을 인식하고 관조하는 것 외에 다른 어떤 것도 천문학[64], 자연학이나 기하학에 속하지 않기 때문이다. 물론 [이론적 학문들이] 생계에 필요한 많은 것들과 관련해서 우리에게 우연적으로 유익한 것이 불가능하지는 않다.[65]

제작적 학문들[66]의 경우, 그 목적이 앎 내지 인식과 다르다. 예를 들어, 의학의 목적은 건강이고, 정치학의 목적은 좋은 법질서[67] 내지 그와 같은 종류의 어떤 다른 것이다.

64 여기서 '천문학'으로 번역한 'astrologia'는 "천체와 우주의 질서에 대한"(1216a14) 이론적 학문을 지칭하는 것으로 보인다. 따라서 '점성학'으로 옮기지 않았다.

65 『철학에의 권유』(54, 10~12P)에서는 이론적 지혜(phronêsis theôrêtikê)가 기술들을 통해 인간 삶에 최대의 이로움을 가져다준다는 보다 적극적인 주장이 제기된다. 물론, 이때 이론적 'phronêsis'는 이론적 'epistêmê'와 동일시된다(56, 2P).

66 아리스토텔레스의 학문 구분에서 '제작적 학문(poêtikê epistêmê)'은 대개 기술(technê)을 가리키며(『형이상학』 Θ 2, 1046b3 참조) 실천적 학문으로부터 구별된다. 이 자리에서는 실천적 학문이 제작적 학문으로 별도로 구분되지 않는다. 그에 따라, 정치학이 제작적 학문의 예로 등장한다. 이와 유사한 관점에서 위-플라톤의 저술인 『정의(*Definitiones*)』 416, 29에서 정치학은 "국가의 좋음을 산출하는 학문(epistêmê poiêtikê poleôs agathês)"으로 정의되어 있다.

67 『니코마코스 윤리학』 III 3, 1112b14에서는 좋은 법질서(eunomia)의 확립이 정치가의 의무로 규정된다. 『정치학』 1294a4에서는 'eunomia'가 좋은 법의 존재를 의미하는 것만이 아니라, 시민들이 그 법을 준수하는 것을 아울러 의미한다. 위-플라톤의 『정의』 411c4에서 정치가의 덕이 "좋은 법질서를

물론 아름다운 것들 각각을 인식하는 것도 아름답다. 그렇지만 적어도 덕에 관한 한 가장 가치 있는 것은 그것이 무엇인지를 아는 게 아니라, 그것이 무엇으로부터 나오는지를 인식하는 것이다. 왜냐하면 우리가 바라는 것은 용기가 무엇인지를 아는 것이 아니라 용감한 사람이 되는 것이며, 정의가 무엇인지를 아는 게 아니라 정의로운 사람이 되는 것이기 때문이다. 마치 건강함이 무엇인지를 인식하기보다는 오히려 건강하기를 바라고, 좋은 체력이 무엇인지를 인식하기보다는 오히려 좋은 체력을 가지를 바라는 것처럼.

산출할 수 있는 성향(hexis poiêtikê eunomias)"으로 규정되어 있다.

6장

방법론

그런데 이 모든 문제에 관해 논변을 통해 확신[68]을 구하길 시도해야 하는데, 그때 현상[69]을 증거와 예[70]로 삼아야 할 것이다. 모든 사람이 우리가 말할 바에 명백히 동의하는 것이 제일 좋겠지만, 그렇지 않다면 모두가 적어도 어떤 방식으로, 한 걸음 한 걸음 인도되어[71] 동의에 이르는 것이 좋다. 왜냐하면 [인간은] 제

68 여기에서 '확신(pistis)'은 근거 없는 믿음이 아니라 논변을 통해 설득됨으로써 도달하게 되는 믿음이다.

69 '현상'으로 번역한 용어 'phainomena'는 아리스토텔레스 철학에서 감각으로 경험된 사실과 상식, 즉 통상적 견해를 포괄하는 개념으로 쓰인다. Owen(1961)의 유명한 논문 참조.

70 현상이 귀납적 논변에서 개별적인 예들을 제공할 수 있다는 점에서 Woods, Dirlmeier와 함께 'paradeigma'를 '예(example, Beispiel)'로 번역했다. 이와 달리, Décarie는 modèle, 즉 '범형'이라는 역어를 채택하며, 이 용어의 플라톤주의적 색채를 지적하지만, 현상이 어떻게 범형으로 사용될 수 있는지를 설명하지는 않는다.

각기 진리에 이바지할 수 있는 어떤 고유한 것을 지니고 있으며, 그러한 것을 출발점으로 삼아 우리가 말한 바에 대해 어떤 방식으로 증명해야만 할 것이기 때문이다. 즉 참되지만 불분명하게 표현된 것들에서 출발해 우리가 나아갈 때, 습관적으로 뒤죽박죽으로[72] 표현되는 것들 대신에 더 이해가 잘되는 것들을 항상 취함으로써 분명함에 이르게 될 것이다.

각 학문 분야[73]에 관련된 논변들은 철학적으로 표현된 것과 비철학적으로 표현된 것으로 구분된다. 바로 이 때문에 '무엇'을 규명할 뿐만 아니라, 나아가 '왜'를 밝혀주는 이론이 정치가에게조차 불필요하다고 여겨서는 안 된다.[74] 각 학문 분야에 있어 그러한 접근 방식이야말로 철학적이기 때문이다. 그러나 이것은 많

71 부분적이고 점진적으로 동의에 이르는 것으로 해석한다. Dirlmeier(1984), 11; Kenny(2011), 9; 『변증론』 101a33, 161a33; 『형이상학』 1029b3~12; 플라톤, 『파이드로스』 262b5 참조.

72 그리스어 'synkechymenôs'는 동사 'syncheô(한꺼번에 쏟아붓다, 뒤섞다)'에서 파생된 부사이다.

73 그리스어 'methodos'는 탐구 방법을 의미할 수도 있고, 학적 탐구를 가리킬 수도 있고, 나아가 학문 분야를 의미할 수 있다.

74 '무엇(to ti)'은 Dirlmeier가 지적하듯이 소크라테스가 즐겨 제기한 질문 'ti esti?(X는 무엇인가)'를 암시하는 것으로 보인다. 아리스토텔레스는 이 질문도 중요하지만, '왜(to dia ti)'—'무엇을 위하여', '무엇을 통해서'라는 두 가지 의미로 사용될 수 있다—라는 질문도 소홀히 해서는 안 됨을 강조한다. 『분석론 후서』 90a15.31 참조. Marguerite(1930)는 'to ti'를 'to hoti'('X가 어떠하다는 사실', cf. Woods: "that something is the case")라고 고칠 것을 제안한다(pp. 96~97).

은 주의를 요한다.

왜냐하면 어떤 이들은, 아무것도 아무렇게[75] 말하지 않고 근거 1217a1
를 가지고 말하는 것이 철학자의 일로 보인다는 이유로, 종종 남들이 모르는 사이에 주제에서 벗어나는 허황된 논변들을 제시하는데—때로는 무지로 인해, 때로는 허영심으로 인해 그렇게 한다—그러한 논변들로 인해 경험이 많고 실천에 능한 자들[76]마저 건축학적[77] 내지 실천적 사유를 하지도 않고 할 수도 없는 이들

75 아무렇게(εἰκῇ) 말한다는 것이 이유나 근거 없이 또는 논리 정연하지 않게 말하는 것과 연결되는 것으로 보인다. 플라톤은 『고르기아스』 503d7에서 아무렇게 말한다는 것을 목적 없이 말하는 것으로 규정한다.

76 '경험이 많은(empeirous)'이라는 표현과 더불어 정치가들을 가리킨다. 따라서 '실천할 능력이 있는 자들'로 직역할 경우, 정치가들에게 고유한 실천 능력이라는 점이 부각되지 않는다. 모든 인간이 기본적으로 실천할 능력을 가지고 있기 때문이다. 이 문맥에서는 경험이 많고 능력 있는 정치가들이 논의의 대상이기 때문에 '실천에 능한 자들'이라고 번역했다. 참고로 Décarie는 '행동하는 성향이 있는, 실천으로 기우는(susceptibles d'agir) 자들', Dirlmeier는 '실현하기 위한 여건이 갖추어진(mit der Möglichkeit des Verwirklichens ausgestatteten) 자들'이라는 역어를 제안했다.

77 강상진, 김재홍, 이창우는 『니코마코스 윤리학』의 번역에서 건축학 분야에서 유래한 용어인 'architektonikê'를 '총기획적'으로 의역했다(p. 14, p. 217). 이러한 의역은 아리스토텔레스가 보다 구체적인 비유를 통해 전하고자 한 의미를 독자 스스로 심층적으로 반성할 기회를 없애는 약점이 있다. 건축물의 구조와 용도—형상인과 목적인—를 알고 그 앎에 기반해 건축물을 설계하고 건축 과정을 감독, 지휘하는 건축가와 집을 직접 짓는 목수 내지 일꾼들의 구분과 그에 상응하는 '건축학적 학문들'과 '하위의 학문들' 간의 구분에 대해서는 『자연학』 II 2, 194a36, 『형이상학』 Λ1, 981a30f.; Δ 1, 1013a14, 『정치학』 VII 3, 1325b23 참조. (아리스토텔레스), 『대윤리학』 I

의 수작에 넘어가기 때문이다. 이런 일은 교양이 없기 때문에 겪는다. 왜냐하면 무교양[78]은 각 주제에 대해 알맞은 논변과 엉뚱한 논변을 구분할 수 없음을 뜻하기 때문이다.

그런데 이유를 제시하는 논변과 증명될 사실을 분리해서 판단하는 것도 올바르다. 왜냐하면, 조금 전에 말했듯이,[79] 모든 것에 관해서 논변을 통해 제시된 것에 주의를 기울여야 하는 것은 아니고, 오히려 현상[80]에 자주 주의를 기울여야 하기 때문이며—그런데 지금은 사람들이 어떤 논변을 반박하지[81] 못하면, 그 논변의 내용을 믿도록 강제된다—또한 종종 논변에 의해 증명된 것

34, 1198a36f.에서 계획하는 건축가와 계획을 실행에 옮기는 건축가가 구분되며, 슬기가 다른 [성격적] 덕들에 대해 계획하는 건축가의 역할을 한다. 플라톤은 『정치가』 259 e, 305e에서 정치술, 왕의 통치술을 건축술과 비교하며, 건축가와 집을 짓는 일꾼을 구분한다. 이러한 연장선상에서 아리스토텔레스가 『니코마코스 윤리학』 I 1, 1094a26~27에서 자신의 탐구 영역을 정치학으로 규정한 후, 이를 '가장 건축학적인 학문 내지 기술'로 지칭한 것으로 여겨진다. 나아가, 『에우데모스 윤리학』 V=『니코마코스 윤리학』 VI 8, 1141b25~26에서 아리스토텔레스는 정치술을 실천지, 즉 슬기의 일종으로 도입하고, 정치술 중에서 입법의 기술을 '건축학적' 슬기라고 부른다.

78 '무교양'으로 옮긴 'apaideusia'는 못 배운 결과 식견과 교양이 부족함을 의미한다.

79 I 6, 1216b26~35 참조.

80 일반적으로 인정되는 견해를 포함한다. 『동물생성론』 III 10, 760b28~33 참조.

81 이 동사의 동일한 용례가 『니코마코스 윤리학』 VII 3, 1146a26(to lysai)에 나온다.

1217a

으로 간주되는 것이 참이긴 하나, 그 논변이 제시하는 이유에 의해 참인 것이 아니기 때문이다. 거짓에 의해 참을 증명하는 것이 가능하니 말이다. 그런데 이것은 『분석론』의 논의로부터 분명하다.[82]

82 『분석론 전서』 II 2, 53b26; 『분석론 후서』 I 32, 88a20.

7장
탐구 대상: 인간적 행복

1217a18 이러한 사항들까지[83] 서론에 포함시켰으니, 이미 말한 것처럼[84] 우선 불명료하게 표현된 첫 견해들에서 시작해 행복이 무엇인지 명료하게[85] 발견할 수 있도록 탐구에 임하자.

행복이 인간적 좋음들 가운데에서 최대이자[86] 최상이라는 것은 이미 합의된 사항이다. 그런데 '인간적'이라고 밝힌 이유는 행복

83 6장의 방법론을 가리키는 것으로 보인다. 이러한 해석에 따르면, 6장은 7장에서 개진될 논의의 기반을 제공해준다. 하지만 6장이 아직 서론에 속하는 내용을 담고 있다. 이제 6장에서 말한 내용까지도 서론에서 다루어졌으므로 본론에 들어갈 수 있다.

84 위의 I 6,1216b32~33 참조.

85 1217a20: †ἐπὶ τὸ† σαφῶς. 'ἐπὶ τὸ σαφῶς'은 'σαφῶς'와 동일한 의미를 지닐 수 있다.

86 위의 I 1, 1214a32; I 4, 1215a34; 『정치학』 III 12, 1282b15 참조. 플라톤의 『국가』 VI, 504b4의 'megiston mathêma(배울 것 중에 가장 큰 것)'을 연상시킨다. 물론, 가장 큰 배움의 대상은 '좋음의 이데아'이다.

이 [인간보다] 더 나은 어떤 다른 존재, 가령 신[87]에 귀속될 수도 있어서이다.[88]

다른 동물들[89] 가운데 본성상 인간보다 열등한 어떤 것도 그러한 명칭[90]을 공유하지 않는다. 사실, 말도 새도 물고기도 행복한 존재가 아닐뿐더러, 존재하는 것들 가운데—그 명칭[91]에 합당한 방식으로—본성적으로 어떤 신성에 참여하지 않는 다른 어떤 것도 행복하지 않다. 다만 다른 방식으로 좋은 것들에 참여함으로써, 그것들 가운데 일부는 더 잘 살고 일부는 더 못 사는 것이다.

하지만 사태가 그러한지는 다음에[92] 고찰되어야 할 것이다. 지

87 『니코마코스 윤리학』 X 8, 1178b7~32 비교.

88 인간만이 아니라 신적인 존재도 행복할 수 있지만, 신적인 존재의 행복은 이 책에서 다루는 윤리학 내지 정치학의 주제에 포함되지 않는다.

89 '동물'로 옮긴 그리스어 'ζῷον'은 살아 있는 존재, 즉 생물을 의미할 수 있다. 다만, 이후 말과 새와 물고기가 예로 등장하는 점을 고려해서 '동물'로 번역했다. 동물을 거주지에 따라 육상, 공중, 수중 동물로 나누는 것은 초기 저술인 『변증론』 143b1; 『범주론』 1b18과 이후 생물학 저술에 두루 발견된다.

90 '행복한 존재(eudaimôn)'.

91 이 문맥에서 '명칭'은 존재하는 대상들의 이름을 가리키는 것이 아니라, 그리스어 'eudaimôn(행복한 자)'을 지시하는 것으로 보았다. 그리스어 'eudaimôn'에 포함되어 있는 'daimôn'이 신령 내지 신령을 뜻한다는 점에서 신성(theios)과 연결된다. 따라서 행복한 존재는 그 명칭에 걸맞도록 어떤 신성에 참여해야만 하는 것이다. 『변증론』 II 16, 112a36~38에서 'eudaimôn'이라는 낱말 분석에 의존한 크세노크라테스의 행복 개념이 인용된다. 그에 따르면, 행복한 자는 그의 'daimôn'이 좋은 자이다. 이때 각자의 'daimôn'은 영혼이다.

92 어디를 지시하는지 불분명하다. 아래 VIII 2, 1248a25~27; 『에우데모스 윤

금은 좋음들 가운데 일부는 인간에 의해 실천될 수 있고[93] 일부는 실천될 수 없다는 것만 말해두자. 이렇게 말하는 이유는 존재자들 가운데 어떤 것들은 변화에 전혀 참여하지 않아서 실천될 수 있는 좋음에 속할 수 없고—그것들이 아마도 본성상 가장 좋은 것들일 것이다—, 어떤 것들은 실천될 수 있긴 하지만 우리보다 더 나은 존재들에 의해서나 실천될 수 있다는 데 있다.

한편, '실천될 수 있는 것'이 두 가지 의미로 사용되기 때문에—왜냐하면 우리가 무언가를 위해 실천할 때 그 무언가에 해당하는 것도 그리고 그것을 위해 우리가 실천하는 것도[94] 실천에 참여하기 때문이다. 예를 들어, 우리는 한편으로는 건강이나 부, 다른 한편으로는 그것들을 위한 행위, 즉 건강을 가져오는 행위와 돈 버는 행위도 실천될 수 있는 것으로 상정한다—, 행복을 인간에 의해 실천될 수 있는 것들 가운데에서 가장 좋은 것으로 상정해야만 하는 것 또한 분명하다.

리학』 VI =『니코마코스 윤리학』 VII 5, 1148b15 이하; 13, 1153b7~25 참조.

93 즉 행위를 통해 실현될 수 있다.

94 1217a36: ὧν ἕνεκα πράττομεν καὶ ἃ τούτων ἕνεκα. 실천될 수 있는 것(to prakton)은 한편으로는 목적이며, 다른 한편으로는 그 목적을 이루기 위해 행하는 수단이다. 『천체론』 292b6 참조.

8장

가장 좋은 것

그러므로 가장 좋은 것이 무엇이며 얼마나 많은 의미로 쓰이는지 살펴보아야 할 것이다. 실제로 이는 주로 세 가지 견해[95]에 담겨 있는 것으로 보인다. 사실, 어떤 이들은[96] 한편으로는 만물 가운데 가장 좋은 것이 좋음 자체이고, 다른 한편으로는 좋음 자체에 좋음들 가운데에서 첫째라는 속성과 다른 것들에 현전함으로써 그것들의 좋음의 원인[97]이 되는 속성이 있다고 주장한다.

95 아리스토텔레스는 가장 좋은 것(to ariston)이 무엇인가라는 물음에 대해 다음의 세 후보를 제시한다(아래 1218b7~11 참조): ① 좋음의 이데아, ② 공통된 좋음, ③ 목적. 따라서 여기서 '세 가지 견해'는 이 세 후보와 관련된 것으로 볼 수 있다. 이와 달리, Woods는 세 가지 견해가 8장 첫 단락에 제시된 내용을 지시하는 것으로 본다: ① 가장 좋은 것이 좋음 자체이다; ② 그것은 좋음들 가운데에서 첫째이다; 그리고 ③ 그것의 현전으로 말미암아 다른 좋은 것들에게 [그들의 좋음의] 원인이다.

96 플라톤과 아카데미아 플라톤주의자들. Allan(1963~1964), pp. 273~286 참조.

97 좋음 자체(auto to agathon)가 어떤 존재에 현전함으로써 그 존재가 좋은

그런데 이 양자 모두 좋음의 이데아에 속한다. '양자'란 좋음들 가운데 첫째라는 속성과 다른 좋음들에게 현전함으로써 [그것들의] 좋음의 원인이 되는 속성을 일컫는다. 왜냐하면 무엇보다도 저것에 관해서 '좋음'이라는 말을 참되게 쓸 수 있기 때문이다.[98] 다른 것들은 저것을 나누어 가지고 닮음으로써[99] 좋은 것이니까 말이다. 그리고 저것이 좋은 것들 가운데 첫째이다. 왜냐하면 나누어 가질 대상인 이데아가 파괴되면, 그 이데아를 나누어 가지는 것들, 즉 저것을 나누어 가짐으로써 ['좋음'의] 명칭을 얻는 것들도 파괴될 것이기 때문이다.[100] 이러한 방식으로 처음에 오는 것이 나중에 오는 것과 관계 맺게 되어서, 좋음 자체가 좋음의 이데아가 된다. 사실, 좋음의 이데아는 다른 이데아들과 마찬가

것이 되는 경우, 좋음 자체는 그 존재의 좋음의 원인이라고 할 수 있다. 이러한 의미에서 원인(aition)으로서의 이데아는 플라톤의 마지막 강연 '좋음에 관하여'의 주제이다.

98 여기서부터 좋음 자체가 좋음의 이데아라고 여기는 사람들의 논변이 전개된다. 이하의 논변은 아리스토텔레스가 주장하는 것이 아니라, 보고하는 내용이므로, "그들은 ~라고 주장한다"라는 말이 생략된 것으로 읽어야 할 것이다.

99 1217b9~10: κατὰ μετοχὴν γὰρ καὶ ὁμοιότητα. 여기서 'καὶ'를 '즉'으로 해석하면(kai-explicative), 다음과 같이 번역될 수 있다: "저것 나누어 가짐, 즉 닮음을 통해". 이러한 번역은 플라톤의 『파르메니데스』 132d1~4에서 '나누어 가짐 내지 참여함(metexis)'을 원본과 모상의 '닮음'으로 설명하는 것에 의해 지지될 수 있다.

100 『형이상학』 Δ 11, 1019a2~4; 『철학에의 권유』 5, 38, 3~14P; 『좋음에 대하여』 단편 2, p. 113 Ross.

지로 그것에 참여하는 것들로부터 분리되어[101] 있다.

그런데 이러한 견해를 두루 고찰하는 것은 필연적으로 다른 1217b16
연구 분야, 즉 여러 면에서 더욱 논리학적인 분야[102]에 속한다. 논파적인 동시에 공통된 논변이 다른 학문에 속하지 않으니 말이다. 이와 관련해 간단히 말해야만 한다면, 이렇게 말하자.[103] 첫째, 좋음이든 어떤 다른 대상이든 그것의 이데아가 있다는 말은 궤변과 허언이다.[104] 이 주제는 여러 방식으로 출판용 저술들과 철학적 저술들에서 살펴보았다.[105] 다음으로, 설령 이데아들

101 이데아는 이데아에 참여하는 개별적 대상들로부터 '분리되어', 즉 독립해서 존재한다. 『형이상학』 M 4, 1078b30~36 참조.

102 변증론을 지시하는 것으로 보인다.

103 어조가 플라톤의 이데아론을 비판하는 『니코마코스 윤리학』 1권 6장에서보다 훨씬 신랄하다. 이러한 사실을 두고, 아리스토텔레스가 『에우데모스 윤리학』을 완숙한 노년에 썼다기보다는 플라톤의 영향권으로부터 막 벗어난 혈기 왕성한 청년기에 썼을 것이라는 추측이 제기될 수 있다.

104 위의 I 6, 1216b40~17a4 참조. 아리스토텔레스는 『형이상학』 A 9, 991a20 이하에서 형상(eidos, idea)이 범형이고 다른 것들이 형상에 참여한다고 말하는 것은 "빈말을 하는 것이고 시적인 비유를 사용하는 것(kenologein esti kai metaphoras legein poiêtikas: 21~22)"이라고 비판한다.

105 '출판용(exôterikoi)' 저술들은 일반 대중을 상대로 쓰여진 데 비해, '철학적(kata philosophian)' 저술들은 전문적인 철학자들을 상대로 쓰였다. 한편, Jäger는 아리스토텔레스가 여기서 『철학에 대하여』라는 대화편을 지시하는 것으로 본다(cf. Woods, "in the work On Philosophy"). 실제로 단편 11 W은 이 견해를 지지해준다. 하지만 이 경우, Dirlmeier가 지적하듯이, 왜 아리스토텔레스가 『자연학』 194a36에서 『철학에 대하여』를 가리키기 위해 다른 표현, 즉 "en tois Peri philosophias"를 사용했는지가 의문이다.

이—좋음의 이데아를 포함해—최상의 방식으로 존재한다 하더라도, 좋은 삶과 행위에 아무런 도움이 되지 않는다.

사실 '좋음'은 여러 가지 의미로 쓰이는데, '있음/임'만큼 많이 쓰인다.[106] '있음/임'은 이미 다른 곳에서[107] 상론되었듯이 한편으로는 '무엇임'을, 다른 한편으로는 '어떤 성질임'을, 또 다르게는 '얼마임'을 그리고 '언제임'을 의미하고, 이 밖에 한편으로는 '움직여짐'을, 다른 한편으로는 '움직임'[108]을 의미하는데,[109] '좋음' 역시 이러한 범주들 각 경우마다 따로 있다.[110] 즉 실체의 경우에

106 『니코마코스 윤리학』 I 6, 1096a23~29; 『대윤리학』 1183a9~12; 『변증론』 107a3~12 참조.

107 어디를 가리키는지 불분명하다. 『변증론』 I 9; 『형이상학』 Δ 7 참조.

108 여기에서 '움직임(kinein)'은 움직이게 함을 뜻한다.

109 '있음/임'이라는 용어는 실체, 질, 양, 시간 등 여러 범주(katêgoria)에 걸쳐서 사용된다(『범주론』에서는 열 개의 범주가 제시된다). 가령, 실체와 관련해서는 '무엇임' 또는 '무엇으로 있음'을 의미하고, 양과 관련해서는 '얼마임' 또는 '얼마만큼 있음'을 의미한다. 아리스토텔레스는 이때 '있음/임'이 동일한 의미가 아니라, 다양한 의미로 쓰인다고 간주하기 때문에 여러 종(種)을 포괄하는 하나의 유(類, genos)가 아니라고 판단한다(『형이상학』 B 3, 998b22, 『분석론 후서』 II 92 b14 참조). 이와 마찬가지로 '좋음'도 여러 범주에 걸쳐 다양한 의미로 사용되기 때문에 하나의 유가 아니라는 논변이 이후 제시된다. 범주들이 하나의 존재가 존재하는 다양한 방식들을 가리킨다면, 그 존재가 좋게 존재하는 방식들 역시 가리킨다고 할 수 있다(『변증론』 107a3 참조). 범주의 개념에 대해서는 『형이상학』 Δ 7 참조.

110 여기서 ptôsis는 '범주'를 가리키는 것으로 읽었다. ptôsis는 원래 한 단어가 변용되는 경우들을 통칭한다. 『형이상학』 N 2, 1089a27 참조. 스토아주의자들은 ptôsis를 명사의 '격(格, casus)'의 의미로 사용했다. 이에 대해서

는 정신과 신(神)[111], 질에는 정의(正義)[112], 양에는 절도(節度), 시간에는 적기(適期), 운동과 관련해서는 가르치는 것과 가르침을 받는 것. 따라서 '있음/임'이 언급된 것들을 포괄하는[113] 어떤 하나가 아니듯이, '좋음'도 그렇지 않으며, '있음/임'에 대해서도 '좋음'에 대해서도 단일한 학문이 존재하는 것이 아니다.[114]

한편, [범주들 사이에서] 비슷한 방식으로 좋다고 일컬어지는

는 Dirlmeier 주석 참조.

111 『니코마코스 윤리학』 I 6, 1096a24.

112 『니코마코스 윤리학』에서는 '덕들'이 언급된다(I 6, 1096a25).

113 1217b34: Woods에 따라 'peri'를 고수하되, 'embracing(포괄하는)'이라고 번역했다.

114 '있음/임', 다시 말해 '존재'와 '좋음'이 하나의 '유'가 아니라는 주장에 이어, '존재'와 '좋음' 각각에 대해 하나의 학문이 있을 수 없다는 주장이 제기된다. 여기에서 아리스토텔레스는 하나의 학문이 성립하기 위해서는 하나의 통일된 대상이 있어야 함을 전제하는 것으로 보인다. 이에 비해 다른 곳에서 그는 존재를 다루는 학문의 가능성을 모색한다(『형이상학』 Γ 1, 1003a21~32; E 1, 1026a23~32; K 3, 1060b31~1061b17; 7, 1064b6~14 참조). 그가 견해를 바꾼 것일까? 그는 적어도 존재에 대한 학문을 동일한 존재의 의미에 정초하려는 (플라톤주의적) 모델을 거부한 점에 있어서는 일관적이다. 실제로 그는 한 용어가 지닌 다양한 용법에만 주목한 것이 아니라, 그 다양한 용법들이 지니는 관계에 대해서도 관심을 가졌고, 그 관계를 'pros hen(하나를 향해)'이라는 용어를 통해 표현했다. 이때, 다양한 의미들은 하나의 '초점 의미(focal meaning)'를 중심으로 연계된다(『형이상학』 Γ 2, 1003b2~15). 이런 식으로 존재의 의미의 다양성과 함께 일종의 통일성이 보장될 수 있다면, 적어도 하나의 통일적인 주제를 다루는 학문이 성립할 수 있다고 볼 수 있을 것이다. 이에 대한 심화된 논의는 Cherniss(1944), p. 237 이하; Berti(1971) 참조.

것들이, 이를테면 적기나 절도가, 단일한 학문에서 연구되는 것이 아니며, 서로 다른 학문이 서로 다른 적기와 서로 다른 절도를 연구한다. 가령, 영양에 관련된 적기와 절도는 의술과 체육이 연구하고, 전투 행위에 관련된 것은 전술이 연구하며, 그런 식으로 각기 다른 기술이 각기 다른 행위와 관련된 것을 연구한다. 그러므로 좋음 자체가 단 하나의 학문이나 기술에 의해 연구될 가망성은 거의 없다.

나아가 선후(先後) 계열이 있는 모든 대상에는 그것들 밖에 어떤 공통적인 것이 분리되어 존재하지 않는다. 왜냐하면 [그 경우] 어떤 것이 계열의 제1항보다 더 앞서게 되기 때문이다. 즉 공통되면서 분리된 존재가 더 앞서게 될 텐데, 그 공통된 것이 파괴되면 제1항도 파괴될 것이기 때문이다.[115] 예를 들어, '두 배'가 '여러 배'의 제1항이라고 한다면, 공통적인 술어로 사용되는 '여러 배'는 분리되어 존재할 수 없다. 그것이 '두 배'보다 더 앞서

115 『니코마코스 윤리학』 I 6, 1096a17~23; 『형이상학』 B3, 999a6~14 참조. 선후 계열(to proteron kai husteron)이 있는 대상의 예로 수(數)를 들어보자. 그리스인들에 따르면, 자연수의 계열에서 제일 처음에 오는 수는 2이다. 그런데 만약 수의 이데아가 있다면, 수의 계열에서 제1항에 오는 2에 앞서게 될 것이다. 왜냐하면 수의 이데아는 모든 수들에 공통되는 것, 즉 '수임'이 독립적으로 존재하는 것으로, 그 공통자가 없으면, 제1항인 2 역시 없어진다는 점에서 2보다 존재론적으로 우선해야 할 것이다. 그런데 이것은 수의 계열에서 2가 제1항이라는 사실에 어긋난다.

게 될 테니 말이다. 그렇지 않다면 마치 누군가 공통된 것을 분리된 존재로 만든 것처럼 공통된 것이 이데아가 되는 결과가 따른다.[116] 아닌게 아니라 저들[플라톤과 그의 후예들은]은 만약 정의가 좋은 것이고 용기도 그렇다면, 그에 따라 어떤 좋음 자체가 있다고 주장한다. 그러므로 "자체"는 공통된 정의(定義)에[117] 덧붙여진 것이다. 하지만 그것이 영원하고 분리되어 있다는 것 외에 무엇을 의미하겠는가? 그러나 여러 날 흰 것이 하루 흰 것보다 더 흰 것은 아니다.[118] 따라서 〈좋은 것이 영원히 좋다고 해서

116 여기에서 아리스토텔레스는 선후 계열이 있는 대상의 예로 '여러 배'를 든다. 그가 하고 싶은 주장은 '여러 배'의 이데아가 없다는 것이다. 만약 그것이 있다면, '여러 배'의 계열에서 제1항인 '두 배'보다 앞에 와야 하는데, 이것은 그 계열의 제1항이 '두 배'라는 기존의 규정에 어긋난다. 그런데 이 단락에서 특기할 점은 아리스토텔레스가 공통된 것(to koinon)과 이데아를 구분한다는 사실이다. 그는 공통된 것으로서의 '여러 배'의 존재를 부정하지 않는다. 다만, 그러한 공통자가 개별적인 대상들과 분리되어 이데아로 존재한다는 것을 거부한다. 개별적 대상들로부터 분리되어 독립적으로 존재하는 공통자, 즉 이데아를 상정하게 되면, 그것이 그 대상들의 계열의 맨 처음에 와야 하는 문제가 발생하는 것이다. 『대윤리학』 1182b11~16에서 공통자는 이데아로부터 구분된다. 공통자는 그것을 공유하는 개별적 존재들과 떨어져서 존재할 수 없지만, 이데아는 그것에 참여하는 대상들과 분리되어 있다.

117 여기서 'logos'를 정의(定義)으로 옮겼는데, 더 엄밀히 말하자면, 언어적 표현으로서의 정의보다는 그 언어적 정의가 가리키는 실제 내용을 뜻한다고 보아야 할 것이다.

118 『니코마코스 윤리학』 I 6, 1096a34~b5; 『형이상학』 A 9, 991a2~8; M 4, 1079a33~b11 참조.

더 좋은 것은 아니다.〉 실로 공통된 좋음은 이데아와 같지 않다. 왜냐하면 그것은 모든 좋은 것들에 공통되기 때문이다.[119]

지금 그들이 좋음 자체를 증명하는 순서와 반대로 증명해야만 한다.[120] 사실 그들은 지금 좋음을 가지고 있다고 합의되지 않은 것들로부터 출발해 이미 좋음을 가지고 있다고 합의된 것들을 증명한다. 가령, 수들로부터 출발해서 정의와 건강이 질서이자 수이기 때문에 좋다라고 증명한다. 좋음 자체가 하나이기 때문에 좋음이 수들과 단자들에[121] 속한다는 이유로 [그렇게 한다]. 그러나 [좋은 것이라고] 합의된 것들에서 출발해서 증명을 시도해야 한다. 예컨대, 건강, 힘, 절제로부터 시작해 아름다움이 심지어 불변하는 것들에도 있음을 증명해야 한다. 사실 저것들[122] 모두가 질서[123]와 고요[124]를 지닌다. 만약 그렇다면, 불변의 대상

119 비판본에서 1218a15에서 〈τὸ〉 삽입한 것을 수용하지 않았다.

120 이 단락의 논변에 대해서는 Brunschwig(1971) 참조.

121 아프로디시아스의 알렉산드로스의 『형이상학 주석』(55. 20 이하=단편 2, Ross, p. 113 『좋음에 대하여』)에 따르면, 플라톤과 피타고라스주의자들이 하나의 입체가 평면들로 이루어지고, 평면은 선들로, 그리고 선은 점들로 이루어진다고 주장했고, 이 점들을 '단자(monas)'라고 불렀다고 한다. 이 점들은 더 이상 분해될 수 없는 최종적인 원소이다. 플라톤과 피타고라스주의자들은 그러한 원소들 또는 원소들의 집합을 '수'라고 보았다. 이에 따르면 수는 우주의 최종적 구성요소이다. 이 문맥에서 '수'와 '단자'는 동일한 대상을 지칭한다.

122 건강, 힘, 자제력과 같이 좋다고 인정받는 것들.

123 아름다움과 질서(taxis)의 관계에 대해서는 『형이상학』 M 3, 1078a36 이하

들은 더 아름답다. 왜냐하면 이것들은 질서와 고요를 더 많이 지니기 때문이다.

수들이 하나를 열망하기[125] 때문에 하나가 좋음 자체라는 논증 역시 위험하다. 저들은 어떤 의미에서 [수들이 하나를] 열망한다는 것인지를 분명하게 설명하지 않고, 너무나 단순히 그렇게 주장한다. 어떻게 생명이 없는 것들에 욕망이 있다고 생각할 수 있는가? 이와 관련해서는 주의 깊은 연구가 이루어져야 하고, 논변이 있어도 쉽게 확신할 수 없는 것을 논변 없이 주장해서는 안 된다.

모든 존재가 어떤 하나의 좋음을[126] 열망한다는 주장은 참이 아니다. 왜냐하면 개별 존재는 자신에게 고유한 좋음을 욕망하기 때문이다. 눈은 보는 것을, 몸은 건강을, 이런 식으로 각기 다른 것은 각기 다른 좋음을 욕망한다.

그러므로 이러한 난점들은 모종의 좋음 자체는 없다는 것과

를 보라.

124 위-플라톤의 『정의』 412a8에서 용기와 같은 개별적 덕이 '영혼의 고요(êremia)'로 규정된다.

125 크세노크라테스, 단편 30, p. 169 Heinze 참조.

126 1218a31: ἑνός τινος ἀγαθοῦ. 여기서 아리스토텔레스는 모든 존재가 동일한 보편적인 좋음을 추구하는 것이 아니라, 각 존재는 자신에 맞는 특수한 좋음을 지향한다고 주장한다. 한편, 『형이상학』 A 2, 982b5~7; Λ 10, 1075a12~24에서는 만물이 궁극적으로 동일한 최고선, 즉 우주의 원리를 추구한다는 주장을 펼친다.

그것이 [있다 하더라도] 정치술에 쓸모없음을 시사한다. 그러나 정치술에는 다른 기술들에서처럼 어떤 고유한 좋음이 있다. 가령 체력단련술에 고유한 좋음은 좋은 체력이다. 게다가 그 글[127]에 적힌 논점도 있다. 즉 좋음의 형상 자체는 아무 기술에도 쓸모 없거나 모든 기술에 똑같이 쓸모 있을 것이다.[128] 나아가 그것은 실천될 수 없다.

마찬가지로 공통된 좋음은 좋음 자체도 아닐뿐더러—공통된 좋음은 심지어 작은 좋음에도 속하게 될 테니까—실천될 수도 없다. 의술은 어떻게 아무것에나 속하는 좋음이 생길지를 연구하는 게 아니라, 어떻게 건강이 생길지를 연구한다. 마찬가지로 다른 기술들 각각도 그렇다. 그런데 '좋음'은 여러 가지 의미로 쓰이고, 그것의 일부는 아름답고, 일부는 실천될 수 있고, 다른 일부는 실천될 수 없다. 목적[129]으로서의 좋음은 실천될 수 있지만, 불변하는 것들에 있는 좋음은 실천될 수 없다.[130]

〈그러므로〉 우리가 찾고 있는 좋음 자체[131]는 좋음의 이데아도

127 어느 글(logos)을 지시하는지 불분명하다. 『좋음에 대하여』와 『이데아에 대하여』의 단편들은 이 두 글에서 아리스토텔레스가 플라톤과 '피타고라스주의자들'의 이데아론을 비판했음을 보여준다.

128 『니코마코스 윤리학』 I 6, 1096b35~1097a13 비교.

129 1218b6: τὸ οὗ ἕνεκα. 직역: '무엇을 위한다고 할 때 그 무엇.'

130 위의 I 7, 1217a29~35 참조.

131 1218b8: to zêtoumenon auto to agathon. 여기서 '자체(auto)'를 1218

1218b

아니고 공통된 좋음도 아님이 분명하다. 왜냐하면 전자는 변할 수도 없고 실천될 수도 없으며, 후자는 변할 수 있지만, 실천될 수 없기 때문이다. 하지만 목적으로서 추구되는 것이 가장 좋은 것이고 그 아래 있는 모든 좋음의 원인이며 모든 좋음 가운데 첫째다.[132] 따라서 이것이 좋음 자체이며 인간에게 실천 가능한 목적일 것이다. 이것이 모든 [기술] 가운데 으뜸가는 영역에서 다루어진다. 이 지배적인 기술이 정치술[133], 가정경제술 그리고 슬기[134]이다. 이 성향들은 그것들이 [지배적이라는] 점에서 다른 것들과 구분된다. 그것들끼리 서로 다른지 여부는 나중에[135] 논의

a11에 언급된 '자체'와 동일한 의미로 읽어선 안 된다. 후자는 '이데아'를 지칭하는 전문 용어의 일부이다. 가령, 플라톤주의자들에게 '좋음 자체'는 '좋음의 이데아'를 가리킨다. 이에 비해 이 자리에 사용된 '자체'는 일상적인 어법에서 강조하기 위해 사용하는 용어로 여겨진다. 역자의 생각으로는 아리스토텔레스가 플라톤주의자들의 이데아론을 비아냥거리기 위해 일부러 이 단어를 사용했을 가능성도 짙다. 이 해석에 따르면, 아리스토텔레스는 대략 다음과 같이 말하고 싶은 것이다: "너희들이 말하는 '좋음의 이데아', 즉 '좋음 자체'는 우리가 찾는 '좋음' 자체, 우리가 찾고 있는 바로 그것이 아니다."

132 이 장의 첫 단락에 제기된 문제, 즉 무엇이 제일 좋은 것인가에 대해 결국 '목적'이라는 대답이 주어진다. 목적인으로서의 좋음에 대해서는 『자연학』 II 3, 195a23~26 참조.

133 『니코마코스 윤리학』 I 2, 1094 a26에서 정치술/정치학(politikê)이 "가장 지배적이고 건축학적인 기술/학문(kyriôtatê kai malista architektonikê)"으로 기술된다.

134 개인적 차원에서의 삶의 기술, 즉 실천적 지혜를 가리킨다.

135 『에우데모스 윤리학』 V=『니코마코스 윤리학』 VI 8, 1141b23~27: "정치술

되어야 할 것이다.

목적이 그 아래 종속된 수단들의 원인이라는 것은 가르침의 예가 분명히 해준다. 왜냐하면 선생들은 목적을 규정한 후, 추구하는 목적이 원인이기 때문에 다른 수단들 각각이 좋다고 증명하기 때문이다. 이를테면, 건강하다는 것이 이러저러하므로, 그것에 이로운 것도 필연적으로 이러저러한 것이다. 그런데 건강에 좋은 것은 건강의 작용인[136]이고, 건강이 있다는 것의 원인이지, 건강이 좋다는 사실의 원인이 아니다. 게다가 아무도 건강이 좋다는 것을 증명하지 않는다. 의사가 아니라 궤변가라면 몰라도 말이다. 이들은 상관없는 논변으로 궤변을 늘어놓는다.[137] 마찬가지로 다른 어떤 원리도 증명의 대상이 아니다.[138]

인간에게 목적으로서 좋은 것과 실천될 수 있는 가장 좋은 것

과 슬기는 같은 성향이지만, 그 본질(to einai)은 같지 않다. 국가에 관련된 슬기 중에 하나는 건축학적인 것으로서 입법적인 슬기이고, 다른 하나는 개별적인 것에 관련되는 것으로서 두 부분을 가지는데, 두 부분에 공통되는 명칭이 정치적 슬기이다. 이 부분이 실천적이자 심의적이다 […] 그런데 슬기는 무엇보다도 개인에 관련되는 것으로 보인다. 이것이 공통의 이름인 '슬기'로 불린다. 슬기의 다른 분야들 중 하나는 가정경제(oikonomia)이고, 둘째는 입법(nomothesia), 셋째는 정치술이고, 이 셋째는 다시 심의적인 것(bouleutikê)과 사법적인 것(dikastikê)이다."

136 1218b20~21: αἴτιον ὡς κινῆσαν.

137 위의 I 6, 1216b40~17a10 참조.

138 아래 II 10, 1226a7~17; b10~13; 1227a6~30; 『분석론 후서』 I 3; 『자연학』 I 2, 185a1 이하; VIII 3, 253b2~6 참조.

1218b

에 관하여, '모든 것 가운데 가장 좋은 것'—이것이 가장 좋은 것 이니까—이 얼마나 많은 의미로 사용되는지를 살펴보아야 한다.

2권

"성격적 덕은 그 자체로 어떤 중용이고,
전체가 쾌락과 고통에 관여하는 반면,
악덕은 지나침과 모자람에 있고
덕과 동일한 영역에 관여하므로,
성격적 덕은 즐거운 것과 괴로운 것과 관련하여
우리에게 있어 중용인 것을
선택하는 성향임이 필연적이다."

1장

행복의 정의와 덕의 종류

이 다음으로 다른 출발점을 취해서 이후의 주제들을 논의해야만 한다. 우리가 출판용 저서들[1]에서 구분한 것처럼, 모든 좋은 것은 영혼 안에 있거나 밖에 있으며, 그 가운데 영혼 안에 있는 것이 더 택할 만한 가치가 있다. 지혜와 덕과 쾌락은 영혼 안에 있으며, 이 중에서 일부 또는 전부가 모든 이에게 목적으로 여겨지니 말이다. 영혼 안에 있는 것 가운데 어떤 것은 성향이나 능력이고, 다른 것은 활동 내지 운동이다.[2]

이제 이렇게 가정해두자. 그리고 덕에 대해서 그것이 어떤 사용과 기능[3]을 가진 모든 것의 최상의 상태나 성향[4] 또는 능력이

1 위의 I 8, 1217b22에 대한 각주 참조.
2 『니코마코스 윤리학』 I8, 1098b12~15; 『정치학』 VII 1, 1323a21~24a4; 『대윤리학』 1184b1~6의 논의와 비교하라.
3 그리스어 'ergon'은 영어의 'work', 독일어의 'Werk'와 어원상 연관되어 있으

1219a1 라고 가정하자.[5] 이는 귀납[6]으로부터 분명하다. 사실, 우리는 모든 경우에 그렇게 상정한다. 이를테면 외투에도 덕이 있다.[7] 어떤 기능과 사용이 있으니까. 그리고 외투의 가장 좋은 성향이 그것의 덕이다. 배, 집과 다른 경우들도 마찬가지다. 그래서 영혼의 경우도 그렇다. 그것에 어떤 기능이 있으니까.

실로 성향이 더 좋을수록 그 기능도 더 좋다고 하자. 그리고 성향들이 서로 관계 맺는 방식으로 그것들에서 유래한 기능들도 서로 관계 맺는다고 하자. 그리고 각 대상의 기능이 그것의 목적이라고 하자.[8] 그러므로 이러한 가정들로부터 기능이 성향보다

며, 우리말에서는 '일'의 의미에 가깝다. 그것은 '기능', '업', '역할' 등을 가리킬 수도 있고, 기능의 결과로서 '작품', '업적', '산물', '성과' 등을 가리킬 수도 있다.

4 『범주론』 8b25~9a13에서 'hexis'는 'diathesis(상태)'에 비해 길고 안정된 성향을 지시한다.

5 아리스토텔레스는 '가정하자(hypokeisthô)'라는 수학에서 사용하는 용어를 윤리학적 논의에 도입해서 보다 체계적인 접근 방식을 시도하는 것으로 보인다. Allan(1961), p. 309 참조.

6 귀납(epagôgê)은 개별적인 경우들로부터 보편적인 것을 파악하는 방식이다. 이 개념에 대해서는 『분석론 전서』 II 23과 『분석론 후서』 II 19를 참조하라.

7 여기에서 '덕'으로 옮긴 그리스어 'aretê'는 일반적으로 훌륭함 또는 탁월성을 뜻하며, 윤리학적 맥락에서 인간의 훌륭함을 지시하는 용어로 사용된다. 플라톤은 『국가』 352d~353e에서 기능(ergon)과 덕(aretê)을 개념적으로 연결시킨다.

8 『형이상학』 Θ 8, 1050 a21~22: "기능이 목적이고, 활동이 기능이므로, 따라서 energeia(활동)라는 명칭도 ergon(기능)에 따른 것이다." 'energeia'라는 명사가 en+ergos('기능 중임, 작동 중임')에서 나왔음을 뜻한다.

더 좋은 것이라는 사실이 분명하다. 왜냐하면 목적은 목적으로서 가장 좋은 것이기 때문이다. 왜냐하면 가장 좋은 것은 목적이며 그것을 위해 다른 모든 것들이 있는 궁극적인 것이라고 가정되었기 때문이다. 그러므로 기능이 성향이나 상태보다 더 좋다는 사실이 분명하다.

그런데 ['기능'으로 옮긴] '에르곤'은 두 가지 의미로 쓰인다. 어떤 것들의 '에르곤'은 '사용'과는 다른 무엇이다. 예를 들어 건축술의 에르곤은 집이지 집짓기가 아니고, 의술의 에르곤은 건강이지 건강하게 만듦이나 치료가 아니다.[9] 이에 반해, 다른 것들의 '에르곤'은 곧 '사용'이다. 가령 눈의 에르곤은 보는 것이고 수학적 지식의 에르곤은 이론적 관조이다. 따라서 사용이 곧 에르곤인 경우[10]에는 필연적으로 사용이 성향보다 더 좋은 것이다.

이것들을 이런 식으로 정의했으니, 사물과 그것의 덕이 동일한 에르곤을 지닌다고 말하자. 물론 같은 방식으로는 아니지만 말이다. 예를 들어 신발 제작술과 신발 제작의 에르곤[11]은 신발이다. 만약 실로 어떤 덕이 신발 제작술과 훌륭한 신발 제작자의 것이라면, 그것의 에르곤은 훌륭한 신발이다. 다른 경우들도 마

9 이 문맥에서 '사용'과 의미상 구분된 '에르곤'은 '기능'이 아니라, '성과' 내지 '작품'을 의미한다.

10 위의 I 5, 1216b3~25;『형이상학』Θ 8, 10501 23~b2; 6, 1048b18~36 참조.

11 '작품' 내지 '성과'를 의미한다.

찬가지다.

나아가 영혼의 에르곤이 살게 하는 것이며, 이것은 사용이며 깨어 있음이라고 가정하자. 잠은 일종의 무위와 휴식이니 말이다. 그리하여 영혼과 그것의 덕이 동일한 에르곤[12]을 가지는 것이 필연적이므로, 그 덕의 에르곤은 훌륭한 삶일 것이다. 이것이 완전한 좋음, 즉 우리가 행복이라고 했던 것이다.

이는 위의 가정들로부터 분명하다. 행복이 가장 좋은 것이고, 목적들과 최상의 좋음들이 영혼 안에 있는데, †그것이†[13] 성향 또는 활동이라고 했으니 말이다. 활동이 상태[14]보다 더 좋고, 가장 좋은 활동도 가장 좋은 성향보다 더 좋은데, 덕이 가장 좋은 성향이므로 영혼의 덕을 실현하는 활동이야말로 가장 좋은 것이다.

그런데 행복 또한 가장 좋은 것이라고 했다.[15] 그러므로 행복은 좋은 영혼의 활동이다. 한편 행복은 어떤 완전한 것이라고 했

12 '기능' 내지 '업'을 의미한다.

13 전승된 'αὕτη'(1219a30)를 받아들인다. Dirlmeier는 'αὕτη'가 '영혼'을 지시하는 것으로 본다. 하지만 성향과 활동이 위의 1218b34~37에서 '영혼 안에 있는 것'으로 언급된 것으로 볼 때, 여기서 '영혼'은 '영혼 안에 있는 것'을 줄인 말이라고 보는 것이 낫다.

14 이 문맥에서는 '성향(hexis)'과 대등한 의미로 쓰인다.

15 위의 I 7, 1217a21 이하 참조. 이 단락의 내용을 『대윤리학』 1185a1~9; 『니코마코스 윤리학』 I 6, 1098 a18과 비교하라.

고,[16] 삶에는 완전한 것도 불완전한 것도 있으며, 덕 역시 그러한데—어떤 것은 전체이지만, 어떤 것은 부분이니까[17]—, 불완전한 것들의 활동은 불완전하므로, 행복은 완전한 덕에 따른 완전한 삶의 실현[18]이라고 할 수 있다.

우리가 행복의 종류와 정의에 대해 올바르게 말했다는 것을 우리 모두가 공유하는 견해들이 증언한다. '잘 지낸다'와 '잘 산다'는 '행복하다'와 같은 말인데, 그것들 각각, 즉 삶과 행동이 사용과 활동이니 말이다. 왜냐하면 실천적인 삶이 사용과 관련되기 때문이다. 사실, 대장장이가 고삐를 만들지만 마부가 사용한다. 그리고 사람이 단 하루만 행복할 수도 없고, 아이로서 행복한 것도 아니며, 어느 연령층[19]에 속한다고 행복한 것도 아니다. 그러니까

16 위에서 행복은 영혼의 덕의 실현 또는 좋은 영혼의 활동으로 규정되었다. 이 단락에서 아리스토텔레스는 행복의 완전성에 입각하여 행복을 '완전한 덕에 따른 완전한 삶의 실현'으로 정의 내린다. 이때 그는 완전성을 전체의 개념과 연결시킨다. 이에 따라 행복은 부분적 덕의 실현이 아니라, 덕 전체의 실현을 의미하며, 나아가 유년기나 장년기, 노년기를 포괄한 생애 전체에서의 덕의 실현을 의미한다.

17 덕의 부분들과 전체에 대한 논의는 플라톤, 『프로타고라스』 329c1~333b6; 『국가』 344b~c; 『법률』 630b~e, 696b~d 참조.

18 1219a38~39: zôês teleias energeia kat'aretên teleian. 이러한 행복의 정의에 관해서는 『정치학』 VII 8, 1328a37 참조. '완전한 덕'은 '총체적 덕'을 가리킨다. 아래 1219b21; 1220a3; VIII 3, 1248b8~12 참조. Décarie(1975), pp. 60~76.

19 연령층에는 유년기, 장년기(akmê: '절정'), 노년기가 있다. 『수사학』 II 12~14 참조.

1219b

“살아 있는 자를 행복하다 일컫지 말고, 다만 그가 삶을 끝냈을 때 그렇게 말하라”는 솔론의 말도 옳다.[20] 왜냐하면 완결되지 않은 것은 행복하지 않기 때문이다. 온전하지 않으니까.

게다가[21] 덕에 대한 칭찬은 업적에 의거하고, 칭송은 업적을 대상으로 한다.[22] 또한 월계관을 쓰는 자는 승리자이지, 승리할 수 있는 능력을 가졌으나 승리하지 못한 자가 아니다.[23] 그리고 누군가가 어떠한지는 그가 한 일로부터 판단한다. 나아가 무엇 때문에 행복은 칭찬받지 않는가? 왜냐하면 다른 것들이 행복 때문에, 즉 그것에 관련되거나 그것의 부분을 이룸으로써 칭찬받기 때문이다. 그러니까 축하[24]와 칭찬 그리고 칭송은 다르다. 개

20 헤로도토스, 『역사』 I 32~33.

21 여기에서 아리스토텔레스는 “행복의 종류와 정의에 대해 올바르게 말했다”(1219a39~40)는 것을 지지하는 논거를 보충한다.

22 덕을 칭찬할 때에는 덕을 드러낸 업적(erga) 때문에 칭찬한다. 그 업적 자체는 칭찬(epainos)의 대상이 아니라, 칭송(encômion)의 대상이다. 『대윤리학』 1183b26; 『니코마코스 윤리학』 I 12, 1101b31~34 참조. 칭찬과 칭송에 관해서는 『수사학』 I 9, 1367b26~33 참조.

23 『니코마코스 윤리학』 I 8, 1099a3~7 참조.

24 ‘축하’로 옮긴 그리스어 ‘eudaimonismos’는 행복하다고 생각하거나 부름을 뜻한다. 독일어로는 ‘Glücklichpreisung’(Dirlmeier), 불어로는 ‘béatification’(Décarie), 영어로는 ‘felicitation’(Kenny, Rackham, Woods), 일본어 번역에서는 행복의 의미를 살려서 ‘祝福’(p. 232)으로 옮긴 것으로 보인다. 하지만 우리말에서 ‘축복’은 행복을 빌고 기원한다는 의미로 사용되기 때문에 이미 행복을 성취한 사람에게 적용되기 곤란하다. 천주교에서는 복자로 인정한다는 의미에서 ‘시복(諡福)’이라는 용어를 사

별적 업적은 칭송받고 일반적인 사람됨은 칭찬받지만, 축하는 [성취된] 목적에 귀속된다.

이와 같은 사항을 고려함으로써 종종 제기된 의문 하나가 해명된다. 무엇 때문에 훌륭한 이들이 비천한 이들보다 인생의 절반 동안 나을 바가 없는가? 모두가 잠자는 동안에는 비슷하니 말이다. 그 이유는 잠이 영혼의 무위이지 활동이 아니기 때문이다. 이런 까닭에 만약 영혼의 어떤 다른 부분, 가령 영양섭취 능력[25]이 있다면, 그것의 덕은 총체적 덕의 부분이 아닐 것이다. 몸의 덕이 총체적 덕의 부분이 아니듯이 말이다. 사실, 영양섭취 능력은 잠자는 동안 더 활동적인 데 반해, 감각 능력과 욕망 능력은 잠자는 동안 불완전하게 작동한다. 하지만 이 능력들이 [잠자는 동안] 어떤 식으로든 운동에 참여하는 한, 훌륭한 이들의 몽상[26]이 병이나 불구로 인한 것이 아니라면 [비천한 이들의 그것보다] 낫다.

용하지만, 이 용어는 일상적으로 사용되지 않는다. 우리말에서는 어떤 목적을 성취한 사람에게 '축하한다'는 용어를 일반적으로 사용하기 때문에 'eudaimonismos'를 의미의 축소에도 불구하고 '축하'로 옮겼다.

25 'to threptikon'은 영혼의 한 부분으로 도입되었기 때문에 '영양섭취혼'으로 번역할 수 있다. 그런데 아래 1219b33~24에서 '앞에서 언급된 상이한 능력들(dynameis)'이 'to threptikon', 'to aisthêtikon', 'to orektikon'을 지시하는 것으로 보이므로 '능력'의 의미를 살려서 각각을 '영양섭취 능력', '감각 능력', '욕망 능력'으로 옮겼다. 영혼의 다양한 능력에 관해서는 『영혼론』 II 4, 415a23; 416a19; III 9, 432a22 이하 참조.

26 잠잘 때 꿈에 나타나는 상(phantasia)을 가리킨다.

다음으로 영혼에 관해 살펴보아야 한다. 덕이 영혼에 속하되, 우연적으로 속하는 것이 아니니 말이다. 우리가 인간적 덕을 탐구하고 있으므로, 영혼의 두 부분이 이성에 참여한다고 가정하자. 하지만 둘 다 동일한 방식으로 이성에 참여하는 것이 아니라, 본성상 하나는 명령을 내리고, 다른 하나는 순종하고 말을 듣는다. 만약 어떤 것이 다른 의미에서 비이성적이라면, 그 부분은 논외로 하자.[27] 여기서 영혼이 나뉘어질 수 있는지, 아니면 그것이 나뉘어질 수 없는데도 앞에서 언급된 상이한 능력들을 가지고 있는지는 중요하지 않다. 굴곡에서 오목과 볼록이 떨어질 수 없듯이, [흰 선에서] 곧음과 흼도 그러하다. 비록 곧은 것이 우연적인 경우를 제외하고는 희지 않고, 그것의 본질에 있어서도 희지 않지만 말이다.

설령 영혼에 어떤 다른 부분, 예컨대 식물혼이 있다 하더라도, 그것은 논의에서 제외된다. 왜냐하면 우리가 언급한 부분들은 인간적인 영혼에 고유하기 때문이다. 그런 이유로 영양섭취 능력과 생장 능력의 덕들 역시 인간에게 속하지는 않는다.[28] 사실, 만약 [영혼의 어떤 부분이] 인간인 한에서 인간에 속한다면, 추

27 아래 1220a8~11; 『니코마코스 윤리학』 I 13, 1102b13~15; VI 2, 1143a8~10; 『정치학』 I 5, 1254a34 참조.

28 인간에게 고유한 것이 아니다.

론과 다스림과[29] 행동이 있어야만 하는데, 추론이 추론을 다스리지 않고, 욕망과 감정들을 다스린다면, 반드시 그러한 부분들을 가져야만 한다. 좋은 체력[30]이 몸의 부분들의 덕들로 이루어지듯이, 영혼의 덕도 목적인 한에서 그러하다.

덕에는 두 종류가 있는데, 하나는 성격적 덕이고, 다른 하나는 지성적 덕이다. 아닌 게 아니라 우리는 정의로운 자뿐만 아니라, 이해력이 깊은 자와 지혜로운 자도 칭찬한다. 왜냐하면 덕이나 업적이 칭찬의 대상이라고 전제되었기 때문이다.[31] 그런데 이것들은[32] 활동은 아니며 그것들을 실현하는 활동이 있을 따름이다. 한편 지성적 덕들은 이성과 함께 하므로, 그러한 덕들은 영혼의 이성적인 부분에 속하고, 그 부분은 이성을 가지고 있는 한 명령을 내릴 수 있다. 다른 한편 성격적 덕들은 비이성적지만 본성상 이성을 가진 부분에 따를 수 있는 부분에 속한다. 사실, 우리는 누군가의 성격이 어떠한가를 말할 때, 그가 지혜롭다거나 영리하다고 말하지 않고, 온화하다거나 대담하다고 말한다.

29 1219b40: καὶ ἀρχήν codd. Dirlmeier와 Décarie와 함께 필사본에 따라 읽었다. 비판본에 따라 ὡς ἀρχήν으로 읽을 경우, 문맥을 고려해서 '다스리는 것으로서'(cf. Kenny: as a governing element)라고 옮길 수 있다. Woods의 'as a starting-point'라는 번역은 문맥과 동떨어진다.

30 직역하면 '좋은 상태'이며 주로 신체의 좋은 상태 내지 활력을 지시한다.

31 위의 I 8, 1218a37 이하; 1219b8 이하 참조.

32 '덕들'을 가리킨다고 보았다.

이 다음으로 우선 성격적 덕에 대하여 그것이 무엇이고, 그리고 그것에 어떤 부분들이 있는지—이 질문은 앞의 질문으로 환원된다—, 그리고 어떤 수단들을 통해 그것이 생기는지 살펴보아야 할 것이다. 다른 연구 분야들에서 모든 이가 어떤 단서를 가지고서 탐구에 임하듯이, 우리도 참되지만 명료하지 않게 말해진 것들을 통해 참되면서도 명료한 것을 파악하도록 시도해야 한다. 지금 우리는 마치 †건강이† 몸의 가장 좋은 상태이고, 코리스코스가 시장에 있는 사람들 가운데 가장 검다는 사실을 아는 경우와 같은 처지에 놓여 있다.[33] 사실, 우리는 그 대상들[34] 각각이 무엇인지 모르지만, 이러한 처지에 있는 것이 분명 그것들 각각이 무엇인지를 아는 데 유익하다.[35]

이제 먼저 가장 좋은 상태가 가장 좋은 수단들에 의해 생기며, 각 분야에서 가장 좋은 업적은 각 분야에 관련된 탁월성[36]에서

33 우리는 비록 덕과 행복이 각각 무엇인지 모르지만, 덕이 영혼의 최상의 상태이고, 행복이 가장 좋은 것이라는 사실을 알고 있는데, 그러한 사실을 아는 것이 덕과 행복이 무엇인지 아는 데 도움이 된다.

34 건강과 코리스코스.

35 『자연학』 I 1; 『분석론 후서』 I 2, 71b33~72a5; 『변증론』 VI 4, 141b3~142a16; 『형이상학』 α 1, 993b7; Δ 1, 1013a1~4; Z 3, 1029b3~12; I 3, 1054a26~29 참조.

36 이 자리에서 'aretê'는 탁월성 일반을 뜻한다. 예로 제시된 좋은 체력을 육체의 '덕'이라고 할 수 있지만, 이어지는 논의에서 '덕'이 영혼의 덕을 가리키기 때문에 이와 구분하기 위해 '탁월성'이라 옮겼다.

나온다고 가정하자. 예를 들어, 가장 좋은 운동과 영양으로부터 좋은 체력이 생기고, 좋은 체력으로부터 최상의 운동이 가능하다. 나아가 모든 상태는 동일한 것들에 의해 특정한 방식으로 영향을 받아 생성하기도 하고 소멸하기도 한다. 마치 건강이 영양과 운동 그리고 계절에 의해 영향받듯이 말이다.[37] 이러한 사항들은 귀납으로부터 분명하다.

그러므로 덕 또한 영혼에 있는 가장 좋은 운동들에 의해서 생기는 상태이고, 그 상태로부터 영혼의 가장 좋은 작용과 경험[38]이 생긴다. 그리고 덕은 동일한 것들에 의해 어떤 방식으로는 생성되지만, 다른 방식으로는 소멸된다. 덕의 사용은 덕을 성장시키고 소멸시키는 수단들과 관계하고, 그것을 가장 좋은 상태로 만드는 수단들과 관계한다. 그 징표는 덕과 악덕이 모두 쾌락과 고통에 관련된다는 것이다. 교정(矯正)은 치료이고, 다른 치료들과 마찬가지로 반대되는 것들을 통해, 즉 쾌락과 고통을 통해 작동하니 말이다.[39]

37 『동물지』 VIII 18, 601a23 이하 참조.

38 1220a31: erga kai pathê. 영혼의 기능과 감정이 아니라, 능동적 작용과 수동적 경험, 다시 말해 영혼이 행하고 겪는 것을 가리키는 것으로 보았다.

39 『니코마코스 윤리학』 II 2, 1104b3~18 참조.

2장

성격의 덕

그러므로 성격적 덕이 쾌락과 고통에 관련됨이 분명하다. 성
1220b1 격(êthos)은 용어 자체가 가리키듯이 습관(ethos)으로부터 발전하므로,[40] 사람들은 후천적인[41] 지도 아래 특정한 방식으로 자주 움직임으로써 습관이 들고, 마침내 그렇게 활동할 수 있게 된다. 이러한 현상은 무생물에서는 볼 수 없다. 비록 네가 돌을 만 번 위로 던진다 해도, 돌은 강제되지 않는 이상 위로 움직이지 못할 테니까. 그러므로 성격이 〈비이성적인 부분에 속하지만〉 명령을 내리는 이성에 순응하여 이성을 따를 수 있는 영혼의 질(質)이라고 해 두자.

이제 영혼의 어떤 측면에 따라 성격들이 이러저러한 질을 띠

40 『니코마코스 윤리학』 II 1, 1103a17~23; 『대윤리학』 1185b37~86a8.

41 직역: '타고나지 않은'. 아리스토텔레스는 성격의 덕은 선천적으로 타고나는 것이 아니라 후천적으로 습득된다고 생각했다.

1220b

게 되는지 논해야 한다.[42] 사람들은 감정 능력들[43]에 따라 어떤 식으로 느낄 수 있고, 성향들에 따라 감정들에 대해 어떤 방식으로 겪든지 아니면 무감하기 때문에 이러저러하다고 불린다.[44] 이 다음으로 별도의 논의에서[45] 제시될 감정과 능력과 성향의 구분이 온다. 나는 '감정'으로 분노, 공포, 염치, 욕망과 같은 것들, 일반적으로 말해, 그 자체로 대부분의 경우 감각적[46] 쾌락과 고통을 수반하는 경험을 일컫는다. 이것들에 상응하는 [사람의] 질은 없지만—{다만 경험이 있다}[47]—능력들에는 상응하는 질이

42 『니코마코스 윤리학』 II 4; 『대윤리학』 1186a9~19와 비교.

43 1220b8: tas dynameis tôn pathêmatôn. 감정을 가질 수 있는 능력.

44 아리스토텔레스는 ① 감정과 ② 감정을 가질 수 있는 능력, ③ 감정을 특정한 방식으로 가지는 성향을 구분한다. 예를 들어, 분노는 우리가 경험하는 감정의 하나이다. 우리는 분노를 느낄 수 있는 능력을 가지고 있기 때문에 분노를 경험한다. 그런데 사람에 따라 분노를 느끼는 방식이 다르다. 분노를 특정한 방식으로 느끼는 습성 내지 성향에 따라 어떤 사람은 성마르다고 불리고, 어떤 사람은 온화하다고 불린다.

45 Décarie는 '별도의 논의'가 아래 II 4, 1221b34; III 7, 1234a26을 가리킨다고 짐작한다. Allan(1961)은 "in the cancelled version"(p. 313)이라는 번역을 제시하며, 플라톤의 『국가』 VIII 559b; IX 571b를 가리킨다고 해석한다.

46 『자연학』 VII 3, 246b20~247a19에서 성격적 덕은 육체적 쾌락과 고통과 관련된 올바른 성향으로 규정된다. 이때 육체적 쾌락과 고통은 영혼의 감각적인 부분, 즉 감각혼에 안에 일어나는 운동으로 기술된다.

47 Rackham은 이 문장을 '질'을 뜻하는 poiotês를 동사 poiein('하다')에서 나온 것으로 여긴 후대의 편집자가 삽입한 것으로 본다. 여기에서 경험은 수동적인 것으로 능동적인 질과 대비된다.

있다. 나는 '능력들'로 그것들에 의거해서 활동하는 사람들이 [상응하는] 감정들에 따라 불리는 바를 뜻한다. 예를 들어, 성마름, 무신경함, 사랑에 잘 빠짐, 수줍음, 몰염치. 한편 성향들은 감정들이 이성에 따라 존재하거나 또는 반대로 존재하는 것을 야기하는 원인이다. 예를 들어, 용기, 절제, 비겁, 방종.

3장

중용의 덕(I)

이것들을 규정했으니 다음과 같은 사항을 파악해야 한다. 모든 분리 가능한 연속체에는 지나침과 그리고 중간이 있으며, 이것들은 사물 상호 관계에 있어서 또는 우리와의 관계에 있어서,[48] 이를테면 체력단련술이나 의술, 건축술과 항해술에 그리고 모든 임의의 행위에—학문적이든 비학문적이든 그리고 기술적

48 '사물 상호 관계에 있어서(pros allêla)'와 '우리와의 관계에 있어서(pros hêmas)'의 구분은 『니코마코스 윤리학』 2권 6장에 도입된 '사물 자체에 있어서(kat' auto to pragma)'와 '우리와의 관계에 있어서'의 구분에 상응한다(1106a28). 아리스토텔레스의 설명에 따르면, '사물 자체에 있어서' 중간은 양극단으로부터 같은 거리에 있는 것이다. 예컨대 10이 많고 2가 적다고 할 때, 사물 자체에 있어서 중간은 6이다. 이러한 중간은 사람에 따라 다르게 결정되는 것이 아니라, 만인에게 같다. 이에 비해, '우리와의 관계에 있어서' 중간은 해당하는 사람에게 과부족이 없는 상태이며, 사람마다 다르다. 그래서 같은 양의 음식물이 씨름꾼에겐 적지만 운동을 처음 시작하는 사람에게는 너무 많을 수 있다. Joachim(1951), p. 86 참조.

이든 비기술적이든—있다. 왜냐하면 운동은 연속적인데,[49] 행동이 운동이기 때문이다.

모든 경우에 우리와의 관계에 있어서 중간인 것이 가장 좋다. 왜냐하면 그것이 앎과 [이성적] 사고[50]가 명령하는 대로이기 때문이다. 그리고 어디서나 그것이 가장 좋은 성향을 산출하기도 한다. 이것 또한 귀납과 추론을 통해 분명하다. 반대자들은 서로 파괴하니 말이다. 양극단은 서로에게도, 중간에도 반대이다. 사실 중간은 양극단 각각에게 반대되는 극단인데, 예를 들어 [중간에 해당하는] 같은 것이 작은 것보다는 크고, 큰 것보다는 작다.[51]

따라서 성격의 덕은 필연적으로 모종의 중간과 어떤 중용[52]에 관련된다. 그러므로 덕이 어떤 중용이며, 어떤 중간들에 관련되는지 파악해야 한다. 예를 들기 위해 다음의 도표[53]로부터 각각

49 『자연학』 V 10, 219a10~13; V 4, 228a20 이하 참조.

50 '올바른 사고(orthos logos)'를 가리키는 것으로 보인다. 아래 II 5, 1222a34; III 1, 1229a1; b6; III 5, 1233a22; III 6, 1233b6; III 7, 1234a11; VIII 3, 1249b4 참조.

51 중간(meson) 자체가 하나의 '극단(akron)'이라고 불리기도 한다. 아래 III 7, 1234b5; 『자연학』 V 1, 224b31~2; V 5, 229b19 참조.

52 '중용'으로 옮긴 원어는 'mesotês'이며, 중간적인 상태를 가리킨다.

53 도표에 언급된 내용에 대한 상론은 아래 3권에서 전개된다. 아리스토텔레스는 수업 중에 도표를 사용하곤 했다. 『명제론』 13, 22a22; 『동물지』 III 1, 510a30; 『기상학』 I 8, 346a30; II 6, 363a26 참조. 『니코마코스 윤리학』에는

을 취해 살펴보자.[54]

성마름	무신경[55]	온화
무모	비겁	용기
몰염치	쩔쩔맴	염치
방종	무감각	절제
시기[56]	[용어 없음][57]	의분
이득[58]	손해[59]	정의
낭비	인색	후함
허풍	자기 비하	진실성
아첨	무뚝뚝함	친애

도표에 대한 언급이 있지만(II 7, 1107a33), 전승되지 않았다.

54 『니코마코스 윤리학』 II 7, 1107a28~1108b10과 비교.

55 Rackham은 ἀναλγησία(무신경함, 느낌이 없거나 고통을 모름)를 『니코마코스 윤리학』 II 7, 1108a7에 상응하도록 ἀοργησία(화낼 줄 모름)로 고쳤으나, 『대윤리학』의 같은 맥락에서 ἀναλγησία(1186a23)가 쓰이므로 고칠 필요가 없다.

56 시기(phthonos)는 『니코마코스 윤리학』 II 7, 1108b1에 감정(pathos)으로 간주된다. 그것에 해당하는 성향은 'φθονερία(phthoneria)'이다.

57 『니코마코스 윤리학』 II 7, 1108b2에서는 '다른 사람의 불행을 기뻐하는 심술'이 '남이 잘 되는 것을 괴로워하는 시기'에 반대되는 것으로 제시된다.

58 여기에서 이득(kerdos)은 이득욕(philokerdeia)을 뜻한다. 아래 1223a23: kerdaleos("이익을 챙기는") 참조.

59 '손해를 봄'의 의미로 읽었다. 아래 1221a23: zêmiôdês("손해를 보는") 참조.

비굴	오만	위엄
무름	억셈	인내
허영	소심	긍지
흥청망청	좀스러움	호탕
교활[60]	순진	슬기

이러한 감정들과 이와 유사한 것들이 영혼에게 일어나는데, 모두가 일부는 지나침 때문에, 일부는 모자람 때문에 거론된다.[61] 마땅히 화를 내야 하는 것보다 더 많이,[62] 더 빨리 그리고 더 많은 이들에게 화를 내는 이는 성마르지만, 누구에게, 언제 그리고 어떻게 화를 내는지에 관해 부족한 사람은 무신경하다. 두려워해야 할 것을, 두려워해야 할 때에도, 두려워해야 할 방식으로 두려워하지 않는 자는 무모하고, 두려워해서는 안 될 것을, 두려워해서는 안 될 때에, 두려워해서는 안 될 방식으로 두려워

60 성격적 덕과 관련된 도표에 왜 지성적 덕인 슬기와 교활함과 순진함이 실려 있는지 이상하다. 하지만 슬기를 일종의 중용으로 제시하려는 시도에는 주목할 필요가 있다. 이에 관한 상세한 논의는 Pearson(2007) 참조.

61 이 문장을 근거로 세 기둥 중 맨 오른쪽 기둥, 즉 과다도 부족도 아닌 덕들이 기록된 곳이 후대에 삽입되었을 것이라는 추정이 있다. 이에 대해서는 Allan(1966), p. 148 참조.

62 '마땅히 …해야 한다(dei)'라는 개념은 '아름답다(kalôs echei: 21a16)'와 '적절함(to prepon: 21a36)'과 상통한다. 『대윤리학』의 상응하는 구절에는 '적절함'을 의미하는 'ta prosêkonta'(1193a22, 26)가 씌어 있다.

하는 자는 비겁하다.

마찬가지로 가능한 모든 방식으로 지나치게 욕망하는 자는 방종하고, 욕망이 모자라서, 심지어 더 좋은 것과 자연에 따르는 것조차 욕망하지 않고 돌처럼 느끼지 못하는[63] 자는 무감각하다.

어디서든 더 많이 가지려고 하는 사람은 이득 보는 자이고, 아무데서도 그러지 못하거나 아주 드물게 그러는 이는 손해 보는 자이다. 실제 가진 것보다 더 많이 가진 척하는 자는 허풍선이이고, 더 적게 가진 척하는 자는 자기 비하하는 자이다.

그리고 아름다운 것[64]보다 더 많이 남을 칭찬하는 자는 아첨꾼이고 더 적게 하는 이는 무뚝뚝한 자이다. 너무 많이 쾌락에 기우는 것은 비굴이고, 너무 적게 그리고 거의 그러지 않는 것은 오만이다.

나아가 고통을 조금도 견디지 못하는 이는—그게 더 나은 경우에서조차—무르고, 모든 고통을 똑같이 견디는 이는 단적으로 말하자면 해당 명칭이 없지만, 비유적으로 말하자면 무디고 닳았고 억센 자라고 할 수 있다.

자신을 과대평가하는 자는 허영에 빠져 있고, 과소평가하는 자는 소심하다. 나아가 모든 소비에서 지나친 자는 낭비벽이 있

63 플라톤, 『고르기아스』 494a8.

64 여기서 '아름다움'은 '적절함'과 '온당함'의 의미를 지닌다.

고, 모든 소비에서 부족한 자는 인색하다.

좀스러운 자와 흥청망청한 자도 마찬가지인데, 후자는 적절함을 넘어서고, 전자는 적절함에 못 미친다. 또한 교활한 자는 온갖 방식으로 그리고 기회가 닥치는 대로 더 많이 가지려고 하고, 순진한 자는 가져야 할 곳에서도 가지지 않는다.

시기하는 자는 마땅한 것보다 더 많은 경우에 남이 잘 지내는 것을 괴로워한다. 왜냐하면 심지어 잘 지낼 자격이 있는 이들이 잘 지내는 것조차 시기하는 자들을 괴롭게 만들기 때문이다. 그 반대쪽 사람에겐 해당 명칭이 없는데, 그는 괴로워하지 않는 것이 지나쳐서 잘 지낼 자격이 없는 이들의 경우를 보아도 괴로워하지 않고, 마치 대식가(大食家)가 음식을 대하는 것처럼, 손쉽게 넘어간다. 하지만 전자는 시기심의 측면에서 까다롭다.

사사건건 우연적으로 그런 것이 아니라고 명시하는 것은 불필요하다.[65] 어떤 학문에서도—이론적이든 제작적이든—그런 규정을 첨가하며 말하거나 행하지 않으며, 다만 기술들[66]의 논리적 궤변에 대항하여 그런 규정을 사용한다. 그러므로 덕을 이런 식으로 단순하게 규정해두자. 더 정확하게는 [덕에] 반대되는 성향들에 대해 논할 때 규정하자.[67]

65 우연적인 것은 연구 대상이 될 수 없다. 『형이상학』 E 2, 1026b3~5 참조.

66 엄밀한 학문이 아니라, 소피스트들의 쟁론술(eristikê) 또는 변증술(dialektikê)을 가리키는 것으로 보인다. 『수사학』 II 24, 1402a15 참조.

이러한 감정들 자체도 시간 내지 정도의 지나침에 있어서나 감정을 야기하는 대상에 있어서 다르기 때문에 그에 따라 그 종류들이 다르게 불린다. 내가 말하고자 하는 바는, 가령 마땅한 것보다 더 빨리 감정에 빠지게 됨으로써 성급하다고 불리고, 그 정도가 지나치면 까다롭고 사납다고 불리고, 화를 간직함으로써 비통하다고 불리고, 화로 인해 복수함으로써 폭력배 내지 독설가라 불린다는 것이다. 포식자, 과식자, 술 중독자는 어떤 음식이든 이성에 어긋나게 즐기려는 감정적 속성을 가지고 있다.

[이와 같이] 언급되는 감정들 가운데 일부는 '어떻게'라는 관점에서—만약 '어떻게'가 '지나치게 느낀다'를 의미하는 것으로 이해된다면—파악될 수 없다는 점을 몰라서는 안 된다.[68] 예컨대 누군가 유부녀와 마땅한 정도보다 더 많이 정을 통했기 때문에 '간부(姦夫)'라고 불리는 것이 아니라—이 경우에는 '더 많이'가 없으니까—간통 그 자체가 이미 일종의 못됨이다. 사실, 그 감정을 가리키는 용어가 그가 그러함[못됨]을 함축한다.[69] 폭행도

67 아래 III 7, 1234b1 이하 참조.

68 『니코마코스 윤리학』 II 6, 1107a8~27 참조.

69 간통에 관련된 감정의 경우, 지나침과 모자람의 중간에 위치한 덕이 없다. 『니코마코스 윤리학』의 상응 단락에서는 'pathos(감정)'와 나란히 'praxis(행위)'를 언급해 줌으로써, 간통을 감정의 영역이 아니라, 행위의 영역으로 분류하는 것을 가능하게 해주지만, 여기에서는 'praxis'가 언급되지 않고, 'pathos'만 언급된다. 여기에서 아리스토텔레스는 간통에 관련된 감정, 즉

마찬가지이다. 그래서 사람들은 모른 채 또는 강제로 행했다는 이유로 정을 통했으나 간통하지는 않았다고 항변한다.[70] 또 때린 건 인정하더라도 폭행은 부인한다. 그와 유사한 경우에도 마찬가지다.

음심(淫心)을 염두에 두고 있는 것으로 보인다.

70 아리스토텔레스에 따르면, 간통이 성립되기 위해서는 당사자가 상대방의 정체를 알고서 자발적으로 행해야 한다. 『니코마코스 윤리학』 V 6, 1134a20 이하 비교.

4장

지성적 덕과 성격적 덕의 구분

이러한 사항들이 논의되었으니, 그다음으로 영혼에 두 부분이 있고 그에 따라 덕도 나누어져야 한다고 말해야 한다. 즉 이성을 가진 부분의 덕들은 지성적인 덕들로서 그것들의 기능은 사물의 상태나 생성에 관한 진리[71]이지만, 비이성적이지만 욕망을 가진 부분의 덕들—영혼이 나누어질 수 있다고 해서 아무 부분이나 다 욕망을 가지는 것은 아니니까—은 성격적인 덕들이며,[72] 실로 성격이 비열하거나 훌륭하게 되는 것은 모름지기 어떤 쾌락을 추구하고 고통을 기피함을 통해서이다.[73]

그런데 이것은 감정과 능력 그리고 성향의 구분으로부터 분명

71 달리 말해, 지성적 덕들의 기능 내지 성과는 '참된 인식'이다.

72 Kapp에 따라 'êthikai'(1221b32)를 보충하여 읽었다.

73 욕망은 쾌락을 추구하고 고통을 피하는 것과 관련된다. 『영혼론』 III 9, 432b16~17, 28 참조.

1221b

하다.[74] 능력과 성향은 감정에 관련되고, 감정은 고통과 쾌락에 의해 정의되니 말이다. 그리하여 이러한 사항과 앞서 성립된 명제들[75]을 통해 모든 성격적 덕이 쾌락과 고통과 관련된다는 결론이 나온다. 왜냐하면 각 영혼은 그것들에 의해 더 나빠지거나 더 좋아지도록 타고났으며, 그것들을 상대로 하고 그것들과 관련 맺기 때문이다.

1222a1 그런데 우리는 사람들이 쾌락과 고통 때문에 마땅치 않은 방식으로 마땅치 않은 대상을 추구하거나 기피하는 경우 비열하다고 말한다. 이런 이유로 모든 이가 쉽사리 쾌락과 고통에 있어 부동심[76]과 고요함[77]을 덕으로, 그와 반대되는 것을 악덕으로 규정한다.

74 위의 II 2, 1220b7~20 참조.

75 위의 II 1, 1220a22~37 참조.

76 『변증론』 125b23에 무감동 또는 부동심(apatheia)이 용기의 정의에 등장한다.

77 위의 I 8, 1218a23에 대한 각주 참조.

5장

중용의 덕(II)

덕은 그것을 바탕으로 사람들이 가장 좋은 행위를 할 수 있고, 1222a6
그것에 따라 가장 좋은 대상에 관련해서 최선의 상태에 놓일 수 있는 성향이며,[78] 최상이자 최선은 올바른 사고에 따르는 것,[79] 즉 우리와의 관계에 있어서[80] 지나침과 모자람의 중간이라고 가정되었으므로, 성격적 덕은 각자 자신에 알맞은[81] 중용이고 쾌락과 고통 및 쾌락을 주는 것과 고통을 주는 것의 영역에서 어떤

78 위의 II 1, 1218b37~38; 1219a6; 1220a26~37; II 3, 1220b34~35 참조.

79 '올바른 사고(orthos logos)'는 아리스토텔레스 윤리학의 핵심 개념으로 이 책에서는 여기에 처음으로 등장한다. 이후 II 5, 1222b7, 17 그리고 III 4, 1231b33에 사용된다. 또한 II 5, 1222a34; III 6, 1233b6; 7, 1234a11에서는 'logos'가 'orthos logos'의 의미로 쓰인다.

80 '우리와의 관계에 있어서(pros hêmas)'라는 표현에 대해서 II 3, 1220b23, 27 참조.

81 1222a11: καθ' αὑτὸν ἕκαστον codd. Dirlmeier("auf die jeweilige Person bezogene Mitte") 참조.

중간에 관련됨이 필연적이다.

중용은 때로는 쾌락의 영역에—여기에도 지나침과 모자람이 있으니까—때로는 고통의 영역에, 때로는 양쪽 모두에 있다. 지나치게 기뻐하는 이는 쾌락에서 지나친 것이며, 지나치게 괴로워하는 이는 반대쪽에서 지나친 것이니까. 이는 단적으로 또는 어떤 기준에 비추어[82] 그러하다. 가령, 대중이 느끼는 것처럼 느끼지 않는 경우 그러하다.[83] 하지만 좋은 사람은 마땅히 해야 할 대로[84] 느낀다.

그런데 어떤 성향도 그것을 지닌 자로 하여금 같은 대상을 두고[85] 때로는 지나침을, 때로는 모자람을 받아들이도록 하지 않으므로, 지나침과 모자람이 서로에게 반대되고 중간에도 반대되듯이, 그렇게 성향들도 서로에게 반대되고 덕에도 반대됨이 필연적이다.

그러나 어떤 경우에는 모든 대립자들이 분명하지만, 다른 경

82 아래 VIII 3, 1249a21~b23 참조.

83 여기서는 대중이 특정한 기준 또는 척도로 제시된다. 하지만 곧이어 좋은 사람이야말로 진정한 의미에서 기준임이 암시된다.

84 아래 III 4, 1231b32~33에서 "올바른 사고가 명령하는 대로"와 같은 의미임이 밝혀진다.

85 사람이 지나치게 또는 모자라게 가질 수 있는 감정이나 돈과 같은 것을 일반적으로 지시하는 것으로 여겨진다. 아래 III 1, 1228a29~31; 『니코마코스 윤리학』 II 8, 1108b11~15; 『대윤리학』 1186b13~14 비교.

1222a

우에는 지나친 쪽이, 또 다른 경우에는 모자란 쪽이 더욱 분명하다. 이러한 반대의 원인은 양쪽이 중간에 대해 항상 동일한 정도의 차등성과 유사성을 가진 것이 아니라는 데 있다. [사람은] 때로는 지나침으로부터 중간 상태로 더 빨리 변할 수 있고, 때로는 모자람으로부터 중간 상태로 더 빨리 변할 수 있으며, 거기에서 [중간 상태에서] 더 멀리 떨어져 있는 사람이 더 반대되는 것으로 보인다. 가령 육체의 경우, 운동[86]에 있어서는 과잉이 부족보다 건강에 더 좋고 중간에 더 가깝지만, 영양에 있어서는 부족이 과잉보다 건강에 더 좋다. 그래서 운동을 좋아하는 선택 성향들도 둘 중 하나의 선택에 따라 더욱 친건강적이 될 것이다. 한 경우에는 운동을 더 많이 하는 자들이, 다른 경우에는 [음식을] 더 잘 참는 자들이 [더욱 건강할 것이고], 중용과 이성이 명하는 바에 반하는 자는 앞의 경우에는 운동을 하지 않는 자이지 둘 다[87]가 아니고, 뒤의 경우에는 배고픈 자가 아니라 향락적인 자이다.

이는 우리의 본성이 원래부터[88] 모든 것에 대하여 중간으로부터 비슷하게 떨어져 있는 것이 아니라는 점에서 귀결된다. 우리는 덜 친운동적이고, 더 향락적이다. 영혼의 경우도 마찬가지다.

86 '운동'으로 옮긴 'ponos'는 원래 일, 노고, 수고 등을 의미하지만, 이 문맥에서는 체육과 관련되므로 '운동'으로 옮겼다.

87 운동을 하지 않는 자와 운동을 너무 많이 하는 자.

88 Bonitz(1870), Index 296a13~21 참조.

우리는 우리와 대중이 그것에 따라 더 많은 잘못을 범하게 되는 바의 성향이 중간에 반대된다고 간주한다.[89] 이에 반해, 다른 성향은 마치 없는 것인 양 간과된다. 왜냐하면 그것이 드물게 나타나서 감지되지 않기 때문이다. 예를 들어 성마름은 온화에 반대되고 성마른 사람은 온화한 사람에 반대되는 것으로 간주된다. 그런데 자비로운 데에도 그리고 유화적이며 맞고도 화를 내지 않는 데에도 지나침이 있다.[90] 그러나 그런 사람은 드물고, 모든 이는 다른 쪽으로 더 기운다. 이 때문에 분노는 처벌을 요구한다.[91]

지나침과 모자람을 지닌 감정들 각각에 상응하는 성향들의 목록과 사람들이 올바른 사고—무엇이 올바른 사고인지, 어떤 기준을 바라보면서 중간을 말해야 하는지는 나중에[92] 살펴보자—에 순응할 수 있도록 하는 반대 성향들의 목록을 다루었으므로, 모든 성격적 덕과 악덕이 쾌락과 고통의 과부족과 관련되

89 아리스토텔레스의 견해에 따르면, 사람들이 범하기 쉬운 잘못을 하는 성향이 중간에 반대된다.

90 1222b1~2: 비판본이 아니라 필사본에 따라 τὸ…τὸ 대신 τῷ…τῷ로 읽었다.

91 1222b4: {οὐ} κολαστικὸν Dirlmeier. 필사본에 따르면, '분노는 아첨하지 않는다(ou kolakikon)'로 해석된다. 분노(thymos) 내지 화(orgê)와 보복 내지 복수 성향의 연결에 관해서는 『변증론』 156a31 이하; 『수사학』 1378a30 이하; (아리스토텔레스), 『덕과 악덕에 대하여』 1251a5; b32 참조.

92 아래 VIII 3, 1249a21~b23 참조.

1222b

고 쾌락과 고통이 앞서 언급된 성향들과 감정들로부터 생긴다는 것이 분명하다. 그런데 각 대상에 있어 가장 좋은 성향은 중간 성향이다. 그러므로 덕들 전부가 또는 그것들 가운데 일부가 중용에 속한다는 것이 명백하다.

6장

행동의 원리

이제 이어지는 탐구를 위해 다른 출발점을 취하자.[93] 실로 모든 실체는 본성상 어떤 원리이고,[94] 그 때문에 각 실체는 그와 같은 것들을 많이 산출할 수 있다. 가령 한 사람이 여러 사람들을, 일반적으로 한 동물이 동물들을, 또 한 식물이 식물들을 산출할 수 있다. 게다가 사람은 분명 동물들 가운데 유일하게 어떤 행동들의 원리이다.[95] 우리는 다른 어떤 동물도 행동하지 않는다고 말할 테니 말이다.[96]

93 이 장은 '자발성과 비자발성'을 다룰 7~9장과 '선택'을 다룰 10장의 서론을 제공한다.

94 『형이상학』 Δ 1 & 8 참조.

95 『니코마코스 윤리학』 III 5, 1113b17~19에서 인간이 행동의 산출자로서 어버이에 비유된다. 인간이 행동의 원리라고 할 때, '원리'는 원칙을 의미하는 것이 아니라 시작점 또는 원천을 의미한다.

96 『에우데모스 윤리학』 V=『니코마코스 윤리학』 VI 2, 1139a20.

원리들 가운데 운동이 처음으로 유래하는 것을 '주된 원리'[97]라고 부르는데, 그로부터 나온 결과가 달리 될 수 없는 그러한 원리가 '주된 원리'라 불리는 것이 가장 합당할 것이다. 아마도 신은 그러한 원리로서 다스릴 것이다.[98] 그런데 부동(不動)의 원리들에게는—가령 수학적 원리들에게는—주된 원리가 없다. 물론 유비적으로 그런 표현을 사용하지만 말이다. 왜냐하면 여기서도 원리가 변한다면 그로부터 증명될 사항들이 전부 변할 것이기 때문이다. 그러나 그것들은 전제를 논박하고 그것을 통해[99] 증명하는 경우를 제외하고는 하나가 다른 하나에 의해 파괴되면서 스스로 변하지는 않을 것이다.

그러나 인간은 어떤 운동의 원리이다. 왜냐하면 행동은 운동이기 때문이다. 다른 경우들처럼 원리는 그것을 통해 존재하거나 생성되는 것들의 원인[100]이므로 논증[101]의 경우처럼 그것을 이해해야

97 운동의 제일 원천을 '주된 원리'라고 칭할 때, '주됨'을 의미하는 형용사 'kyrios'는 명사로 쓰일 경우 '주인'을 의미한다. 아래 1223a4~5: "인간이 원리이자 주인(kyrios)인 모든 행동들" 참조.

98 여기에서 운동의 주요 원리로서 부동의 원동자인 신을 떠올릴 수 있다(『형이상학』 Λ, 『자연학』 VIII). 하지만 바로 이어 오는 문장에서 부동의 원리들 가운데 그러한 '주된 원리'가 없다고 한다. 이에 따르면, 신이 '부동의 원리'인 이상 '주된 원리'일 수 없다는 결론이 나온다.

99 Dirlmeier와 함께 '전제를 논박함을 통해'라고 해석한다. Solomon이 제시한 예에 따르면, 만약 전제 A로부터 B와 C가 귀결되는데, C가 오류라면, C는 전제 A를 논박함으로써 B를 논박한다(Rackham, pp. 262~263, note b).

한다. 즉 만약 삼각형이 두 직각을 가질 때 사각형이 네 직각을 가지는 것이 필연적이라면, 후자의 원인은 삼각형이 두 직각을 가지는 것임이 분명하다. 그런데 이때 만약 삼각형이 변한다면, 사각형도 필연적으로 변할 것이다. 가령 삼각형이 세 직각을 가지면, 사각형은 여섯 직각을 가지고, [삼각형이] 네 직각을 가지면, [사각형은] 여덟 직각을 가질 것이다. 그리고 만약 삼각형이 변하지 않고 기술된 바와 같은 속성을 가진다면, 사각형도 필연적으로 기술된 바와 같은 속성을 가질 것이다. 우리가 보이려고 시도하는 것이 필연적임은『분석론』으로부터 분명하다.[102] 그러나 지금은 다음 사항 외에 아무것도 정확하게 부정할 수도 긍정할 수도 없다. 삼각형이 그러한 속성을 가지는 데 다른 어떤 원인이 없다면, 그것 자체가 일종의 원리이고 뒤에 따르는 것들의 원인이다.

따라서 만약에 존재하는 것들 가운데 어떤 것들이 반대되는 상태를 받아들인다면, 그것들의 원리들도 필연적으로 그러할 것이다. 필연적인 원리들로부터 나오는 결과는 필연적이지만, 적어도 여기에서 생기는 것은 반대자가 되는 것이 가능하니 말이다. 인간들 자신에게 달려 있는 많은 것들이 그러한 것들에 속하며, 인간들 자신이 그러한 것들의 원리이다. 따라서 인간이 원리이자 주

100 『형이상학』Δ 1, 1013a14~17 참조.

101 『형이상학』Δ 5, 1015b6~9 참조.

102 『분석론 후서』I 4.

1223a

인인 모든 행동들은 생길 수도 있고 그렇지 않을 수도 있음이 분명하다. 그리고 그것들이 생기고 안 생기고가 인간에게 달려 있고, 그러한 것들의 있고 없음을 결정하는 주체가 인간이라는 것 또한 분명하다. 하느냐 안 하느냐가 그에게 달려 있는 모든 것의 원인은 그 자신이고, 그가 원인인 모든 것은 그에게 달려 있다.

덕도 악덕도 그리고 그로부터 연유하는 일도 일부는 칭찬의 대상이고 일부는 비난의 대상이므로—필연이나 우연 또는 자연에 의한 것이 아니라, 우리 자신을 원인으로 하는 것이 비난받고 칭찬받으니까. 왜냐하면 다른 사람을 원인으로 하는 것들에 대해서는 바로 그 사람이 칭찬도 비난도 받기 때문이다—덕도 악덕도 사람 자신을 원인이자 원리로 하는 그러한 행동들과 관련됨이 분명하다.

그러므로 어떤 종류의 행동들과 관련해서 사람 자신이 원인이자 원리인지 파악해야만 한다. 실제로 우리 모두는, 각자 스스로 자발적으로 그리고 자신의 선택에 따라 행하는 것들의 원인이고, 비자발적으로 행하는 것들의 원인이 아니라는 데에 동의한다. 선택한 행동은 전부 자발적인 행동이기도 하다는 것이 분명하다. 그러므로 덕도 악덕도 자발적인 행동들과 관련될 것임이 분명하다.[103]

103 아래 II 11, 1228a7~11 참조.

7장

욕망과 자발적인 것

1223a21 그러므로 자발적인 것이 무엇이고, 비자발인 것이 무엇이며, 선택이 무엇인지 파악해야 한다. 덕과 악덕이 이것들에 의해 정의되기 때문에 먼저 자발적인 것과 비자발적인 것을 살펴보아야 한다. 실제로 그것들은 다음의 셋 가운데 하나로 보인다. 욕망에 따르는 것, 선택에 따르는 것, 사유(思惟)에 따르는 것. 자발적인 것은 이것들[104] 가운데 무엇인가에 따르는 것이고, 비자발적인 것은 이것들 가운데 무엇인가에 반하는 것이다.

그런데 욕망이 셋으로, 즉 바람과 분노와 욕구로 나누어지므로,[105] 이에 따르는 것들도 구분되어야 한다. 먼저 욕구에 따르는

104 욕망과 선택과 사유.

105 '바람(boulêsis)'은 이성적 욕망이고, '분노' 내지 '감정(thymos)'과 '욕구(epithymia)'는 비이성적 욕망이다. 『동물운동론』 700b22~3; 『영혼론』 II 3, 414b2 이하; III 9, 432b5~6; 433a22~26; 『수사학』 I 10, 1369a1~7 참조.

것을 살펴보자. 욕구에 따르는 것이 모두 자발적인 것으로 여겨질 수 있다. 왜냐하면 비자발적인 것은 모두 강제적인 것으로 여겨지는데, 강제적인 것, 즉 사람들이 행하거나 겪도록 강요된 모든 것이 고통스럽기 때문이다. 에우에노스가 주장하듯이,

강요된 것은 모두 괴로운 법이니까.[106]

그래서 어떤 것이 고통스럽다면 강제적인 것이고, 강제적이면 고통스럽다. 그런데 욕구에 반하는 것은 모두 고통스러우므로—욕구는 쾌락을 대상으로 하니까[107]—강제적이고 비자발적이다. 그러므로 욕구에 따르는 것은 자발적이다. 왜냐하면 그것들은 서로 반대이기 때문이다.

나아가 모든 못됨[108]은 사람을 더 부정의하게 만드는데, 자제력 없음[109]은 못됨으로 보인다. 자제력이 없는 자는 욕구에 따라 추론에 반하여[110] 행동하는 유의 사람이며, 욕구에 따라 활동할

106 에우에노스 단편 8 Diehl(=테오그니스 472). 『수사학』 I 11, 1370a10; 『형이상학』 Δ 5, 1015a29에 인용된다.

107 욕구의 대상은 쾌락이다. 아래 VII 2, 1235b22; 『수사학』 I 11, 1370a17; 『니코마코스 윤리학』 III 2, 1111b16~17; 『영혼론』 II 3, 414b5~6 참조.

108 플라톤, 『소크라테스의 변론』 39b5 참조.

109 아래 II 8, 1224a30~1225a2; 『니코마코스 윤리학』 VII 1~2장 참조.

110 '자제력 없음'은 위-플라톤의 『정의』 416a1~2에서 "올바른 추론에 반하여

때 자제력을 결여한다. 그런데 불의를 범하는 것은 자발적이다. 1223b1 따라서 자제력이 없는 자는 욕구에 따라 행함으로써 불의를 범할 것이다. 그러니까 그는 자발적으로 행동할 것이고, 욕구에 따르는 것이 자발적인 것이 될 것이다. 사실 자제력이 없게 된 자들이 더 정의로워진다면 이상할 것이다.

그러므로 이상의 논의로부터 욕구에 따르는 것이 자발적인 것으로 여겨질 수 있다. 하지만 다음 논의로부터는 반대 결론이 나온다. 누군가 자발적으로 행하는 것은 모두 그가 바라서 행하고, 그가 바라는 것은 자발적으로 행하니 말이다. 그러나 아무도 나쁘다고 여기는 것을[111] 바라지 않는다. 그렇지만 자제력이 없는 자는 그가 바라는 것을 행하지 않는다. 왜냐하면 자제력 없음은 욕구로 인해 최상으로 간주되는 것에 어긋나게 행함을 뜻하기 때문이다. 결국 동일한 사람이 자발적인 동시에 비자발적으로 행한다는 결론이 나오게 된다. 그러나 이것은 불가능하다.

나아가 자제력이 있는 사람은 정의롭게 행할 것이다. 〈왜냐하면〉 자제력 있음이 자제력 없음보다 덕에 더 가까우며, 덕은 사

즐겁게 여겨지는 것을 따르도록 하는 강제적인 성향(hexis biastikê para ton orthon logismon pros ta dokounta hedea einai)"으로 정의된다.

111 아리스토텔레스는 『수사학』 I 10, 1369a2에서 바람을 좋음에 대한 욕망으로 정의하면서, 아무도 좋은 것이라고 생각되지 않는 것을 바라지 않는다고 명시한다.

람을 더 정의롭게 만들기 때문이다. 사람은 욕구에 반하여 추론에 따라 행할 때마다 자제한다. 그래서 만약 정의를 행하는 것이 불의를 범하는 것처럼 자발적이고—둘 다 자발적인 것으로 여겨지니까. 그리고 만약 하나가 자발적이면, 다른 하나도 그러함이 필연적이다—욕구에 반하는 것이 비자발적이라면, 동일한 사람이 동일한 것을 동시에 자발적이자 비자발적으로 행하게 된다.

같은 논변이 분노에도 적용된다.[112] 왜냐하면 자제력 없음과 자제력 있음이 욕구에 관련되었듯이 분노에도 관련되는 것으로 보이기 때문이다. 그리고 분노에 반하는 것은 고통스럽고, 억제는 강제적이다. 그래서 만약 강제적인 것이 비자발적인 것이라면, 분노에 따르는 것은 모두 자발적일 수 있다. 심지어 헤라클레이토스도 분노의 힘을 바라보면서 그것을 막는 것이 고통스럽다고 말한 것으로 보인다. 그가 말하길,

> 분노와 싸우는 것은 어렵다. 목숨을 대가로 원하는 것을 사니까.[113]

112 『대윤리학』의 상응 단락에서는 자제력 없음과 자제력 있음이 화(orgê)를 대상으로 할 수 있다고 적혀 있다(1188a26). 아래 II 7, 1228b28에 화가 언급된다.

113 단편 DK 22 B85. 『니코마코스 윤리학』 II 2, 1105a8; 『정치학』 V 11, 1315a30에도 인용된다.

만약에 같은 것을, 사물의 동일한 측면에서, 동시에 자발적이자 비자발적으로 행하는 것이 불가능하다면, 바람에 따르는 것이 욕구와 분노에 따르는 것보다 더 자발적이다. 증거는 다음과 같다. 우리는 화와 욕구 없이도 많은 것들을 자발적으로 행한다.[114]

그러므로 바라는 것[115]이 자발적인 것과 같은지를 살펴보는 것이 남았다. 그런데 이것도 불가능한 것으로 보인다. 왜냐하면 우리에게는 못됨이 사람들을 더 부정의하게 만드는 것으로 가정되고 생각되며, 자제력 없음이 일종의 못됨으로 보이기 때문이다.[116] 그러나 [바라는 것이 자발적인 것과 같다면] 반대 결론이 나올 것이다. 왜냐하면 아무도 나쁘다고 생각하는 것을 바라지 않지만, 자제력이 없어지면 그것을 행하기 때문이다. 그러므로 만약 불의를 범하는 것이 자발적이고, 자발적인 것이 바람에 따르는 것이라면, 그가 자제력이 없게 될 때 더 이상 불의를 범하지 않을 것이고, 자제력이 없게 되기 전보다 더 정의롭게 될 것이다. 그런데 이는 불가능하다. 그러므로 자발적인 행동이 욕망에 따른 행동이 아니고 욕망에 반하는 행동이 비자발적인 행동이 아님이 분명하다.

114 아래 II 10, 1225b27~37에서 우리가 분노, 욕구, 고통, 바람 없이도 선택을 할 수 있다는 점이 지적된다.

115 바라는 대상.

116 위의 II 7, 1223a36 참조.

8장

자발적인 것과 비자발적인 것

자발적인 행동이 선택에 따른 행동이 아니라는 것도 다시금 다음 논의로부터 분명하다. 사실, 바람에 따른 것이 비자발적인 것이 아니라, 오히려 바라는 것은 모두 자발적이기도 함이 증명되었다. 하지만 바라지 않고서도 자발적으로 행동하는 것이 가능하다는 것, 오직 이것만 보였다.[117] 우리는 바라는 많은 것을 갑자기[118] 행하는 데 비해, 아무도 무언가를 갑자기 선택하지는 않는다.

그런데 만약 자발적인 것이 필연적으로 다음 셋 가운데 어느 하나라면,[119]—욕구에 따르거나, 선택에 따르거나, 사유에 따르

117 위의 II 7, 1223a29~36에서 자제력 없는 자의 경우.

118 반성이나 숙고 없이. 『대윤리학』 I 17, 1189a33; 『니코마코스 윤리학』 III 4, 1111b9 참조.

119 위의 II 7, 1223a23 참조.

는 것—이것들 가운데 둘이 아니므로 자발적인 것은 어떤 식으로 사유하면서 행동하는 것에 있다는 주장이 남는다.

논의를 좀더 진척시켜서 자발적인 것과 비자발적인 것의 구분을 마무리지어 보자. 사실, 무언가를 강제에 의해 하는 것과 강제에 의하지 않고 하는 것이 언급된 것들에 고유한 것으로 보인다. 왜냐하면 우리는 강제적인 것은 비자발적이고, 비자발적인 것은 모두 강제적이라고 주장하기 때문이다. 따라서 우선 강제에 의한 것에 관해 그것이 무엇이고, 자발적인 것과 비자발적인 것과 어떻게 관련되는지 살펴보아야 한다.

실제로 강제적인 것과 강요된 것 그리고 강제와 강요는 행동 영역에서 자발적인 것과 설득[120]에 대립되는 것으로 여겨진다. 그런데 일반적으로 '강제'와 '강요'는 무생물들의 경우에도 적용되는 말이다. 우리는 강제에 의해, 즉 강요되어 돌은 위로 불은 아래로 움직인다고 말하니 말이다.[121] 만약 그것들이 자연적 본성에 따라 그리고 자신들의 충동[122]에 따라 움직인다면, 그것들

120 아래 1224a38~b1. '강제'와 '설득'의 대립에 대해서 플라톤, 『국가』 548b; 『법률』 722b 참조.

121 아리스토텔레스의 자연학에 따르면, 4원소들은 각기 자연적 장소를 가지고 그곳을 향해 움직인다. 가령, 불은 위로 올라가고, 돌은 아래로 내려가는 것이 각기 본성에 맞는 것이다. 『자연학』 VIII 1, 253b33 이하; 『천체론』 IV 3 참조.

122 행동의 동기력.

이 '강제에 의해' 움직이는 것이 아니라고 말하겠지만—그렇다고 그것들이 '자발적으로' 움직인다고도 말하지 않을 것이다—강제에 의한 움직임에 대립하는 것에는 이름이 없다. 그러나 만약 그것들이 충동에 어긋나게 움직인다면, 그것들이 강제에 의해 움직인다고 우리는 말한다. 마찬가지로 영혼이 깃든 것들과 동물들의 경우, 어떤 것이 외부로부터 그것들 내부의 충동에 어긋나게 그것들을 움직이려 할 때마다, 그것들이 많은 것을 강제로 하거나 겪는 것을 우리는 본다.[123]

영혼이 없는 것들에게 운동의 원리는 단순하지만, 영혼이 깃든 것들에게는 다수이다. 왜냐하면 [후자의 경우] 욕망과 이성이 언제나 화합하는 것은 아니기 때문이다. 그래서 다른 동물들의 경우, 영혼이 없는 것들의 경우처럼, 강제적인 것이 단순하지만—왜냐하면 그것들은 이성과 그에 대립하는 욕망을 가지지 않고, 다만 욕망에 따라 살기 때문이다—사람 안에는 둘 다[124] 있는데, 이는 특정한 나이에 있는, 즉 우리가 [엄밀한 의미의] 행동을 귀속시키는 나이에 있는 사람의 경우에 해당한다. 왜냐하면 우리는 아이가, 짐승도 마찬가지로, 행동한다고 말하지 않고, 이미 추론을 통해 행동하는 자만이 행동한다고 말하기 때문이다.

123 『니코마코스 윤리학』 III 1, 1110a1~b17과 비교.
124 이성과 욕망.

실로 강제적인 것은 전부 고통스러워 보이고, 아무도 강제로 행하면서 기뻐하지 않는다. 그래서 자제력이 있는 자와 자제력이 없는 자에 대한 논란이 많다.[125] 왜냐하면 그들 각자는 자신 안에 상반되는 충동들을 지니고 스스로 행동하므로, 그들이 말하길,[126] 자제력이 있는 자는 자신을 쾌락적인 욕구로부터 떼어 낸다는 점에서 강제로 행동하고—욕망의 저항에 반해 자신을 떼어내면서 아파하니까—자제력이 없는 자는 추론에 반한다는 점에서 강제로 행동하기 때문이다. 하지만 후자가 덜 괴로워하는 것으로 보인다. 왜냐하면 욕구는 쾌락을 대상으로 하는데,[127] 그가 그것에 기뻐하며 따르기 때문이다. 따라서 자제력이 없는 자

125 자제력이 있는 자와 자제력이 없는 자는 자발적으로 행동하는 것으로 보이기도 하고 비자발적으로 행동하는 것으로도 보이기 때문에 논란이 많다. 사람의 경우, 운동의 원리가 단순하지 않고 복잡하다. 다시 말해, 사람은 행동의 동기의 원천으로 이성과 욕망을 지닌다(아래 1224a23~27 참조). 자제력이 있는 자와 자제력이 없는 자의 경우, 이성과 욕망이 대립한다. 따라서 양자 모두 하나는 따르지만, 다른 하나에는 반한다. 자제력이 있는 자는 자신의 욕망에 반해서, 자제력이 없는 자는 자신의 이성에 반해서 행동한다는 점에서 억지로, 즉 강제로 행한다고 볼 수 있다. 강제로 행할 때 괴로워해야 한다면 두 사람 모두 괴로워해야 하지만, 자제력이 없는 사람이 훨씬 덜 괴로워하는 것으로 보인다. 그러므로 그의 행동은 강제된 것이 아니라 자발적인 것이다. 자제력이 있는 사람의 경우도 설득된 바에 따르기 때문에 강제로 행동한다고 볼 수 없다. 결국, 양자 모두 한편으로는 강제로, 다른 한편으로는 자발적으로 행하는 것으로 드러난다.

126 플라톤과 그의 추종자들. 『국가』 439e6의 레온티오스의 예를 참조.

127 위의 II 7, 1223a34 참조.

는 오히려 더 자발적이며, 괴로워하지 않으므로 강제된 것이 아니다. 그런데 설득은 강제와 강요에 대립된다. 자제력이 있는 자는 자신이 설득된 바를 향해 자신을 이끌며, 강제에 의해서가 아니라 자발적으로 나아간다. 그러나 욕망은 설득하지 않고 이끈다. 왜냐하면 이성에 참여하지 않기 때문이다.

그러므로 오직 그들만이[128] 강제에 의해 그리고 비자발적으로[129] 행하는 것으로 보인다는 것과 어떤 이유로 그러한지, 즉 그들의 행동이 무생물들의 경우에 적용된 '강제에 의한 것'과 어느 정도 유사성을 지니기 때문이라는 것이 언급되었다.[130] 그렇지만 만약 누군가 우리가 그 규정에 덧붙인 단서[131]를 거기에도 덧붙이면, 그 언명은 논박된다. 외부에 있는 어떤 것이 한 대상 내부에 있는 충동에 어긋나게 그것을 운동시키거나 정지시킬 때마다 우리는 그것이 강제에 의해 행동한다고 말하고, 그렇지 않을 때마다 강제에 의해 행동하는 것이 아니라고 말한다. 자제력이 있는 자와 자제력이 없는 자의 경우, 그 자신에 내재하는 충동이 그를 이끈다. 그가 둘 다 가지고 있으니 말이다.[132] 따라서 둘 중 누구도

128 자제력 있는 사람과 없는 사람.

129 1224b3: ἄκοντες codd.

130 II 8, 1224a22 이하에 논의된 강제에 의한 행동의 규정.

131 위의 II 8, 1224a22~23을 가리킨다: "어떤 것이 외부로부터 그것들 내부의 충동에 어긋나게 그것들을 움직이려 할 때마다".

132 자제력이 있는 자와 자제력이 없는 자에게 욕망과 이성 모두 내재하는 충

1224b

강제에 의해 행동하지 않으며, 적어도 이러한 점들에 의거하자면,[133] 자발적으로 행동하는 것이지 행동을 강요당한 것이 아니다. 왜냐하면 우리는 충동에 어긋나게 움직이고 억제하는 외적 원리를 '강요'라고 말하기 때문이다. 마치 누군가 당신 손을 잡아서 당신의 바람과 욕구에 반대하여 타인을 때리는 것처럼 말이다.[134] 하지만 행동의 원리가 내부에 있을 때에는 강제에 의해 행동하는 것이 아니다.

나아가 쾌락도 고통도 두 사람 모두에게 내재한다. 왜냐하면 자제력이 있는 자는 이미 욕구에 반하여 행함으로써 괴로울 뿐만 아니라, 나중에 이로움을 얻게 되리라는 기대에서 비롯하는 즐거움이나 이미 건강하기 때문에 이로움을 얻고 있다는 즐거움을 느끼기 때문이다. 그리고 자제력이 없는 자는 자제력 없음으로 인해 욕구하는 것을 얻게 되어 기뻐하지만, 장차 불행해질[135] 것이라고 생각하기 때문에 그 예상으로부터 괴로워한다. 그래서 두 사람 각각이 강제에 의해 행동하며, 각자가 도대체 욕망에 의

동이다. 다시 말해, 두 충동 모두 그와 같은 행위자 자신의 충동이다. 따라서 그가 어느 충동을 따르든, 그에 따라 다른 하나의 충동에 반하게 되지만, 그렇다고 강제에 의해 행동하는 것은 아닌 것으로 판명된다.

133 II 8, 1224a34~36 참조.

134 『니코마코스 윤리학』 V 10, 1135a27과 비교.

135 여기에서 'kakôs praxein'은 '잘 지낼 것이다' 또는 '행복해질 것이다'를 의미하는 'eu praxein'에 대립되는 표현으로 간주했다.

해서든 추론에 의해서든 비자발적으로 행동한다는 주장은 일리가 있다. 왜냐하면 [욕망과 추론] 양쪽이 분리되어 서로 밀쳐 내기 때문이다.

이로 인하여 사람들은 영혼 안에서 이와 유사한 것을 발견하면, 그것을 영혼 전체에 적용한다.[136] 분명 영혼의 부분들의 경우에 그렇게 말하는 것이 가능하다. 그러나 영혼 전체[137]에 관한, 자제력이 없는 자의 영혼도 자제력이 있는 자의 영혼도 자발적으로 행동하며, 어느 쪽도 강제되지 않는다. 다만 그들 안에 있는 요소들 가운데 어떤 것이 강제되는 것이다. 우리가 본성상 양쪽[138]을 다 가지고 있기에 그렇다. 이성이 우리의 본성에 속하니 말이다.[139] 왜냐하면 그것은 우리의 성장이 허락되고 방해받지 않으면 우리 안에 있게 되기 때문이다. 욕구 역시 우리가 태어날 때부터 곧바로 우리를 따르고 우리 안에 있기 때문에 우리

136 플라톤, 『국가』 439e6; 518c8; 577e2 참조.

137 『영혼론』 I 5, 411a26~b27 참조.

138 이성과 욕구.

139 1224b29: φύσει ὑπαρχει Rassow. 필사본에 따라 φύσει ἄρχων라고 읽으면 해당 문장은 '이성은 본성상 다스리는 것이니 말이다'라고 번역될 수 있다. 비판본에 따라 ⟨τῶν⟩ φύσει ἀρχῶν라고 읽으면 해당 문장은 '이성은 자연적인 출발점들에 속하니 말이다'(cf. Woods, p. 26: "For reason is among the natural starting-points")로 번역될 수 있다. 하지만 이어지는 문장의 의미를 고려하여 Dirlmeier, Décarie, Rackham과 함께 Rassow의 수정을 받아들였다.

의 본성에 속한다. 우리는 대략 다음 두 가지 특징을 가지고 '본성적인 것'을 규정한다.[140] 모든 이에게 태어날 때부터 곧바로 따르는 것 모두와 순조로운 성장이 허락된 결과 우리에게 생기는 것 모두, 예를 들어 흰머리, 노화 등이 [본성적이다]. 그래서 두 사람 각각이 〈어떤 의미에서는〉[141] 본성에 따라 행하는 것이 아니지만, 단적으로 말하자면, 각자 본성에 따라 행하는 것이다. 비록 동일한 본성에 따르는 것은 아니지만 말이다.

그러므로 자제력이 있는 자와 자제력이 없는 자에 관해 다음과 같은 문제들이 제기된다. 양쪽 또는 한쪽이 강제로 행동할 경우, 그 결과 그들이 자발적으로 행동하지 않은 것인가 아니면 동시에 강제적이자 자발적으로 행동하는 것인가? 만약 강제에 의한 것이 비자발적이라면, 그들은 동시에 자발적이자 비자발적으로 행동하는 것인가? 이미 논의된 사항으로부터 우리가 이 문제들에 어떻게 대답해야 하는지는 상당히 분명하다.

그런데 다른 의미에서, 이성과 욕망이 부조화를 이루지 않는데도 사람들이 '강제로 그리고 강요되어 행동한다'고 이야기되는 경우가 있다.[142] 즉 사람들이 고통스럽고 비천한 것으로 간주하는 행동을 하는데, 그렇게 하지 않으면 구타, 구금 내지 죽음이

140 위의 II 1, 1220a11; 『동물생성론』 V 778a16~28 참조.

141 1224b35: πως Susemihl 첨가.

142 『니코마코스 윤리학』 III 1, 1110a4 이하 참조.

1225a

그들을 기다리는 경우가 그것이다. 아닌 게 아니라 사람들은 강요되어서 그렇게 행동했다고 주장한다. 사실은 그게 아니라 오히려 그들 모두가 자발적으로 바로 그렇게 행동하는 것은 아닐까? 왜냐하면 그렇게 행동하는 대신, 그러한 경험[143]을 견디는 것이 가능하기 때문이다.

나아가 아마도 그런 행동들 가운데 일부는 강요되었고, 일부는 그렇지 않다고 누군가 주장할 수 있다. 왜냐하면 그것들 가운데 무엇이든 그 존재 여부가 [행위자] 자신에게 달려 있는 것은, 심지어 그가 바라지 않으면서 행하는 것조차 강제로 행하는 것이 아니라 자발적으로 행하는 것이지만, 그것들 가운데 그 존재 여부가 그에게 달려 있지 않는 것은 어떤 의미에서는 강제에 의한 것이기 때문이다. 물론 단적인 의미에서는 그렇지 않다. 왜냐하면 그는 그가 행한 행동 자체는 선택하지 않지만, 그 행동의 목적은 선택하기 때문이다. 한편 행동의 목적에도 어떤 차이가 있다. 누군가 술래잡기 놀이를 하면서 자신을 잡지 못하도록 술래를 죽이며 강제에 의해 강요되었다고 말한다면, 우스울 테니 말이다. 그렇게 하지 않아서 겪게 될 나쁨이 더 크고 더 고통스러워야 한다. 왜냐하면 한 사람이 좋음을 위해 또는 더 큰 나쁨

143 구타, 구금, 죽음을 지시한다.

으로부터 벗어나기 위해[144] 나쁜 행동을 할 때, 그렇게 강요당해, 즉 [145] 강제에 의해 또는 적어도 비본성적으로 행동할 것이고, 또한 적어도 비자발적으로 행동할 것이기 때문이다. 그러한 것들이 그에게 달려 있지 않으니 말이다.

이런 이유로 많은 이들은 사랑[146]을 몇몇 분노와 자연적인 것[147]과 함께 비자발적인 것으로 분류한다. 왜냐하면 그것들이 강력하고 우리의 본성을 넘어서기 때문이다. 그리고 우리는 그것들이 본성을 강제하도록 타고났기 때문에 그것들을 용서한다. 그리고 약한 고통을 피하기 위해서라기보다는 강한 고통을 피하기 위해 행동할 때, 일반적으로, 기뻐하기 위해서라기보다는 괴로워하지 않기 위해서 행동할 때, 더 강제로 그리고 더 비자발적으로 행동하는 것으로 여겨질 수 있다. 왜냐하면 '그에게 달려 있는 것'이란—여기로 모든 논의가 귀결되는데—그의 본성이 견딜 수 있는 것이기 때문이다. 그의 본성이 견딜 수 없는 것, 즉 그의 자연적인 욕망이나 추론의 영역에 속하지 않는 것은 그에게 달려 있지 않다.

144 가령 폭풍을 만나서 배에 있는 짐들을 버리는 경우. 『니코마코스 윤리학』 III 1, 1110a8~9 참조.

145 1225a17: μὴ를 읽지 않았다.

146 플라톤, 『파이드로스』 238b7~c4 참조.

147 '생리적인 현상' 내지 '본능'을 의미할 수 있다.

1225a

이런 이유로 우리는 신적인 영감을 받은 자들[148]과 예언자들도 비록 사유의 산물을 만들지만 그들의 말과 행동이[149] 그들에게 달려 있다고 주장하지 않는다. 욕구에 의한 행동도 마찬가지다. 그러므로 어떤 사유와 감정은 우리에게 달려 있지 않고, 그러한 사유와 추론에 따르는 행위도 그러한데, 필롤라오스[150]가 말했듯이 어떤 사고는 우리보다 더 강하다. 그러므로 만약에 자발적인 것과 비자발적인 것을 강제에 의한 것과 연관지어 탐구해야 했다면,[151] 그렇게 구분해두자. 자발적인 것을 정의하는 데 가장 방해되는 논변들은 †…† 사람들이 강제로 행동하지만 자발적으로 그렇게 한다는 것이었으니 말이다.

148 위의 I 1, 1214a23~25, 아래 8권 1장 참조.
149 직역: "그들이 말하는 바를 말하고, 행하는 바를 행하는 것이".
150 단편 44B 16 DK. 소크라테스와 동시대를 산 피타고라스주의자.
151 위의 1224a9~13 참조.

9장

사유와 자발적인 것

이제 그 논의는 끝났고, 자발적인 것이 욕망으로도 선택으로
1225b1 도 정의되지 않았으므로, 사유에 따르는 것[152]으로 정의하는 것
이 남았다.[153] 실제로 자발적인 것은 비자발적인 것에 반대되는 것으로 보이고, 누구를 상대로 또는 무엇을 가지고 또는 무엇을 위해서인지 알고 행동하는 것은 누구를 상대로, 무엇을 가지고, 무엇을[154] 하는지 모르면서 행동하는데, 우연히 모르면서 행동하

152 (플라톤), 『정의』 415a2 참조.

153 아리스토텔레스는 이 장에서 자발적인 것을 사유(dianoia)에 따르는 것으로 규정하길 시도한다. 하지만 이후 논의는 사유 대신 앎을 중심으로 전개된다. 여기서 사유는 앎을 포괄하는 것으로 보인다. 중심 논변은 다음과 같이 정리될 수 있다. ① 자발적인 것은 비자발적인 것에 반대이다. ② 해당하는 사태에 대한 앎을 지니고 하는 행동은 모르고서, 그리고 모르기 때문에 하는 행동과 반대된다. ③ 무지에 의한 행동은 비자발적이다. 그러므로 ④ 앎을 가지고 하는 행동은 자발적이다.

154 아르고호 전설에 따르면, 펠리아스의 딸들은 아버지를 다시 젊게 만들어

는 것이 아니라 모르기 때문에 행동하는 것에 반대되는 것으로 보인다. 사람은 때때로 마치 펠리아스의 딸들[155]처럼 상대가 아버지인 줄 알지만, 그를 죽이기 위해서가 아니라 구하기 위해서 행하거나 또는 이것이 음료수라는 것은 알지만, 그것이 극약이었는데 [이를 모른 채] 사랑의 묘약 내지 포도주로서 제공하기 때문이다. 무엇을, 무엇을 가지고 누구를 상대로 하는지에 대한 무지 때문에 하는 행동은 비자발적이다. 그러므로 그 반대는 자발적이다.

그러므로 행하지 않는 것이 자신에게 달려 있으며, 상황을 모르지 않고서 자기 스스로 행하는 모든 것이 자발적임이 필연적이고, 그것이 자발적인 것이다. 반면 모르면서 그리고 무지 때문에 행하는 모든 것은 비자발적이다. 그런데 '인식하다' 내지 '알다'는 두 가지 의미를 지니므로—하나는 앎을 소유함을, 다른 하나는 그것을 사용함을 의미한다—앎을 가지고는 있으나 사용하지 않은 사람은 모르고서 행동했다고 말하는 것이 어떤 경우에는 옳을 수도 있지만, 다른 경우에는 옳지 않을 수도 있다. 가령 자신의 소홀함으로 인해 사용하지 않았다면 [모르고 행동했다고

주겠다는 메데이아의 약속을 믿고 아버지를 토막 내어 결국 죽게 했다. 『니코마코스 윤리학』 III 1, 1111a14 이하 참조.

155 『니코마코스 윤리학』 III 5, 1111a3; V 8, 1135a23에 열거된 사항들과 비교하라.

말하는 것이 옳지 않다]. 이와 유사하게 누군가 앎을 가지고 있지 않은 경우에도 비난을 받을 수 있는데, 만약 그가 가지고 있지 않은 앎이 쉽게 얻을 수 있거나 반드시 가져야만 하는데 소홀함이나 쾌락 또는 고통 때문에 가지고 있지 않은 경우가 그렇다.[156] 그러므로 이와 같은 사항들을 상기의 규정에 부가해야 한다. 자발적인 것과 비자발적인 것에 대해서는 이런 식으로 규정해두자.

156 『니코마코스 윤리학』 III 1, 1113b30~1114a10과 비교. 여기에 대해서는 Hart(1961)를 참조하라.

1225b

10장

선택과 자발적인 것

이 다음으로는 선택[157]에 대해 논하자. 우선 그것에 관한 개념
상의 문제점을 고찰하자. 왜냐하면 누군가는 그것이 본래 한 종 1225b20
류에 속하는지, 어떤 종류 안에 그것을 놓아야만 하는지, 그리고 선택된 것이 자발적인 것과 같은지 아닌지에 대해 의구심을 가질 수 있기 때문이다. 특히, 어떤 이들은[158] 선택이 믿음[159]이나 욕망, 이 둘 가운데 하나라고 주장하는데, 이 주장은 탐구자에게

157 II 6, 1223a17; 『니코마코스 윤리학』 III 4 & 5; 『대윤리학』 I 17 비교. '선택(prohairesis)'에 대한 논의로는 Aubenque(1963), pp. 119~126 참조. 강상진, 김재홍, 이창우(2006)는 '합리적 선택'을 역어로 채택했다. 물론, 'prohairesis'는 숙고에 의한 선택이라는 점에서 '합리성'과 관련되지만, 그러한 선택이 늘 이치에 부합하는 것, 즉 합리적인 것은 아니다. 이런 의미에서 '합리적 선택'라는 번역은 오해를 불러일으킬 소지가 있다.

158 플라톤과 아카데미아 학자들을 가리키는 것으로 보인다.

159 여기서 '믿음(doxa)'은 종교적 신앙을 의미하지 않고, 어떤 사태에 대한 '의견'을 뜻한다.

도 타당한 것으로 여겨질 수 있다. 왜냐하면 양쪽 다 선택을 수반하는 것이 명백하기 때문이다.

그런데 선택이 욕망이 아니라는 점은 분명하다. 그렇지 않다면, 그것이 바람이나 욕구 내지 분노일 테니까. 왜냐하면 누구도 그것들 가운데 하나도 겪지 않으면서 욕망하지 않기 때문이다. 그런데 분노와 욕구는 야수들에게도 속하지만 선택은 그렇지 않다. 나아가 양쪽 모두[160]를 가진 사람들도 분노나 욕구 없이 많은 것을 선택한다. 심지어 [분노와 욕구의] 상태에 빠져도 그들은 선택하지 않고, 참는다. 더욱이 욕구와 분노는 항상 고통을 동반하지만,[161] 우리는 고통 없이도 많은 것을 선택한다.

게다가 선택은 바람과도 같지 않다. 사람들은 불가능한 줄 알면서도 어떤 것들, 가령 왕으로서 만인을 다스린다든지 죽지 않는 것을 바라니 말이다. 반면, 아무도 어떤 것이 불가능하다는 것을 모르지 않는 한 그것을 선택하지 않으며, 일반적으로 가능한 것조차 행하거나 행하지 않는 것이 자신에게 달려 있지 않다고 여기는 것은 선택하지 않는다. 따라서 선택되는 것은 반드시 우리에게 달린 것들 가운데 무엇임이 분명하다.

1226a1 마찬가지로 선택은 믿음도 아니고 단순히 누군가 뭐라고 여기

160 분노와 욕구.

161 플라톤, 『법률』 935a2~7과 비교.

는 것도 아님이 분명하다. 왜냐하면 선택된 것은 우리 자신에게 달린 것들 가운데 하나라고 했지만,[162] 우리는 우리에게 달려 있지 않은 많은 것들 또한 믿기 때문이다. 사각형의 대각선이 한 변과 통약 불가능하다는 것을 예로 들 수 있다.[163] 나아가 선택은 참이나 거짓일 수 없다. 그것은 분명 자신에게 달려 있는 실천대상들에 관한 믿음, 즉 그것에 의해 우리가 무엇을 행해야만 하는지 행하지 말아야 하는지 생각하게 되는 바의 믿음이 아니다.

이 점은 믿음과 바람에게 공통으로 적용된다. 왜냐하면 아무도 목적을 선택하지 않고,[164] 목적을 위한 것들을 선택하기 때문이다. 내 말은 이를테면 누구든 건강하기를 선택하는 것이 아니라 건강하기 위해 산책하거나 앉아 있기를 선택하고, 행복하기를 선택하는 것이 아니라 행복하기 위해 돈을 벌거나 모험을 하기를 선택한다는 것이다. 일반적으로 선택하는 자는 항상 '무엇'을 선택하는지 또 '무엇'을 위해 선택하는지를 밝힌다. 뒤의 '무엇'은 자신을 위해 다른 것을 선택하도록 만드는 바의 무엇을, 앞의 '무엇'은 다른 것을 위해 선택되는 바의 무엇을 가리킨다. 그런데 그는 목적을 가장 바라고, 건강해야 하고 잘 지내야[165] 한다

162 "~라고 했지만"은 'ἦν'을 옮긴 것이다. 위의 II 6, 1223a16~19 참조.
163 『니코마코스 윤리학』 III 3, 1112a22 참조.
164 플라톤, 『라케스』 185b9~d7; 『고르기아스』 467c5~468b8.
165 '잘 지내다(eu prattein)'는 위의 '행복하다(eudaimonein)'를 받는다.

고 믿는다. 그러므로 이상으로부터 선택이 믿음과도 다르고 바람과도 다름이 명백하다. 바람도 믿음도 목적과 가장 상관되지만, 선택은 그렇지 않다.

그러므로 이제 선택이 바람도 아니고 그렇다고 믿음도 아니며 단순히 어떤 가정도 아님이 분명하다. 그렇다면 선택은 이것들과 무엇이 다르고 자발적인 것과는 어떤 관계를 가지는가? [이에 대한 대답들이 주어지면] 선택이 무엇인지도 동시에 규명될 것이다.

실로 존재할 수도 존재하지 않을 수도 있는 것들 가운데 어떤 것들은 그것들에 관해 숙고하는 것이 가능하지만, 다른 것들에 대해서는 숙고가 불가능하다. 왜냐하면 어떤 것들은 존재하거나 존재하지 않을 수 있지만, 그것들의 생성이 우리에게 달려 있지 않고, 다른 것들은 자연에 의해, 또 다른 것들은 다른 원인들에 의해 생성되므로, 그것들에 관해서는 아무도 모르지 않고서는 숙고하려 시도하지 않기 때문이다. 그러나 어떤 것들은 존재하고 존재하지 않는 것이 가능할 뿐만 아니라, 그것들에 관해 인간들이 숙고할 수 있는데, 이러한 것들 모두는 행하거나 행하지 않는 것이 우리에게 달려 있다.

이런 까닭에 우리는 인도(India)에서 일어나는 일[166]에 대해서도, 어떻게 원이 사각형이 될 수 있는지에 대해서도 숙고하지 않

166 『대윤리학』 1189a20; 『변증론』 III 1, 116a38 참조.

는다. 왜냐하면 전자는 우리에게 달려 있지 않고, 후자는 전적으로 실행 불가능하기 때문이다. 그렇다고 우리가 우리에게 달려 있는 실행 가능한 모든 일에 관해 숙고하는 것도 아니다. 이런 점에서 선택이 단순히 믿음이 아니라는 사실도 분명하다. 선택될 수 있고 실행될 수 있는 것은 우리에게 달린 것에 속한다. 이런 까닭에 누군가 다음과 같이 물을 수 있다. 도대체 왜 의사들은 자신들이 알고 있는 대상들에 관해 숙고하지만, 글을 읽고 쓸 줄 아는 사람들[167]은 숙고하지 않는가? 그 이유는 잘못이 두 가지 방식으로 발생하는 데 있다. 왜냐하면 우리는 생각하면서 잘못을 범하거나 실행하면서 감각의 측면에서 잘못을 범하기 때문이다. 의술에서는 이 두 가지 방식으로 잘못하는 것이 가능하지만, 글을 읽고 쓰는 기술에서는 [단지] 감각과 실행의 측면에서 잘못 1226b1

167 그리스어 'grammatikos'는 기본적으로 글자를 올바르게 읽고 쓸 줄 아는 사람, 다시 말해 글자를 올바르게 읽고 쓰는 기술(grammatikê)을 습득한 사람이지만, 그러한 기술을 가르치는 선생을 가리키기도 하고, 나아가 문법을 다루거나 문헌을 비평하고 해석하는 '문법학자'를 뜻하기도 한다. 그런데 문법학자는 의사와 마찬가지로 감각과 실행에서뿐만 아니라, 사유에서도 오류를 범할 수 있다. 따라서 이 문맥에서 'grammatikos'는 글자를 읽고 쓸 줄 아는 사람을 뜻하는 것으로 보았다. 글자를 읽고 쓸 줄 아는 사람은 글자를 잘못 생각해서 잘못 읽거나 쓰지 않는다. 가령, 한글을 깨친 사람이 글자를 잘못 읽는 경우, 글자를 잘못 생각해서가 아니라, 잘못 보아서 잘못 읽는다. 플라톤, 『테아이테토스』 207b; 『국가』 III 302b; 『크라튈로스』 431e 참조.

이 가능하다. 이 감각과 실행에 관해 고찰하기 시작하면 끝이 없을 것이다.[168]

그러므로 선택이 믿음도 바람도 아니고, 즉 둘 중 하나도 아니며, 둘 다도 아니므로—누구든 갑자기 선택하지는 않지만, 행동해야 한다는[169] 믿음이나 바람은 갑자기 가질 수 있으니까—그 둘로부터 생긴 것이다.[170] 둘 다 선택하는 사람에게 속해 있으니 말이다.

이제 어떻게 선택이 그 둘로부터 나오는지를 탐구해야만 한다. 그런데 용어 자체가 어느 정도 사태를 해명해 준다. 선택(prohairesis)은 택함(hairesis)이지만, 단적으로 택함이 아니라 어떤 것을 다른 것보다 우선적으로(pro) 택하는 것이니까.[171] 후자

168 의사들은 의학적 지식을 가지고 있지만, 어떤 목적을 위해 어떤 수단을 써야 하는지 숙고해야만 한다. 이러한 숙고의 과정에서 오류가 생길 수 있다. 그러나 글자를 쓰는 기술에는 그와 같은 목적과 수단의 연관에 복잡한 숙고가 필요 없다. 따라서 글자를 쓸 수 있는 사람은 숙고하지 않는다. 만약 숙고를 한다면 감각과 실행에 관해 숙고해야 할 텐데, 그것들에 대해 숙고를 시작하면 한이 없을 테고, 결국 글자 쓰기를 시작조차 할 수 없을 것이다.

169 Susemihl에 따라 δεῖν을 보충해서 읽었다.

170 『대윤리학』 1189a24 참조.

171 'pro'는 '앞에', '전에'를 의미하기 때문에 이 문맥에서는 시간적인 우선성이나 선호에 있어 우선성을 나타낼 수 있다. 『대윤리학』의 상응하는 자리(1189a12~16)에서 선택이 더 나쁜 것보다 더 좋은 것을 취하는 것으로 규정하므로, 이 자리에서도 선호에 있어 우선성이 다루어진 것으로 보인다. 참고로 아래 1226b15에서도 "더 나쁜지 아니면 더 좋은지"에 대해 숙고하고 선택한다는 말이 언급된다. 『니코마코스 윤리학』 III 2, 1112a16과 비교.

1226b

는 탐구와 숙고 없이는 있을 수 없다. 따라서 선택은 숙고에 의거한 믿음으로부터 나온다.

실제로 목적에 대해서는 아무도 숙고하지 않는다. 대신 그것은 모두에게 주어진다. 하지만 그것으로 이끄는 것들에 대해, 이것 또는 저것이 [그것에] 이바지하는가에 대해, 어떤 것이 좋다고 여겨지면 그것을 어떻게 얻을지에 관해 숙고한다. 우리는 모두 그러한 결과를 가져오는 과정의 출발점을 우리 자신으로 가져올 때까지 계속해서 숙고할 것이다.[172]

만약 진정 아무도 아무런 사전 준비 없이, 어떤 것이 나은지 못한지에 관해 숙고하지 않은 채 선택하는 게 아니라, 목적에 이바지할 수도 있고 그렇지 않을 수도 있는 것들 가운데 우리 자신에게 달려 있는 것에 관해 숙고한다면, 선택이란 행위자 자신에게 달려 있는 것들에 관한 숙고적인 욕망임이 분명하다.[173] 우리는 선택한 것을 모두 바라지만, 바라는 것을 모두 선택하지는 않고—나는 숙고를 원리와 원인으로 하는 욕망을 '숙고적' 욕망이라고 부른다— 숙고했기 때문에 욕망하니 말이다.

이런 이유로 다른 동물들에게는 선택이 없다. 사람의 경우에도 그것이 모든 연령층에 있지 않으며, 모든 상태에 있는 것도

172 『수사학』 I 4, 1359a30~b1 참조.

173 1226b17: orexis tôn eph'hautôi bouleutikê. 『니코마코스 윤리학』 III 5, 1113a10~13 참조.

1226b

아니다. 숙고와 '무엇 때문에'에 대한 가정(假定)도 그러하니까. 하지만 많은 이들에게 추론을 통한 것이 아닐지라도 어떤 것을 해야 할지 말아야 할지에 대해 믿음이 있는 것은 가능하다.[174] 왜냐하면 영혼의 숙고 능력은 어떤 원인을 관조할 수 있는 능력이기 때문이다. '무엇을 위하여'는 원인들 가운데 하나를 가리키니 말이다.[175] 사실, '무엇 때문에'는 원인을 묻는 것인데,[176] 우리는 무언가 그것을 위해서 어떤 것이 있거나 생길 때 그것을 '원인'이라고 주장한다. 가령, 만약 물품의 운반을 위해 걷는다면, 그것이 걷기의 원인이다.[177] 이런 까닭에 아무 목표[178]가 없는 이들은 숙고할 수 없다.

174 추론(logismos)에 기반하지 않은 단순한 의견이나 믿음(doxa)이 대중에게 속한다.

175 목적인(causa finalis)에 대하여 『자연학』 II 3, 194b32, 위의 1226a8 참조.

176 비판본과 달리 뒤의 문장과 이어서 읽었다. 원인은 '무엇 때문에?'에 대한 대답이라고 할 수 있다. '무엇을 위하여(hou heneka)'는 '무엇 때문에(dia ti)'라는 보다 포괄적인 질문의 한 측면으로, 이른바 목적인(causa finalis)에 대한 물음이다. 아리스토텔레스 4원인론에 대해서는 『자연학』 2권을 참조하라. 특히, '무엇 때문에?'라는 질문에 대해서는 『자연학』 II 3, 194b19 이하; 7, 198a14 이하 참조.

177 『자연학』 II 5, 196b33~197a8에 한 사람이 빚쟁이를 만나서 빌려준 돈을 회수하기 위해 시장으로 가는 경우가 묘사된다. 이때 돈의 회수가 시장에 가는 것의 원인이다. 하지만 그가 시장에 가서 우연히 빚쟁이를 만났고, 그 빚쟁이가 마침 돈을 갚을 수 있었을 경우, 시장에 간 이유는 돈의 회수가 아니다. 돈의 회수는 '우연적으로(kata symbebêkos)' 일어난 일이다.

그래서 만약 누군가가 자기 자신 때문에 행하거나 행하지 않는데 그것이 무지 때문이 아니라면, 그는 행하거나 행하지 않음이 자신에게 달려 있는 것을 자발적으로 행하거나 행하지 않는 것이다. 또한 우리가 그와 같은 것들 가운데 많은 것을 숙고하거나 미리 생각하지 않고서도 행하므로, 선택된 것은 모두 자발적이지만, 자발적인 것이 〈모두〉 선택된 것이 아니며, 선택에 따르는 것은 모두 자발적이나, 자발적인 것이 모두 선택에 따르는 것이 아님이 필연적이다.[179]

이상으로부터 입법자들이 사고(事故)[180]를 자발적인 것과 비자발적인 것 그리고 고의적인 것으로 나누는 것이 타당하다는 사실도 동시에 분명하다. 비록 그들의 기술(記述)이 정확하지는 않지만, 적어도 어느 정도는 진리에 닿아 있다. 하지만 우리는 이

178 I 2, 1214b6~11; 1227a6; VIII 3, 1249b24; 플라톤, 『국가』 519b7~c6 참조.

179 이 단락은 위의 II 10, 1225b20~21과 1226a19~20에서 선택과 자발성의 관계에 대해 제기된 물음에 대한 대답으로 볼 수 있다. 결론적으로, 선택된 행동은 자발적인 것에 속하지만, 이것과 동일하지 않다. 왜냐하면 자발적인 것 중에 선택되지 않은 것들도 있기 때문이다. 『니코마코스 윤리학』 III 2, 1111b7 이하; 1112a14~15; V 8, 1135b8 이하; 『대윤리학』 1189a33~6과 비교.

180 1226b37~38: παθημάτων codd(=필사본 전통). Antiphon, 127에서 'pathêmata'는 자발적이거나 고의적인 범죄 행위를 가리키는 'adikêmata'와 대비하여 비자발적인, 불의의 사고를 가리킨다. 여기에서 'pathêmata'는 비자발적인 것뿐만 아니라, 자발적이고 고의적인 것으로 포괄할 수 있는 '사고(事故)'의 의미로 사용된 것으로 보인다.

에 관해 정의(正義)에 대한 연구에서 상론할 것이다.[181] 선택이 단순히 바람이나 믿음이 아니라, 숙고로부터 귀결되는 믿음이자 욕망이라는 점은 분명하다.

그런데 숙고하는 사람은 항상 무엇을 위해서 숙고하므로, 다시 말해 숙고하는 사람에게는 항상 그것을 위해 유익한 것을 탐색하는 바의 어떤 목표가 있으므로 아무도 목적에 대해서는 숙고하지 않고—그것은 오히려 원리이자 전제이다. 마치 이론적 학문들의 전제들처럼 말이다. 이것들에 관해서는 [이 책의] 도입부에서 간략하게,[182] 『분석론』에서 정확하게 논의되었다.[183]—모두가 기술(技術)이 있든 기술이 없든 목적으로 이끄는 것들에 대해서 탐색한다. 가령, 전쟁에 나갈지 말지에 관해 숙고하는 자들 말이다. 그러나 그 전에 '무엇 때문에', 즉 '무엇을 위해서'라는 물음에 대한 대답에서 그 무엇에 해당하는 것, 가령 부나 쾌락 또는 그것에 해당하는 어떤 다른 것이 올 것이다. 왜냐하면 숙고하는 사람은, 그가 목적에서 출발해 탐색한다면, [자신을] 그것으로[184] 이끌기 위해서 무엇이 거기에 이바지하는지, 목적을 위해 자신이 무엇을 할 수 있는지를 숙고하기 때문이다.

181 『에우데모스 윤리학』 IV=『니코마코스 윤리학』 V 10, 1135b11 이하.

182 I 2, 1214b6 이하.

183 『분석론 후서』 I 2, 72a18~24; I 10, 76a31~77a4; II 6, 92b15.

184 1227a17: αὐτὸν codd. '그것'이 가리키는 것을 '목적'으로 보았다.

1227a

한편 목적은 본성적으로는 항상 좋고, 개별적인 숙고의 대상 또한 좋은 것이다. 이를테면 의사는 약을 줄 것인지에 관해, 장군은 어디에 진지를 구축할 것인지에 관해 숙고할 것이다. 이들에게 목적은 좋은 것, 단적으로 가장 좋은 것이다. 하지만 본성에 어긋나게 그리고 왜곡에 의해서 좋은 것이 아니라, 좋아 보이는 것이 [목적이 된다].[185] 그 이유는 일부 존재자들은 본래 목적 외에 다른 목적을 위해 쓰일 수 없다는 데 있다. 시각(視覺)을 예로 들자. 시각의 대상이 아닌 것은 볼 수 없고, 청각의 대상이 아닌 것은 들을 수 없다. 그러나 앎으로부터는 앎의 대상이 아닌 것도 [앎의 대상으로] 만들 수 있다.[186] 왜냐하면 동일한 앎이 동일한 방식으로 건강과 병을 대상으로 하지 않는데, 앎은 본성에 따라서는 건강을, 본성에 어긋나게는 병을 대상으로 하기 때문이다. 마찬가지로 바람도 본성상 좋은 것을 대상으로 하지만, 본성에 어긋나게는 나쁜 것을 대상으로 삼기도 하고, 사람은 본성상 좋은 것을 바라지만 본성에 어긋나게 그리고 왜곡에 의해서 나쁜 것을 바라기도 한다.

185 '본성상 좋은 것'과 '좋아 보이는 것(to phainomenon agathon)'의 구분은 아래 VII 2, 1235b24~29, 1236a9~10을 참조하라. 『니코마코스 윤리학』 III 4, 1113a20~b2.

186 앎의 대상에 관해서는 『니코마코스 윤리학』 V, 1129a11~16; 『분석론 전서』 24a21; 『자연학』 VIII 1, 251a30 이하; 『영혼론』 III 3, 427b6 이하; 『형이상학』 Θ 2, 1046b1~20 참조.

물론, 각 사물의 파멸과 왜곡은 임의의 상태가 아니라 반대 상태나 중간 상태로 향한다. 이들로부터 벗어나는 것은 불가능하니까. 착오 또한 임의의 방향으로 일어나는 것이 아니라, 반대 상태가 있는 경우 반대 상태를 향해, 즉 앎의 측면에서 반대되는 상태를 향해 일어난다. 그러므로 착오와 선택 둘 다 중간 상태로부터 반대 상태로 되는 것이 필연적이다. 그런데 과다와 과소는 중간에 반대된다.

그런데 그 [왜곡의] 원인은 즐거운 것과 괴로운 것이다.[187] 왜냐하면 영혼에게 즐거운 것은 좋은 것으로, 더 즐거운 것은 더 좋은 것으로, 또 괴로운 것은 나쁜 것으로, 더 괴로운 것은 더 나쁜 것
1227b1 으로 나타나기 때문이다. 그래서 이로부터 또한 덕과 악덕이 쾌락과 고통에 관련됨이 분명하다. 왜냐하면 덕과 악덕은 선택되는 대상과 관련되고 선택은 좋은 것과 나쁜 것 그리고 그렇게 보이는 것들과 관련되며, 쾌락과 고통은 본성상 그와 같은 것[188]이기 때문이다.

그러므로 성격적 덕은 그 자체로 어떤 중용이고, 전체가 쾌락과 고통에 관여하는 반면, 악덕은 지나침과 모자람에 있고 덕과 동일한 영역에 관여하므로, 성격적 덕은 즐거운 것과 괴로운 것

187 나쁜 것이 좋아 보이는 데 발생하는 착오의 원인을 지시한다.
188 좋아 보이는 것과 나쁘게 보이는 것.

1227b

과 관련하여 우리에게 있어서 중용인 것을 선택하는 성향임이 필연적이다. [여기에서] 즐거운 것과 괴로운 것은 [그것을] 기뻐하느냐 아니면 괴로워하느냐에 따라 누군가 성격상 어떠하다고 규정되는 그러한 것이다. 단 것을 좋아하거나 쓴 것을 좋아하는 사람이 성격상 어떻다고 규정되지 않으니 말이다.

11장

덕, 선택 그리고 올바른 목적

이러한 사항들이 규정되었으니, 덕이 선택에 잘못이 없도록 만들고, 목적을 올바르게 만들어서 그것을 위해 선택해야만 하는 것을 선택하도록 만드는지, 아니면 어떤 이들이 믿듯이, 덕이 사고[189]를 올바르게 만드는지 논하자.[190] 그런데 후자는 자제력이 하는 일이다. 이것은 사고를 망치지 않으니까. 그러나 덕과 자제력은 다르다. 이에 관해서는 나중에[191] 논해야 하는데, 덕이 올바른 사고를 제공한다고 여기는 이들에게 [덕과 자제력이 같다는 주장의] 근거는 다음과 같다. 자제력은 한편으로는 그러한 특성

189 여기서 'logos'가 영혼의 능력으로서의 이성을 가리키는지 아니면 이성의 작용, 즉 사고(reasoning)를 가리키는지 불분명하다.

190 이 장의 전체 논의를 『대윤리학』 I 1190a9~b6와 비교하라.

191 『에우데모스 윤리학』 VI=『니코마코스 윤리학』 VII, 특히 9, 1150b29~1151a28 참조.

1227b

을 지니고,[192] 다른 한편으로는 칭찬받는 것들에 속한다.

이러한 문제들을 제기했으니, 논의를 계속하자. 사실, 목표는 올바르지만, 목표로 이르는 수단들은 전적으로 잘못된 것일 수 있다. 반면 목표는 잘못 잡혔지만 그것에 이르는 수단들이 올바를 수 있고, 또 아무것도 올바르지 않을 수 있다. 그런데 덕은 목표를 올바르게 만드는가 아니면 목표를 위한 것들을 올바르게 만드는가? 우리는 덕이 목표를 올바르게 만든다고 주장한다. 왜냐하면 목표에는 추론이나 사고가 관여하지 않기 때문이다. 오히려 목표가 [추론과 사고의] 출발점으로 전제되게 하라.

사실, 의사도 환자가 건강해야 하는지 아닌지가 아니라, 산책을 가야 하는지 아닌지를 고찰하고, 체육교사 또한 [제자가] 좋은 체력을 가져야만 하는지 아닌지가 아니라 씨름을 해야 하는지 아닌지를 고찰한다. 마찬가지로 어떤 다른 학문이나 기술도 목표에 대해 탐색하지 않는다. 왜냐하면 마치 이론적 학문들에서 전제들이 원리들인 것처럼, 제작적 학문들에서는 목적이 원리이자 전제이기 때문이다. 마치 저기서 삼각형의 내각의 합이 두 직각이면 이러저러한 귀결이 필연적이듯이, 바로 이러저러한 자가 건강해져야 하므로, 그렇게 되려면, 이러저러한 것이 있어야 한다.

192 올바른 사고를 제공하는 것을 가리킨다.

그러므로 사유[193]의 출발점은 목적이고, 사유의 완결이 행동의 출발점이다. 따라서 만약 모든 올바름의 원인이 사고이거나 덕인데, 만약 사고가 아니라면, 덕에 의해서 목적은—목적을 위한 것들이 아니라—올바르게 될 것이다. 한편, 목적은 '무엇을 위하여'에서 '무엇'에 해당한다. 모든 선택은 무언가에 대하여, 무언가를 위하여 하게 되니까. 그런데 '무엇을 위하여'에서 '무엇'은 중간이고, 그것의 원인은 덕이며, 그것을 위해 선택하는 것이다. 물론 선택은 목적을 대상으로 하지 않고 그것을 위한 것들을 대상으로 한다. 그러니까 목적을 위해 해야만 하는 모든 행동을 적중하는 것은 다른 능력[194]의 일이다. 하지만 선택을 통해 추구하는 목적이 올바를 때, 그 원인은 덕이다.

또한 이런 이유로 한 사람의 선택[195]으로부터, 즉 그가 무엇을 행하는가에 의해서가 아니라 무엇을 위해 행하는가에 의해서 그가 어떤 종류의 사람인지를 판단한다.[196] 덕과 비슷한 방식으로 악덕도 반대되는 것들을 위해서 선택하게 만든다. 실로 누군가 아름다운 행동을 하고, 추한 행동을 삼가는 것이 그 자신에게 달

193 여기에서 '사유(noêsis)'는 좁은 의미의 직관적인 통찰을 의미하지 않고, 실천적 추론을 뜻한다.

194 영리함(deinotês)과 슬기. 『에우데모스 윤리학』 V=『니코마코스 윤리학』 VI 12, 1144a20 이하(영리함); VI 13, 1145a5~6(슬기).

195 여기서 'prohairesis'는 '의도'의 의미를 함축한다.

196 『니코마코스 윤리학』 III 5, 1113b7~14 참조.

1228a

려 있는데도 정반대로 행한다면, 훌륭하지 않은 사람임이 분명하다. 그래서 악덕과 덕은 필연적으로 자발적이다. 왜냐하면 못된 짓을 행할 아무런 필연성이 없기 때문이다.

이런 이유로 악덕은 비난받고 덕은 칭찬받는다. 비자발적인 추함과 나쁨은 비난받지 않고 비자발적인 좋음도 칭찬받지 않으며 오직 자발적인 것들만 비난받고 또 칭찬받으니까. 나아가 우리는 모든 사람들을 칭찬하고 비난할 때, 그들이 한 일을 보기보다는 오히려 선택을 본다.[197] 비록 활동이 덕보다 더 택할 만한 가치가 있지만 말이다. 왜냐하면 사람들은 강요되어 못난 짓을 하지만, 아무도 그러길 선택하지 않기 때문이다. 게다가 우리는 선택이 어떠한지를 알아보기가 쉽지 않기 때문에 행위로부터 사람이 어떠한지를 판단하도록 강요받는다. 그래서 활동이 더 택할 만한 가치가 있지만, 선택이 더 칭찬받는다. 그러므로 이러한 결론은 우리의 전제로부터 나올 뿐만 아니라, 현상[198]에도 부합하는 바이다.

197 『니코마코스 윤리학』 III 4, 1111b5 참조.

198 위의 I 6, 1216b27에 대한 주석 참조.

3권

"모든 덕은 선택과 관련되어 있고,
… 한 사람으로 하여금 어떤 목적을 위해
모든 것을 선택하도록 만드는데,
그 목적이 아름다움이다.
용기 또한 일종의 덕으로서
무언가를 위해 두려운 것들을
견디게 만든다는 것이 분명하다.
따라서 무지 때문도 아니고
쾌락 때문도 아니며,
대신 그것이 아름답기 때문에 견딜 것이다."

1장

용기

그러므로 †덕들의 영역에† 중용이 있다는 것과—이 덕들은 선택과 관련되며, 반대되는 것들이 악덕들이다—그 덕들이 무엇인지가 일반적으로 이야기되었다. 이제 그것들을 개별적으로 취해서 논하자. 우선 용기에 대해 이야기하자.[1]

물론 거의 모든 이들은 용감한 이가 두려움과 관계하며, 용기가 덕의 하나라고 여긴다. 우리는 앞의 도표에서 무모함과 비겁[2]을 반대되는 것으로 분류했다. 왜냐하면 그것들이 모종의 방식으로 서로 대립하기 때문이다. 그러므로 그러한 성향들에 상응하는 것으로 일컬어지는 사람들도 마찬가지로 서로 대립함이 분명

1 『니코마코스 윤리학』 III 8~12; 『대윤리학』 I 20 참조.

2 2권 3장의 도표에서는 무모함(thrasytês)과 비겁(deilia)이 대조되었다. 이 자리에서 'phobos'는 두려움, 공포와 같은 감정이 아니라 지나치게 겁을 내는 성향, 즉 비겁을 가리킨다.

하다. 예를 들어 겁쟁이—이 자는 마땅히 그래야 하는 것보다 더 많이 두려워하고, 마땅히 그래야 하는 것보다 덜 대담하다고 말하니까—와 무모한 자[가 서로 대립한다]. 후자는 마땅히 그래야 하는 것보다 덜 두려워하고 마땅히 그래야 하는 것보다 더 대담한 종류의 사람이라고 말하니까. 그로부터 명칭 또한 파생되었다. '무모한 자(ho thrasys)'는 '무모함(to thrasos)'으로부터 파생된 명칭이니 말이다.[3]

그러니까 용기가 두려움과 대담함과 관련해서 가장 좋은 성향이며, 용감한 자는 무모한 자들과 같아서는 안 되고—그들은 한편으로는 모자라고 다른 한편으로는 지나치니까—겁쟁이들과 같아서도 안 되므로—이들도 같은 것들이 아니라 반대되는 것들에 있어 과부족을 지닌다는 것 말고는 똑같으니까. 대담함에 있어서는 모자라고 두려움에 있어서는 지나치니 말이다—무모와 비겁의 중간 상태가 용기라는 것이 분명하다. 이것이 가장 좋은 상태이니까.

한편 용감한 이는 대개의 경우 두려움이 없어 보이고, 겁쟁이는 두려움을 잘 타는 것으로 보인다. 후자는 많은 것도 적은 것도 큰 것도 작은 것도 두려워하고,[4] 그것도 강하게 그리고 빨리

3 '파생된 명칭(parônymôs)'에 대해서는 『범주론』 I 1a12~15 참조.

4 예컨대 모기나 쥐를 무서워하는 경우. 『정치학』 VII 1, 1323a29; 『니코마코스 윤리학』 VII 6, 1149a8 참조.

두려워하지만, 전자는 반대로 두려워하지 않거나 약하게 두려워하고 거의 두려워하지 않거나 드물게 그리고 큰 것에 대해서만 두려워하는 것으로 보인다. 한 사람은 심하게 두려운 것을 견디지만, 다른 사람은 약하게 두려운 것도 견디지 못한다.

그렇다면 용감한 사람은 어떤 것을 견디는가? 먼저, 자신에게 두려운 것인가 아니면 남에게 두려운 것인가? 만약 남에게 두려운 것이라면, 전혀 대단한 것이 아니라고 누군가는 말할 것이다. 하지만 만약 자신에게 두려운 것이라면, 그에게[5] 두려운 것이 크고 많을 것이다. 두려운 것은 두려운 것인 한에서 각자에게 두려움을 일으킨다. 가령, 심하게 두려운 것이라면, 두려움도 심할 것이고, 약하게 두려운 것이라면, 두려움도 약할 것이다. 그래서 용감한 사람은 크고도 많은 두려움을 겪는다는 것이 따라 나온다. 그런데 이와 정반대로 용기는 사람을 두려움 없게 만들고, 두려움 없음은 아무것도 두려워하지 않거나 적은 것을 그리고 약하게 두려워하거나 거의 두려워하지 않는 데 있다고 여겨져 왔다.[6]

그러나 '두려운 것'은 아마도 '즐거운 것'과 '좋은 것'과 마찬가지로 두 가지 의미를 지닐 것이다. 왜냐하면 어떤 것들은 단적으로 즐겁고 좋지만, 다른 것들은 어떤 사람에게는 즐겁고 좋을지

5 앞에 언급된 용감한 사람을 가리키는 것으로 보았다.

6 통상적인 견해. 위의 1228b4 참조.

라도, 단적으로는 그런 게 아니라, 오히려 반대로 비천하고 즐겁지 않기 때문이다. 이를테면 사악한 이들에게 도움이 되는 것과 아이들에게 아이들인 한에서 즐거운 것 모두가 그렇다. 마찬가지로 두려운 것들 또한 일부는 단적으로, 일부는 어떤 사람에게만 두렵다.[7] 실로 겁쟁이가 겁쟁이로서 두려워하는 것들 가운데 일부는 누구에게도 두려운 것이 아니고 일부는 약하게 두려운 것이다. 대다수 사람들에게 두려운 것과 인간적인 본성에게 두려운 것은 모두 단적으로 두려운 것이라고 우리는 주장한다.

그런데 용감한 자는 이런 것들에 대해 두려움이 없으며, 어떤 의미에서 그에게 두렵지만[8] 다른 의미에서는 그렇지 않은 종류의 두려운 것들을 견딘다. 그러한 것들은 그가 인간인 한에서는 그에게 두렵지만, 용감한 자인 한에서는 약하게만 두렵거나 전혀 두렵지 않다. 그것들은 실제로 두려운 것들이다. 대다수에게는 두려우니 말이다. 그런 까닭에 용감한 자의 성향이 칭찬받기도 한다. 마치 강골인 자와 건강한 자가 가진 성향처럼 말이다. 왜냐하면 이들이 그와 같은 것은[9] 한 사람은 아무 노고에도 지치

7 즐거운 것과 좋은 것이 '단적으로 그런 것(절대적인 것)'과 '누구에게 그런 것(상대적인 것)'으로 나뉘듯이, 두려운 것도 절대적인 것과 상대적인 것으로 양분된다.

8 1228b28: 비판본과 달리 〈φαίνεται〉를 보충하여 읽지 않았다.

9 힘센 자와 건강한 자의 성향이 칭찬받는 사실을 가리키는 것으로 해석했다.

지 않고, 다른 사람은 어떤 과잉에도 상하지 않기 때문이 아니라, 대중이나 대다수가 영향을 받는 것들에 전적으로 영향받지 않거나 단지 약하게 영향받기 때문이다. 그러니까 병자와 약골 그리고 겁쟁이는 공통적인 경험 대상들에 의해 뭔가를 겪는다. 다만, 대중보다 더 빨리 그리고 더 많이 겪는다 †… † 나아가, 그들은 대중이 겪는 것들에 의해 전혀 영향받지 않거나 약하게 영향받는다.[10]

그런데 다음과 같은 의문이 든다. 용감한 자에게 두려운 것이 하나도 없는가? 그는 두려워할 수 없는가? 아니면 위에서 언급 1229a1
된 방식으로[11] 그가 두려워하는 것이 가능한가? 사실 용기란 사고에 따르는 것[12]인데, 사고는 아름다움[13]을 택하라고 명령한다.

10 병자와 약골, 비겁한 자가 아니라, 건강한 자와 강골, 용감한 자에 대한 서술로 보인다. 다만, 병이 너무 심하거나 몸이 너무 약해서 일반 사람들이 느끼는 것을 못 느끼는 경우는 생각해 볼 수 있다.

11 위의 2권 3장, 특히 1220b28.

12 1229a1~2: akolouthêsis tôi logoi. 여기에서 'logos'는 생각 내지 사고를 가리키는 것으로 해석했다. (플라톤), 『정의』 412b3: '올바른 생각에 순응함(akolouthêsis tôi orthôi logismôi)' 참조. 하지만 'logos'는 사고 작용을 통해 명령을 내릴 수 있는 능력으로서의 이성을 가리킬 수도 있다.

13 윤리학적 맥락에서 '아름다움(to kalon)'은 유덕자의 행동이 지향하는 목적으로, 지나치거나 모자라지 않는 중용, 적절함, 마땅함의 개념과 연관되어 있다. 아름다움은 수단적 가치를 지니는 것이 아니라, 자기목적적 가치를 지닌다. 따라서 유덕자가 아름다운 행동을 추구하는 것은 그것이 어떤 다른 목적에 이바지하기 때문이 아니라, 그 자체로 추구할 만한 가치를 가지고 있기 때문이다.

1229a

아름다움을 위해 그것들을 견디는 것이 아닌 자는 정신이 나갔거나 무모한 자이다. 오로지 아름다움 때문에 견디는 자만이 두려움 없고 용감하다. 그러므로 겁쟁이는 두려워해서는 안 되는 것도 두려워하고, 무모한 자는 해서는 안 되는 일도 감행한다. 그러나 용감한 자는 두 경우 모두 마땅히 해야 하는 것을 행하고, 이 점에서 그는 중간이다. 왜냐하면 그는 사고가 명령하는 것은 무엇이든 감행하고 또 두려워하기 때문이다. 그런데 사고는, 아름답지 않은 한, 큰 고통을 주는 것과 파괴적인 것[14]을 견디라고 명령하지 않는다. 그러므로 무모한 자는 사고가 명령하지 않는데도 그것을 감행하고, 겁쟁이는 사고가 명령해도 감행하지 못한다. 오직 용감한 자만이 사고가 명령하면 감행한다.

용기와 유사하기 때문에 용기로 불리는 것이 다섯 종류가 있다.[15] 이것들을 가진 이들은[16] 동일한 것을 견디지만, 같은 이유로 견디는 게 아니다. 하나는 시민적 용기이다. 이것은 염치에 의한 것이다. 둘째는 전사적(戰士的) 용기이다. 이것은 경험과 지식에 의한 것으로, 소크라테스가 말한 것처럼[17] 무서운 것이 무

14 아래 1229a35; 40~41(생명 파괴) 참조.

15 『니코마코스 윤리학』 III 11; 『대윤리학』 1190b21~1191a18.

16 직역: 이것들은(즉 유사 용기들은).

17 플라톤, 『라케스』 194e11; 199a10; 『프로타고라스』 350a6; 360d4; 『국가』 429b8~430b5; 『법률』 647c7~d7; 크세노폰, 『회상』 III 9, 1~3; IV 6, 10~11; 『향연』 II 12.

엇인지를 아는 게 아니라, 무서운 상황에 도움이 되는 것이 무엇인지를 아는 데 기반한다. 셋째는 경험 부족과 무지에 의한 것으로, 그 때문에 아이들과 광인들이 움직이는 것을[18] 기다리거나 손으로 뱀들을 잡는다. 넷째는 기대에 의한 것이다. 그것 때문에 운이 좋은 사람들뿐만 아니라 술 취한 자들도 자주 위험을 견딘다. 포도주가 희망을 가지도록 만드니까. 다른 것은 비이성적 감정에 의한 것이다. 가령, 사랑과 분노에 의한 것 말이다. 사랑에 빠지면 겁쟁이가 아니라 오히려 무모한 자가 되고, 마치 메타폰티온의 참주를 죽인 자와 크레타의 전설적 인물처럼 많은 고난을 견딘다.[19] 화와 분노에 의한 것도 마찬가지다. 분노는 정신을 나가게 하니까. 그 때문에 멧돼지들도 실제로는 용감하지 않지만 용감하다고 여겨진다. 사실 멧돼지들은 정신이 나갈 때마다 그러하지만, 정신이 나가지 않은 경우에는 불규칙적이다.[20] 마치 무모한 사람들처럼 말이다. 그래도 분노에서 나온 용기가 가장 자연스럽다. 분노는 패할 줄 모르니까.[21] 그래서 아이들이 가장

18 벼락을 지시한다. 아래 1229b27 참조.

19 두 사람 모두 우리에게 알려져 있지 않다.

20 Décarie: 'imprévisibles(예측 불가능하다)'; Dirlmeier: 'ungleichmäßig(고르지 않다, 불규칙적이다)'. 멧돼지나 무모한 자는 정신이 나가면 용기가 있는 것처럼 보인다. 하지만 그렇지 않은 경우에는 감정과 행동에 있어 일관적이고 일정한 성향을 보이지 않는다. 아래 III 7, 1234a34 이하 비교.

잘 싸우기도 한다. 시민적 용기는 법에 의한 것이다.[22] 그런데 이 것들 가운데 아무것도 참된 의미의 용기가 아니며, 다만 모두가 위험한 상황에서 용기를 북돋우는 데 유용할 뿐이다.

지금까지 두려움의 대상에 대해 단순하게 논했지만, 보다 상세히 규정하는 것이 낫겠다.[23] 일반적으로, '두려운 것'은 두려움을 불러일으키는 것을 일컫는다. 그런데 파괴적인 고통을 야기할 수 있게 보이는 것은 모두 그러하다. 어떤 다른 고통을 예상하는 이들에게는 아마도 다른 고통과 다른 감정이 생길 것이고, 두려움이 생기지는 않을 테니까. 가령 누군가 시기하는 자들이 겪는 고통을 겪거나 질투하는 이들 또는 부끄러워하는 이들이 겪는 고통을 겪을 것이라고 예상하는 경우가 그러하다. 그런데 두려움은 오직 본성상 삶을 파괴할 것으로 보이는 고통들을 직면하게 되는 경우에만 일어난다. 이런 까닭에 매우 유약한 어떤 이들도 몇몇 것들에 대해서는 용감하고, 몇몇 드세고 끈질긴 이들은 비겁하기도 하다.

특히 죽음과 그것의 고통에 특정한 방식으로 관련된다는 점이

21 『정치학』 VII 6, 1328a7; 플라톤, 『메넥세오스』 243d5; 『국가』 375a11~b5.

22 여기에서 '법'으로 옮긴 그리스어 'nomos'는 성문화된 실정법만 지시하는 것이 아니라, 약정과 관습의 산물인 법을 총체적으로 가리킨다. 분노에 따른 용기가 자연과 본성(physis)에 의거한 것이라면, 시민적 용기는 법과 관습(nomos)에 의거한 것이다.

23 『수사학』 II 5, 1382a20~32 참조.

1229b

용기의 고유한 특성으로 대체로 받아들여지고 있다. 왜냐하면 만약 누군가 가령, 뜨거움과 차가움 그리고 그와 같이 위험하지 않은 고통들은 이성이 명령하는 대로 견딜 수 있지만, 죽음 앞에서는 어떤 다른 감정 때문이 아니라, 파괴 자체 때문에 유약해지고 기겁하는 데 비해, 다른 사람은 앞서 언급된 것들 앞에서는 유약하지만 죽음 앞에서 동요치 않는다면, 전자는 겁쟁이로 후자는 용감한 자로 여겨질 수 있기 때문이다. '위험'이란 말은 두려운 것들 가운데 그렇게 엄청난 파괴를 일으킬 수 있는 것이 가까이 있는 경우에만 사용되니까. 그것이 가까이 보일 때, 위험이 있는 것으로 보인다.

그러므로 우리가 용감한 자와 관련된다고 주장하는 두려운 대상들이 실로 파괴적인 고통을 야기할 수 있는 것으로 나타난다는 것이 이야기되었다. 그것들은 물론 가까이 그리고 멀지 않게 나타날 뿐 아니라, 그 크기에 있어 인간이 감당할 만하거나 그렇게 나타난다. 왜냐하면 어떤 것들은 불가피하게 만인에게 두렵게 보이고 만인을 동요에 빠트리기 때문이다. 뜨거움과 차가움 그리고 여타 힘들 가운데 어떤 것들은 우리를 넘어서 있고, 인간 육체의 조건을 초월하듯이, 영혼과 관련된 고통들도 그럴 수 있으니까.

〈그러니까〉 겁쟁이와 무모한 자는 그들 자신의 성향 때문에 속는다. 왜냐하면 겁쟁이에게는 두려워할 바가 아닌 것이 두렵게 여겨지고 약하게 두려워할 것이 강하게 두려워할 것으로 보이고, 무모한 이에게는 반대로 두려워할 것이 그를 오히려 대담하게 만들고, 강하게 두려워할 것이 약하게 두려워할 것으로 여겨지지만, 용감한 자에게는 진상이 제일 잘 드러나기 때문이다. 이런 까닭에 누군가 무지에 의해 두려운 것을 견딘다면, 예컨대 누군가 광기에 의해 다가오는 벼락을 기다리는 것처럼, 또는 누군가 위험이 얼마나 큰지 알면서도 분노에 의해 견딘다면, 이를테면 켈트족 사람들이 무기를 들고 폭풍 속의 파도를 향해 전진하는 것처럼,[24] 용감한 자가 아니다. 일반적으로 미개인들의 용기는 분노와 함께한다.

한편 어떤 이들은 다른 쾌락들을 위해서도 견딘다. 심지어 분노마저 모종의 쾌락을 가지는데, 그것이 복수할 희망과 함께 하기 때문이다.[25] 그럼에도 불구하고 어떤 이들이 이런 쾌락 내지 다른 쾌락 때문에 또는 더 큰 고통을 피하기 위해 죽음을 견딘다면, 그들 가운데 아무도 정당하게 용감하다고 불릴 수 없다. 왜냐하면 만약 죽는 것이 즐겁다면, 방종한 이들이 자제력의 결여로 인해 종종 죽으려고 할 테니 말이다. 지금도 죽음 자체는 즐겁지 않지만 그것을 야기하는 것들이 즐거운 경우, 많은 이들이

24 『니코마코스 윤리학』 III 7, 1115b28.

25 위의 1229a18~20. 『니코마코스 윤리학』 III 8, 1117a6 이하; 『수사학』 I 11, 1370b30~32; II 2, 1378b1 이하; 플라톤, 『필레보스』 47e8 참조.

자제력 결여로 인해 알면서도 죽음을 맞이하는 것처럼. 설령 이러한 이들이 전적으로 죽을 준비가 되어 있다 하더라도, 그들 가운데 아무도 용감하다고 여겨질 수 없다. 만약 그들이, 많은 이들이 하듯이, 고생을 피하기 위해 죽는다면, 그들 가운데 아무도 용감하지 않다. 아가톤이 말하듯이,

> 죽을 목숨인 인간들 중에서 못난 자들은 고생에 정복되어
> 죽기를 열망한다.[26]

마치 케이론[27]이 불사(不死)의 존재이면서도 상처로 인한 고통 때문에 죽음을 청했다고 시인들이 이야기하는 것처럼.

이와 비슷하게 경험에 의해 위험을 견디는 자들은 용감하지 않다. 아마 거의 대부분의 군인들이 그런 방식으로 견딘다. 사실, 이것은 용기가 앎이라고 생각한 소크라테스[28]의 견해와는 정반대이다. 왜냐하면 돛대 위로 올라갈 줄 아는 선원들은 두려운 것이 무엇인지를 알아서 대담한 것이 아니라, 무서운 상황에 도움이 되는 것을 알기 때문에 대담하니 말이다. 용기를 통해 사람들이 더 대담하게 싸우게 되는 것도 아니다. 그 경우 힘과 부가

26 단편 7 Nauck.
27 헤라클레스의 화살에 맞은 켄타우로스. 이 일화의 출처는 불분명하다.
28 위의 1229a15; 『수사학』 II 5, 1382b25~1383a32 참조.

용기일 테니까. 테오그니스가 표현하듯이,

모든 남자는 가난에 의해 정복되니까.[29]

하지만 분명 어떤 이들은 비겁한데도 불구하고 경험 때문에 견딘다. 그 이유는 그들이 도움이 되는 방도를 알고 있기 때문에[30] 위험에 처했다고 생각하지 않는다는 데 있다. 그 증거는 다음과 같다. 그들이 아무 도움도 받을 수 없다고 생각하는데, 무시무시한 것이 이미 임박한 경우에는 견디지 못할 테니까.

그러한 모든 이유들[31] 가운데 염치 때문에 견디는 이들[32]이 가장 용감한 자로 보인다. 헥토르가 아킬레우스를 상대하는 위험을 감내한다고 호메로스가 말하듯이

헥토르를 염치가 사로잡았다.[33]

〈그리고〉

29 단편 177; 『수사학』 II 5, 1383a34~b3.
30 플라톤, 『라케스』 193a3~9 참조.
31 1230a17: αἰτίων codd. Cf. ἀνδρείων Spengel(비판본).
32 위의 1229a14 이하 참조.
33 우리에게 전해진 호메로스의 글에서는 찾을 수 없다.

폴뤼다마스가 제일 먼저 나를 모욕할 것이다.[34]

이것이 시민적 용기이다.

참된 용기는 이것도 아니고 저것들 가운데 아무것도 아니고, 다만 그것들과 비슷할 뿐이다. 마치 분노로 인해 가격에 맞서 돌진하는 야수들의 용기도 그러하듯 말이다. 용감한 자는 체면을 잃을까[35] 두려워서 [제자리에] 머물러서는 안 되고,[36] 화에 의해서 그래서도 안 되고, 죽게 될 것이라고 생각하지 않거나 자신을 지킬 능력을 가지고 있기 때문에 그래서도 안 된다. 적어도 이 [마지막] 경우에는 아무것도 두려울 게 없다고 여길 테니까.

그러나 모든 덕은 선택과 관련되어 있고, 어떤 의미에서 그러한지는 앞에서[37] 논하였다. 그것은 한 사람으로 하여금 어떤 목적을 위해 모든 것을 선택하도록 만드는데, 그 목적이 아름다움이다. 용기 또한 일종의 덕으로서 무언가를 위해 두려운 것들을 견디게 만든다는 것이 분명하다. 따라서 무지 때문도 아니고—용기가 더 올바르게 판단하도록 만들 테니까—쾌락 때문도

34 『일리아스』 XXII 100.

35 염치는 체면을 잃거나 평판이 나빠지는 것에 대한 두려움과 연관된다. 『니코마코스 윤리학』 IV 15, 1128b12; (플라톤), 『정의』 416a9.

36 자신에게 주어진 직분을 다하는 것, 특히 전쟁 중에 자신이 속한 대열을 이탈하지 않지 않고, 제자리를 지키는 것을 떠올릴 수 있다.

37 위의 1227b5~11; 1227b34; 1228a7.

아니며, 대신 그것이 아름답기 때문에 견딜 것이다. 만약 그것이 아름다운 것이 아니라 미친 짓이라면, 견디지 않을 것이기 때문이다. 그렇게 하면, 추할 테니까.[38]

그러므로 지금의 접근 방식에 따라, 용기가 어떤 대상들과 관련해서 중간이고, 어떤 극단들 사이에 위치하며, 무엇 때문에 있으며, 두려움의 대상이 어떤 특성을 가지는가에[39] 대해 대략 충분히 이야기되었다.

38 용기에 대한 논의에서 아름다움과 추함이 대조되는 경우. 플라톤, 『프로타고라스』 349e4~7; 『라케스』 193d1~4와 비교.

39 위의 1228b4 이하.

1230a

2장

절제

이 다음으로 절제와 방종의 구분을 시도해야 한다.[40] 그런데
'방종한 자(a-kolastos)'는 여러 의미를 가진다. 그것은 아직 교정
되지 않았거나(mê kekolasmnos)[41] 치료되지 않은 자를 의미하니
까.[42] 마치 잘리지 않은 것이 '비절단적이듯이(a-tmêtos)'. 그런데 1230b1
이것들 가운데 일부는 그렇게 되는 것이 가능하고, 일부는 불가
능하다. 절단될 수 없는 것뿐만 아니라 절단될 수 있으나 절단되
지 않은 것도 '비절단적이니까'. '방종' 역시 동일한 방식으로 쓰
인다. 그것이 본성상 교정을 받아들이지 않음과 본성상 교정을
받아들이지만, 잘못이 교정되어 있지 않음을 의미하니까. 후자

40 『니코마코스 윤리학』 III 13~15; 『대윤리학』 I 21; 『수사학』 I 9, 1366b13 이하.
41 단어 'a-kolastos'에서 'a-부정 접두어' 뒤에 오는 'kolastos'를 교정 내지 처벌을 의미하는 'kolasis'와 연결시켰다.
42 플라톤, 『고르기아스』 478a8~b1 참조.

1230b

의 의미에서 방종한 자는 마치 아이들처럼 절제 있는 자가 올바로 행위하는 영역에서 잘못을 범한다.[43] 왜냐하면 아이들이 그런 의미에서 방종하다고 일컬어지니 말이다.

나아가 이와는 다른 의미에서 교정에 의해 치료하기 어렵거나 전혀 치료가 불가능한 이들이 방종하다고 불린다.[44] '방종'이 여러 의미로 쓰이지만, 방종한 자들이 특정한 쾌락과 고통에 관련된다는 점과 이것들과 관련해 어떤 태도를 취하느냐에 따라 그들 사이에서도 차이가 나고, 다른 이들과도 구분된다는 점이 분명하다. 우리는 이전에 어떻게 '방종'을 전이된 의미에서 사용하는지 도식적으로[45] 보여주었다. 무감각으로 인해 그러한 쾌락을 향해 움직이지 않는 성향을 지닌 이들을 어떤 이들은 '무감각한 자들'이라 부르고, 다른 이들은 다른 비슷한 명칭으로 일컬으니까. 하지만 이러한 상태는 그다지 잘 알려져 있지 않고 널리 퍼져 있지 않다. 왜냐하면 모든 이들은 다른 방향으로 더 잘못을 범하며, 모두 그러한 쾌락에 약하며 민감하도록 타고났기 때문이다. 저들은 특히 희극 작가들이 무대에 올리는 촌뜨기들과

43 『니코마코스 윤리학』 III 15, 1119a33~b15; 플라톤, 『국가』 431b9~c1; 『법률』 710a5~8.

44 위의 1214b33~35.

45 Dirlmeier에 따르면, 아리스토텔레스는 II 3, 1221a19~23에 제시된 도표를 가리킨다. 하지만 Décarie가 지적했듯이, 내용상 오히려 바로 앞에 나오는 1230a38~b8의 논의를 지시하는 것으로 여겨진다.

비슷한데, 이들은 적절하고 필수적인 쾌락조차 가까이하지 않는다.

절제 있는 자가 쾌락과 관련되어 규정되므로, 어떤 욕구에도 관련됨이 필연적이다. 이제 어떤 욕구에 관련되는지 파악해야만 한다. 왜냐하면 절제 있는 자는 모든 욕구들과 모든 쾌락들과 관련해서 절제 있는 것이 아니라, 통념에 따르자면, 두 가지 감각적 쾌락, 즉 미각과 촉각에, 실제로는 촉각에 관련되기 때문이다. 절제 있는 자는, 성적인 욕구 없이 시각을 통해 아름다운 대상들에 대해 느끼는 쾌락이나 추한 대상들에 대해 느끼는 고통, 청각을 통해 협화음이나 불협화음에 대해 느끼는 쾌락과 고통, 나아가 후각을 통해 좋고 나쁜 냄새로부터 가지게 되는 쾌락과 고통에 관련되어 규정되는 것이 아니니까. 왜냐하면 아무도 그러한 것들을 겪느냐 마느냐에 따라 방종하다고 불리지 않기 때문이다. 적어도 누군가 아름다운 조각상이나 아름다운 말(馬) 또는 그런 사람을 바라볼 때, 누군가 노래 부르는 것을 들을 때, 먹고 마시거나 [육체적으로] 사랑하기를 바라지 않으면서 아름다운 대상을 바라보고 가수들의 노래를 듣기를 원한다면, 그가 방종하게 보이지는 않을 것이다. 마치 세이렌들에 의해 홀린 이들이 방종한 것이 아닌 것처럼.

절제와 방종은 두 가지 감각 대상에 관련된다. 오직 그것들에 관한 한, 다른 짐승들도 감각 능력을 소유하고, 쾌락과 고통을 느낀다. 즉 미각 대상과 촉각 대상. 다른 감각 대상들과 관련된 1231a1 쾌락에 대해서는 모든 짐승들이 거의 똑같이 무감한 성향을 가진 것으로 드러난다. 예를 들어 좋은 화음과 시각적 아름다움에 관련된 것이 그러하다. 그들은 아름다운 대상들을 보거나 좋은 화음을 들으면서 언급할 만한 가치가 있는 어떤 것도 겪지 않는 것이 명백하다. 우연히 무언가 범상치 않은 일이 생기지 않는 한 말이다.[46] 좋은 냄새나 나쁜 냄새에 대해서도 마찬가지다. 비록 그들이 가진 감각들이 모두 충분히 예민하지만 말이다.[47] 심지어 냄새들 가운데서도 그들이 그 자체로 향유하지 않고, 다른 것에 부수적으로 향유하는 것들에 기뻐한다.[48] 나는 '그 자체로 향유하지 않는 것들'로 '기대나 기억을 통해 즐기는 것들'을 가리킨다. 가령 음식과 음료수가 있다. 다른 쾌락, 즉 먹고 마시는 쾌락 때문에 이것들을 즐기니까. 그 자체로 향유하는 것으로는 가령 꽃의 향기가 있다.[49] 그리하여 스트라토니코스[50]가 운치 있게 '어떤 것들은 아름다운 향기가, 다른 것들은 달콤한 향기가 난다'고 말

46 예를 들어, 오르페우스가 짐승들을 홀린 경우.

47 직역: '더 예민하지만'. 이 자리에서는 이 번역이 적절치 않다. 비교의 대상이 인간이라 할 때, 동물들이 모든 감각에서 인간보다 더 예민한 것이 아니기 때문이다. 『동물 부분론』 660a20; 『영혼론』 421a10 참조.

48 『감각론』 443b16~30; 『니코마코스 윤리학』 III 10, 1118a9~26 참조.

49 『감각론』 443a31 이하 참조.

50 기원전 410년경~360년에 살았던 음악가.

했다.

짐승들은 모든 미각적 쾌락들에 흥분하지 않으며, 혀끝이 아니라 식도로 감각하는 존재들이므로, 그들의 경험은 미각보다는 촉각에 더 가까운 것으로 보인다.[51] 이런 이유로 에뤽시스의 아들인 필로크세노스[52]와 같은 대식가들은 긴 혀를 가지기보다는 황새의 목을 가지길 기원했다. 그러니 간단히 말해, 방종은 촉각의 대상에 관련된다고 간주해야 한다. 마찬가지로 방종한 이도 상응하는 쾌락들에 관련된다. 왜냐하면 과음, 포식, 호색, 미식 등 그와 같은 모든 것들이 위에서 언급된 감각[53]에 관련되고, 방종이 그러한 부분들에 상응하여 나누어지기 때문이다. 시각, 청각 내지 후각에 의해 감각되는 쾌락들에 대해서는 누구도 과잉을 범한다고 해서 방종하다고 불리지 않는다. 대신 우리는 심한 질책 없이[54] 그러한 잘못들, 일반적으로 자제력이 없는 자들이 자제력이 있지 않다는 말을 듣는 것과 관련된 잘못들을 비판한다.[55] 자제력 없는 자들은 방종하지도 않고 절제 있지도 않다.

51 『동물 부분론』 660a21과 『영혼론』 II 10, 422a8에서는 미각을 촉각의 일종으로 묘사한다.

52 고대 희극의 등장 인물.

53 촉각.

54 『니코마코스 윤리학』 III 10, 1118b2; 1119a25; 플라톤, 『국가』 431b1 참조.

55 1231a24~25. 비판본과 달리 ταύτας 다음에서 끊어 읽고, ἀκρατεῖς와 οὐκ를 연결한 Kenny와 Bloch/Leandri의 해석에 따랐다. 다른 해석으로는

그러므로 무감각한 자는—또는 어떻게 불려야 하든—모든 이들이 대부분의 경우 참여하고 기꺼워하기 마련인 쾌락들을 누리는 데 부족한 성향을 지녔다.[56] 반면 방종한 자는 과도한 성향을 지녔다. 사실, 모든 이들이 본성상 그것들을 기꺼워하고 또 그것들에 대한 욕구를 가지지만, [어떤 이들은] 방종하지도 않고 그렇다고 불리지도 않으니 말이다. 왜냐하면 그들은 그것들을 얻었을 때 마땅히 그래야 하는 것보다 더 기뻐하지 않고, 얻지 못했을 때 마땅히 그래야 하는 것보다 더 괴로워하지 않기 때문이다. 그렇다고 무신경한 것도 아니다. 그들에게 기뻐하고 괴로워하는 것이 모자라기보다는 오히려 넘치는 편이니까.

그런데 이러한 것들과 관련해 지나침과 모자람이 있으므로 중용 또한 있으며, 이것이 가장 좋은 성향이고 양쪽에 반대됨이 분명하다. 그래서 방종한 자와 관련된 영역에 대한 가장 좋은 성향이 절제라면, 앞서 언급된 감각적 쾌락들[57]에 대한 중용, 즉 방종과 무감 사이에 있는 중용이 절제다. 하지만 지나침은 방종이다. 한편 모자람은 명칭이 없든지 아니면 이미 거론된 명칭들[58]로 불린다. 쾌락의 종류에 대한 더 정확한 분류는 나중에 자제력 있음

Décarie를 참조하라.

56 위의 1230b13~30과 II 3, 1221a21~23 참조.

57 미각과 촉각.

58 위의 1230b15 참조.

1231b

과 자제력 없음에 대한 논의[59]에서 이루어져야 할 것이다.

59 『니코마코스 윤리학』 VII 6(=『에우데모스 윤리학』 VI 6).

3장

온화

같은 방식으로 온화[60]와 까다로움[61]에 대해 파악해야 한다. 왜냐하면 우리는 온화한 사람이 분노에서 비롯하는 고통에 대해 특정한 성향을 지님으로써 그 고통에 관련된다고 보기 때문이다.[62] 우리는 도표에서[63] 성마르고 까다롭고 조야한 사람—그와

60 『니코마코스 윤리학』 IV 11; 『대윤리학』 I 22; 『수사학』 II 2~3 비교.

61 '까다로움'이라고 번역한 그리스어 'chalepotês'는 '어렵다'를 의미하는 'chalepos'라는 형용사의 명사형이다. 이때, 까다로움은 단순히 기분이 나쁜 상태가 아니라, 너무 예민해서 사소한 자극에도 곧잘 흥분하여 화를 내거나 신경질을 부리는 상태를 뜻한다. 『니코마코스 윤리학』 IV 5의 규정에 따르면, 까다로운 사람들은 "마땅히 화내지 말아야 할 일에 대해, 마땅한 것보다 더 많이, 그리고 더 오랜 시간 화내며, 보복이나 처벌 없이는 화해하는 않는 사람들"이다(1126a26~28).

62 (플라톤), 『정의』 412d6 = 『수사학』 1380a8.

63 2권 3장의 도표를 가리키는 것으로 보이지만, 내용이 완전히 일치하는 것은 아니다.

같은 모든 것들이 동일한 상태에 속하니까—에 노예적이고 화낼 줄 모르는 자를[64] 대비시켰다. 특히, 분노를 일으켜야 하는 경우조차 그러지 못하고, 쉽사리 모욕을 감수하며, 경멸에 굴복하는 사람들이 대개 그렇게 불린다. 우리가 분노라고 부르는 고통을 짧게 겪는 것이 오래 겪는 것에 대립하고, 심하게 겪는 것이 약하게 겪는 것에, 빨리 겪는 것이 천천히 겪는 것에 대립하니 말이다.

다른 경우들에 대해 말한 것처럼 여기서도 지나침과 모자람이 있으므로—까다로운 자는 더 빨리, 더 많이 또 더 오래, 마땅치 않은 때에, 마땅치 않은 대상들에 대해 그리고 많은 것들에 대해서 분노를 겪는 자이며, 노예적인 자는 정반대이다—그 비동등성의 중간[65]에 해당하는 누군가가 있음이 분명하다. 그러므로 저 성향들이 둘 다 잘못된 것이므로, 그것들 사이의 중간 성향이 공

64 Russell의 제안에 따라 aorgêton으로 읽었다. 필사본에는 'anoêton(지각 없는)'으로 전해졌다. 2권 3장의 도표에는 온화함과 관련해서 성마름(orgilotês)과 무신경(anelgêsia)만이 언급된다. 도표에 대한 간략한 설명이 나오는 곳에서는 '까다로움'(cf. chalepos: 1221b13)이 언급된다.

65 1231b20~21: ὁ μέσος τῆς ἀνισότητος. '비동등성(anisotês)'이라는 추상명사를 사용한 특이한 표현이다. '비동등성의 중간'이라는 표현은 중간이 양극단과 동등한 거리에 있지 않은 상태를 가리키는 것으로 보인다. 아리스토텔레스는 중용을 일반적으로 양극단, 즉 지나침과 모자람의 중간으로 규정하지만, 개별적인 경우에 따라 중간이 양극단 가운데 어느 한쪽에 더 대립할 수 있다. II 4, 1222a22~26; 1222a39~1222b4(온화의 예) 참조.

정함이 분명하다. 그것은 너무 일찍 화내거나 너무 늦게 화내지 않고, 화를 내선 안 되는 자들에게 화를 내지 않고, 화를 내야 하는 자들에게 화를 안 내지도 않으니까 말이다. 따라서 이와 같은 감정들과 관련해 가장 좋은 성향이 온화이므로 온화 또한 일종의 중용이며 또 온화한 자는 까다로운 자와 노예적인 자의 중간이다.

4장

후함

궁지와 호탕 그리고 후함[66] 역시 중용이다. 후함은 재산의 획득과 손실에 관련된다. 모든 획득에 있어 마땅히 그래야 하는 것보다 더 기뻐하는 한편, 모든 손실에 있어 마땅히 그래야 하는 것보다 더 괴로워하는 자는 인색한 사람이고, 둘 다 마땅히 그래야 하는 것보다 덜 느끼는 자는 낭비벽이 있는 사람이고, 둘 다 마땅히 그래야 하는 대로 느끼는 자는 후한 사람이니까. '마땅히 그래야 하는 대로'라는 말로 내가 뜻하는 것은 이 경우에도 또 다른 경우에도[67] '올바른 사고가 명령하는 대로'이다.

66 『니코마코스 윤리학』 IV 1~3; 『대윤리학』 I 23~24; 『수사학』 I 9, 1366b7~9; 15~16을 참조.

67 II 3, 1220b27~28; II 5, 1222a6~17, b5~9; III 1, 1229a1~11; VIII 3, 1249a21 참조.

그런데 저것들은[68] 지나침과 모자람에 놓여 있으며, 양극단이 있는 곳에 중간도 있는데, 이것이 가장 좋은 것이고 각종 분야마다[69] 가장 좋은 것은 하나이므로 후함 역시 재산의 획득과 손실에 관련된 낭비와 인색 사이의 중용임이 필연적이다. 그런데 '재산'과 '재산 획득 기술'[70]은 두 가지를 뜻한다. [재산을 사용하는 방식 가운데] 하나는 재산의 자체적 사용, 가령 신발이나 옷의 사용이고, 다른 하나는 재산의 우연적 사용, 물론 누군가 신발을 저울추로 사용하는 경우가 아니라, 가령 매매와 대여 등이다. 왜냐하면 [이 두 경우] 그것을 신발로서 사용하기 때문이다.

그런데 돈을 밝히는 자는 돈벌이에 매진하는 사람이고, [그에게] 돈은 우연적인 사용 대신 소유의 대상이 된다. 인색한 자는 우연적인 재산 획득 방식에서는 낭비적일 수 있는데, 자연적인 재산 획득에서 증식을 추구하기 때문이다. 낭비벽이 있는 자에게는 생필품조차 부족할 수 있지만, 후한 자는 남는 것을 준다.[71]

68 인색함과 낭비벽을 가리킨다.

69 삶에는 여러 '종류'의 영역 내지 분야가 있고, 각 분야마다 가장 좋은 것이 하나라고 해석했다. Décarie, p. 164, note 54 참조.

70 아리스토텔레스는 『정치학』 1권 9장에서 '재산 획득 기술(chrêmatstikê)'을 네 가지로 분류한다: ① 자연, 즉 동물과 식물로부터 직접 획득; ② 생필품의 물물 교환; ③ 돈이 교환에 도입됨; ④ 이익을 극대화하기 위한 상업(kapêlikê). 아리스토텔레스는 특히 ④가 '자연적인' 재산 획득 기술이 아님을 지적한다.

71 인색한 사람은 돈을 아끼는 사람으로 여겨진다. 하지만 그는 가치가 하락할

1232a

이것들 자체의 [하위] 종들이 해당 분야에 관련된 지나침과 모자람에 따라 나뉜다. 가령 인색한 자는 구두쇠와 좀생이와 모리배로 나뉜다. 구두쇠는 돈을 놓지 못한다는 점에서 인색한 자이고, 모리배는 무엇이든 받아 챙기려고 한다는 점에서 인색한 자이며, 좀생이는 적은 액수에 몹시 긴장하는 자이다. 인색함에 의거하여 불의를 범하는 자는 사기꾼과 도둑이다. 낭비벽이 있는 자에게도 이와 유사한 하위 종이 있다. 아무 통제 없이 돈을 쓰는 자는 헤픈 사람이고, 계산하는 수고를 참지 못하는 자는 방만한 사람이다.

수 있는 돈의 축적보다는 실물(특히, 생필품) 재산의 증식을 추구한다는 점에서 돈을 밝히는 사람과 구별된다. 따라서 인색한 사람은 생필품 구입을 위해 돈을 '낭비할' 수 있다. 돈으로 생필품을 사는 것은 돈의 우연적인 사용, 나아가 우연적인 재산 획득으로 간주된다. 그러므로 인색한 자는 우연적인 재산 획득 방식에서 '낭비적일' 수 있다. 하지만 그는 생필품을 챙긴다는 점에서 낭비벽이 있는 사람과는 다르다. 왜냐하면 낭비벽이 있는 사람은 생필품조차 부족할 정도로 지출하기 때문이다. 이에 반해, 후한 사람은 생필품을 충분히 가지고 있으면서 잉여분을 지출한다.

5장

긍지

긍지(矜持)[72]에 대해서는 긍지 있는 자들에게 귀속되는 특성들로부터 고유성을 규정해야만 한다. 다른 것들도 어느 정도까지는 서로 이웃하고 비슷해서 멀리서 지나가면 〈분간되지〉[73] 않듯이 긍지의 경우에도 같은 일이 일어나니 말이다. 그리하여 때로는 반대되는 성격을 지닌 자들이 같은 것[74]을 두고 제 것이라 주장한다. 예컨대 낭비하는 사람과 후한 사람, 오만한 사람과 위엄 있는 사람, 무모한 사람과 용감한 사람을 보라. 이들은 같은 영역에 관여하며 어느 정도까지는 서로 이웃하고 있으니 말이다. 가령 용감한 자처럼 무모한 자도 위험을 견디는데, 다만 그 방식

72 『니코마코스 윤리학』 4권 7~9장은 긍지 있는 사람의 심리와 행동 방식에 대한 자세하고 구체적인 묘사를 제공한다.

73 1232a22: ⟨διαφέροντα⟩ supp. Rackham.

74 중용에 해당하는 특성을 가리키는 것으로 보인다.

에 있어 차이가 난다. 그런데 그것이 큰 차이를 만든다.

한편, 우리는 긍지 있는 사람이 그 명칭에 맞게 영혼의 어떤 위대함[75]과 힘[76]을 지니고 있다고 주장한다. 그래서 긍지 있는 사람은 위엄 있는 사람과 호탕한 사람과 비슷해 보인다. †왜냐하면†[77] [긍지는] 모든 덕을 수반하는 것으로 보이기 때문이다. 크고 작은 좋음들을 올바르게 판단하는 것은 칭찬받을 일이니까. 그런데 그러한 쾌락들에 관련하여 가장 좋은 성향을 가진 자가 추구하는 좋음이야말로 크다고 여겨진다. 그런데 긍지가 [그 점에서] 가장 좋은 성향이다. 각 영역에 관련된 덕은 더 큰 것과 더 작은 것을 올바르게, 즉 현자와 그 덕[78]이 명령할 법한 대로 판단한다. 그리하여 모든 덕들이 그것을 따르거나 그것이 모든 덕들을 따르게 된다.[79]

나아가 긍지 있는 사람에게는 경시하는 특성이 있는 것으로 보인다. 개별적인 덕은 사람들로 하여금 이성에 어긋나게 큰 것들을 경시하게끔 만든다. 가령 용기는 그러한 위험을—용감한 사람은 추한 것들 가운데 〈아무것도〉 크지 않으며, 다수(多數)라

75 그리스어 'megalopsychia'는 직역하면 '영혼(psychê)이 큼(megalos)'이다.

76 1232a29~30 : δυνάμει Γ.

77 1232a31: ὅτι Susemihl, Solomon, Rackham.

78 Décarie와 함께 '긍지'를 받는 것으로 본다. Dirlmeier는 '슬기'를 지시하는 것으로 간주한다.

79 『니코마코스 윤리학』 IV 3, 1124a1~4.

고 모두 두려운 것은 아니라고 생각하니까—경시하게 만든다. 또한 절제 있는 사람은 크고 많은 쾌락을, 그리고 후한 자는 그러한 재물을 경시한다. 이 특성이 긍지 있는 사람에게 있는 것으로 여겨지는 이유는 그가 적은 일들에 그것도 큰 일들에 열중하기 때문이다. 그것들이 다른 어떤 이에게 [대단하게] 여겨지기 때문에 그가 그러는 것은 아니다. 오히려 긍지 있는 사나이는 임의의 대중보다는 한 명의 군자(君子)[80]가 어떻게 생각할지에 마음 쓸 것이다. 마치 안티폰이 유죄선고를 받은 후 자신의 변론을 칭찬한 아가톤에게 말한 것처럼 말이다.[81] 그리고 경멸은 긍지 있는 사람에게 가장 고유한 감정으로 보인다. 다시금 명예와 생명과 부와 같이 인간들이 열성을 바치는 것으로 보이는 대상들과 관련해서, 긍지 있는 사람은 명예 이외에 다른 모든 것에 대해서는 전혀 마음 쓰지 않는 것으로 보인다. 그는 불명예에 처하거나 자격 없는 자에게 지배당하면 괴로워할 것이다. 그리고 명예를 얻으면 제일 기뻐한다.

그러므로 그는 그런 식으로 모순적인 상태에 있다고 생각될

80 '군자(君子)'로 옮긴 그리스어 'spoudaios'는 원래 신분상의 귀족을 가리키는 용어였으나, 고대 그리스 윤리학의 발전과 더불어 인품이 고귀한 사람, 다시 말해 사람됨이 훌륭한 유덕자를 뜻하게 되었다.

81 기원전 411년 400인 반란의 주도자로 고소되었을 때 한 변론. 투퀴디데스, 『펠로폰네소스 전쟁사』 VIII 68, 2 참조.

수 있다. 왜냐하면 명예를 가장 중요하게 여긴다는 것과 대중의 평판[82]을 경시한다는 것은 합치하지 않기 때문이다. 그러나 다음과 같이 구분해서 말해야 할 것이다. 명예는 두 가지 의미에서 크기도 하고 작기도 하니 말이다. 왜냐하면 그것은 임의의 대중에 의해 주어지거나 아니면 고려할 가치가 있는 이들에 의해 주어지기 때문이다. 그리고 다시금 무엇에 명예가 주어지느냐에 따라 [명예의 크기가] 다르다. 왜냐하면 명예는 단지 명예를 주는 이들의 수나 질에 있어서만 큰 것이 아니라, 그것이 명예롭다는 사실에 의해서도 크기 때문이다. 진실로 관직과 그 밖에 좋은 것들 가운데 명예롭고 열성을 바칠 가치가 있는 것들이 참으로 크다. 그래서 큼[83]이 없이는 아무런 덕도 없게 된다. 이런 까닭에, 이미 말한 것처럼,[84] 각각의 덕이 제 영역에서 사람들을 긍지 있는 자로 만드는 것으로 보인다.

그럼에도 불구하고 긍지는 다른 덕들 곁에 어떤 하나의 덕으로 존재하며, 따라서 그 덕을 지닌 사람을 고유한 의미에서 긍지 있는 자라고 불러야 한다. 좋은 것들 가운데 몇몇은 명예로우며—앞서 그렇게 구분된 것처럼[85]—그런 종류의 좋은 것들 가

82 Décarie, Dirlmeier, Rackham은 '대중과 평판'이라고 읽었다.
83 여기에서 '큼'은 '위대함'을 뜻한다. 긍지는 영혼의 위대함이라고 할 수 있다.
84 위의 1232a39~1232b1 참조.
85 위의 1232b10~23 참조.

운데 일부는 참으로 크지만 일부는 작다. 그리고 어떤 이들은 큰 선(善, 좋은 것)을 가질 가치가 있고, 스스로 그럴 가치가 있다고 평가하므로, 이러한 이들 가운데에서 긍지 있는 자를 찾아야 할 것이다.

다음의 네 가지 경우를 반드시 구분해야 한다. 누군가 큰 선에 합당한 가치가 있고 자신이 그만한 가치가 있다고 믿지만, 다른 이는 작은 선에 합당한 가치가 있고 스스로를 그러한 선에 합당한 가치가 있다고 믿는다. 반대로 두 경우에 상반하는 경우들이 있다. 어떤 이는 작은 선에 합당한 가치를 지니지만 스스로 큰 선, 즉 명예로운 선을 가질 가치가 있다고 생각하고, 다른 이는 큰 선을 가질 자격이 있지만, 스스로를 작은 선에 합당하다고 평가하니까.

작은 선에 합당한 가치를 지니고서 스스로를 큰 선에 합당하다고 평가하는 자는 비난의 대상이다. 그는 어리석기 때문이다. 그리고 가치에 부합하지 않는 것을[86] 얻는 것은 아름답지 않다. 자신에게 주어진 것들을 가질 가치가 있으면서도 스스로를 그러한 것들을 나누어 가질 가치가 없다고 생각하는 자도 비난받아야 한다. 여기에 그러한 사람 둘 다에 반대되는 사람, 즉 큰 선에 합당한 가치를 가지면서 스스로를 그만한 가치가 있다고 생각하

86 달리 말해, 분수에 맞지 않게.

는 사람만이 남는데, 그는 자기 평가에 상응하는 자질을 갖춘 사람이다. 이 사람이야말로 칭찬받을 만하며, 양자의 중간이다.

그러므로 긍지는 명예와 다른 명예로운 선들의 선택과 사용에 관련된 [영혼의] 가장 좋은 상태이며—우리는 유용한 것들에 관련된 것이 아니라, 그러한 [명예로운 것]에 관련된 것을 긍지 있는 사람에게 귀속시킨다[87]—동시에 중용 자체가 가장 칭찬받을 대상이기에 긍지 또한 중용임이 분명하다.[88] 이미 우리가 도표에서 보여주었듯이,[89] 상반되는 상태들 가운데에서, 하나는 누군가 스스로를 큰 선에 합당하다고 여기지만 실제로 그만한 가치가 없는 경우로서 허영에 해당하고—우리는 스스로 큰 선들에 합당한 가치를 가지고 있다고 여기나, 실제로 그렇지 않은 이들을 허영에 빠져 있다고 말한다—, 다른 하나는 스스로를 큰 선에 합당하지 않다고 여기지만 실제로 그만한 가치가 있는 경우로, 소심함에 해당하므로—자신에게 속한다고 정당하게 주장할 수 있는 것들이 있는데도 그 어떠한 큰 것도 자신에게는 합당하지 않다고 생각하는 자는 소심한 자의 속성으로 보인다—, 긍지는 허영

87 긍지 있는 사람은 유용한 것보다는 아름답되 무익한 것(ta kala kai akarpa)을 소유하려고 하는데, 이것이 자족적인 사람의 고유한 특성이다. 『니코마코스 윤리학』 IV 3, 1125a33~4.

88 Fritzsche, Rackham, Décarie, Dirlmeier와 함께 마침표를 1233a9행의 εἴη 다음에 찍었다.

89 II 3, 1221a10; 31 이하 또는 1232b30~33a4.

과 소심함 사이의 중용임이 필연적이다.

이러한 구분에서[90] 네 번째 오는 사람은 전혀 비난의 대상도 아니고, 그렇다고 긍지 있는 사람도 아니다. 어떤 큼과도 상관이 없으니 말이다. 왜냐하면 그는 큰 선을 가질 가치도 없고, 그럴 가치가 있다고 주장하지도 않기 때문이다. 따라서 그는 긍지 있는 사람의 반대가 아니다. 물론 [누군가가] 큰 선에 합당한 가치를 지니고 있고 또 스스로 그만한 가치가 있다고 주장하는 것이 작은 선에 합당한 가치를 지니며 스스로 그만큼 가치가 있다고 주장하는 것에 반대되는 것으로 보일 수는 있다. 하지만 그는 비난의 대상이 아니기 때문에—그는 이성이 명령하는 대로 처신하니까—긍지 있는 자의 반대가 아니다. 그는 본성에 있어서는 긍지 있는 자와 같다. 둘 다 스스로에게 합당한 가치를 주장하니까. 그리고 그는 긍지 있는 자가 될 수 있다. 그에게 합당한 가치를 주장할 테니까.

그러나 스스로 자신에게 주어진 큰 명예로운 선을 가질 자격이 없다고 여기는 소심한 자가 만약 작은 선에 합당한 가치만 지닌다면, 어떻게 하겠는가? 스스로 큰 선을 가질 자격이 있다고 주장하며 허영에 빠지거나, 더 작은 선들에 합당한 가치를 지녔

90 바로 위에서 허영에 빠진 자, 소심한 자, 긍지 있는 자가 구분되었다. 1232b31 참조.

1233a

다고 여길 것이다

그러므로 누군가 외국인 거주자[91]로서 스스로를 통치하기에 부적절하다고 여기며 통치자에게 순종한다면, 아무도 그를 소심하다고 부를 수 없다. 그러나 만약 누군가 좋은 혈통을 타고났고 통치하는 것이 위대하다고 생각한다면, [그런데도 스스로를 통치할 만한 자격이 없다고 생각한다면, 소심한 사람으로 불릴 것이다].

91 시민권을 가지고 있지 않은 외국인 거주자로 참정권이 없었지만, 납세와 병역의 의무는 지고 있었다. 스타게이라 출신 아리스토텔레스 역시 아테네에서는 외국인 거주자였기 때문에 정치에 참여할 수 없었고, 그가 세운 학원인 뤼케이온 또한 공식적으로 소유할 수 없었다.

6장

호탕

1233a31 호탕한 사람[92] 또한 임의의 행위나 선택과 관련되는 것이 아니라, 그 명칭을 비유적인 의미로 사용하지 않는 한, 지출과 관련된다. 지출이 없으면 호탕함이 없다. 그것은 장식(裝飾)에 있어 적합성이고,[93] 장식은 임의의 지출로부터 생기는 것이 아니라 필요를 뛰어넘는 데 있으니까. 그러므로 호탕한 사람은 대규모

92 『니코마코스 윤리학』 IV 4~6; 『대윤리학』 I 26 비교.

93 호탕함이 '장식(kosmos)'과 관련된다는 주장은 『니코마코스 윤리학』과 『대윤리학』에서는 찾아볼 수 없다. 다만, 『니코마코스 윤리학』 4권 2장에 호탕한 자가 자신의 부에 걸맞은 집을 짓는 것으로 묘사될 때 "집 또한 일종의 장식이다"(1123a7)라는 구절이 아무 설명 없이 나온다. 같은 장에서 호탕함이 다른 덕들과 공히 '아름다움'(1122b6)을 위한 것이라고 기술된 것을 고려해 볼 때, 장식이 아름다움과 내용상 연관되어 있음을 짐작할 수 있다. 『에우데모스 윤리학』에서 아리스토텔레스는 호탕함이 필요를 넘어선 지출과 관련됨에 주목하여 그것을 장식에 있어서 적합성 내지 장식미로 간주한 것으로 보인다.

지출에서 적절한 크기를 선택할 수 있고, 그에 상응하는 중용, 즉 그에 상응하는 쾌락을 욕망할 수 있는 자이다. 한편, 과도하게 그리고 운치 없이 지출하는 자에게는 이름이 없다. 사실상 그는 몰취미한 이들이나 뻐기는 이들과 어느 정도 가깝다. 예를 들어, 어떤 부자가 아끼는 사람의 결혼식을 위해 지출하면서 술을 꺼리는 사람들[94]을 대섭하는 것과 같은 상차림이 자신에게 적절하다고 여긴다면 좀스럽고, 그렇게 [조촐하게] 대접해야 할 손님들을 저렇게[95] 대하는 사람은 명성이나 관직을 얻기 위해 그렇게 하는 것이 아니라면 뻐기는 자와 비슷하다. 그러나 가치에 따라 그리고 사고가 명령하는 대로 하는 사람이 호탕하다. 적절함은 가치에 따르는 것이니까.[96] 가치에 어긋나는 것들 가운데 아무것도 적절치 않으니 말이다.

†그런데 〈각자에게〉 적절해야 한다. 왜냐하면 행위자의 가치에 따라 적절해야 하고†[97] 누구에 관계하는지에 따라 그리고 무

94 '술을 꺼리는 사람들'로 번역한 그리스어 'agathodaimonistai'의 정확한 의미는 알려져 있지 않다. Rackham(p. 348)에 따르면, 만찬을 끝내면서 권하는 축배만 마시는 '금욕적인 사람들(abstainers)'을 가리킨다.

95 결혼식에 초청된 손님을 대하듯이. 『니코마코스 윤리학』 IV 2, 1123a20~22 참조.

96 『니코마코스 윤리학』 V 3, 1131a24 참조.

97 텍스트가 심하게 훼손되어 있다. 비판본과 달리 Décarie와 Rackham과 다음과 같이 읽었다: δεῖ δὲ πρέπον 〈περὶ ἕκαστον〉 εἶναι καὶ γὰρ τοῦ πράττοντος κατ' ἀξίαν καὶ περὶ ὅν(1233b8~9).

슨 일에 관여하는지에 따라 적절해야 하며,—예를 들어, 노예의 결혼에 있어 적절함은 사랑받는 이의 결혼에 있어 적절함과 다르다—그 자신에게도, 그만큼의 양이나 그와 같은 질이 자신에게 알맞다면, 적절해야 하기 때문이다. 예를 들어, 테미스토클레스[98]가 올림픽 제전에 보낸 사절은 그의 이전 신분이 미천했기 때문에 그에게 적절치 않지만, 키몬에게는 적절하다고 여겨졌다. 가치에 대해 되는 대로 반응하는 성향을 지니는 이는 그러한 사람들에 속하지 않는다. 후함의 경우도 마찬가지이다.어떤 사람은 후하지도 인색하지도 않으니 말이다.

98 플루타르코스, 『테미스토클레스의 생애』 5 참조.

7장

칭찬과 비난의 대상이 되는 감정들

대략적으로 말해 성격과 관련해서 칭찬이나 비난의 대상이 되는 다른 것들 역시 일부는 지나침이고 일부는 모자람이며 일부는 중용인데, 제각기 감정의 측면에서 그러하다.[99] 그 예로 시기하는 자와 심술쟁이를 들 수 있다. 왜냐하면 그들은 자신의 성향에 따른 명칭으로 불리는데, 시기심은 가치에 따라[100] 잘 지내는

99 감정(pathê)에 있어서도 지나침과 모자람 그리고 중용이 있다. 감정 차원의 중용은 선택(prohairesis)을 전제하지 않는다는 점에서 성향(hexis)의 중용과 다르다. 감정적인 중용에 선택이 지속적으로 결부될 때, 성향 차원의 중용, 즉 덕이 성립한다. 『니코마코스 윤리학』 II 7, 11~15; IV 12~15; VI 13, 1144b1~1145a2; 『대윤리학』 I 27~32; I 34, 1197b36~1198a9 비교. 아리스토텔레스는 앞에서 감정을 '분노, 공포, 염치, 욕망과 같은 것들, 일반적으로 말해 그 자체로 대부분의 경우 감각적 쾌락과 고통을 수반하는 경험'으로 규정했다. 위의 II 2, 1220b12~14; 『니코마코스 윤리학』 II 5, 1105b21~23; 『수사학』 1378a19~22; 『대윤리학』 I 7, 1186a12~14 참조.

100 '가치에 따라(kat'axian)'는 행위자의 가치 내지 자격에 부합한다는 의미에

이들에 대해 괴로움을 느끼는 것이고, 심술쟁이의 감정은 그 자체로는 이름이 없지만 그것의 소유자는 가치에 어긋나게 잘 못 지내는 것에 기뻐함으로써[101] 드러나기 때문이다. 이들 사이의 중간이 의분이 있는 사람이며, 옛사람들이 '의분(nemesis)'이라 칭한 것은 가치에 어긋나는 잘 못 지냄과 잘 지냄을 괴로워하고, 가치에 따르는 것을 기뻐하는 것이다. 그래서 그들은 의분을 하나의 신(神)이라 여겼다.

염치는 몰염치와 쩔쩔맴 사이의 중간 상태이다. 아무 평판에도 신경 쓰지 않는 이는 몰염치한 사람이고, 온갖 평판에 똑같이 마음 쓰는 이는 쩔쩔매는 사람이지만, 공정하게 보이는 이들의 평판에 신경 쓰는 이는 염치 있는 사람이다.

친애[102]는 증오와 아첨 사이의 중용이다. 손쉽게 모든 것을 동료들의 욕구에 맞추는 자는 아첨꾼이고, 모든 욕구에 거스르는 이는 증오하는 자이며, 모든 쾌락에 따르지도 반대하지도 않으

서 합당한 방식을 가리킨다. 이와 대조적으로, '가치에 어긋나게(para tên axian)'는 행위자의 가치 내지 자격에 부합하지 않는다는 의미에서 부당한 방식을 가리킨다.

101 '심술쟁이'로 옮긴 그리스어 'epichairekakos'는 남이 부당하게 잘 못 지내는 것을 보고(epi) 기뻐하는(chairein) 자라는 뜻을 담고 있다. 잘 못 지내는 것(kakopragia)은 잘 지내는 것(eupragia)의 반대말로 잘 살지 못하는 것, 즉 불행(kakodaimonia)을 뜻한다.

102 여기서 '친애'는 친절하고 정겨운 태도에 포함된 감정으로 도입되었다. 친애에 관한 자세한 논의는 아래 7권을 참조하라.

면서, 다만 가장 좋아 보이는 것을 지향하는 자가 친애를 지닌 사람이다.

위엄은 오만과 굴종 사이의 중용이다. 타인을 전혀 고려하지 않고 경시하는 마음으로[103] 사는 자는 오만하고, 모든 것에서 남을 고려하고 모든 사람보다 자신을 작게 만드는 이는 굴종적이지만, 어떤 것에서는 남을 고려하고 다른 것에서는 그렇게 하지 않는데, 가치 있는 사람들을 고려하면서 그렇게 하는 성향을 가진 이는 위엄 있다.

진실하고 담백한 사람은—사람들이 '진국'[104]이라 부른다—자
기 비하하는 자[105]와 허풍 떠는 자의 중간이다. 왜냐하면 자신에 1234a1
대해 모르지 않는데도[106] 더 나쁘게 묘사하며 거짓말하는 자는 자기 비하하는 사람이고, 더 좋게 묘사하며 거짓말하는 자는 허풍 떠는 사람이지만, 자신에 대해 있는 대로 말하는 자는 진실하고, 호메로스에 따라 말하자면 분별 있는[107] 사람이기 때문이다.

103 『수사학』 II 11, 1388b22~28에서 'kataphronêsis'는 감정으로 분류된다.

104 1233b39: authekaston. 직역하면, '그 사람 자체'. 자기 평가에 있어 정직한 사람을 가리킨다.

105 소크라테스의 자기 비하('아이러니')가 유명하다. 플라톤, 『국가』 337a. '자기 비하'에 대한 부정적 시각은 테오프라스토스의 『성격론』 1장 참조.

106 알면서 일부러.

107 그리스어 'pepnymenos'는 원래 숨 내지 목숨을 가지고 있음을 뜻하지만, 비유적으로 현명함과 분별 있음을 뜻한다. 호메로스의 『오뒷세이아』 3권에서 아테네 여신은 네스토르를 "매우 분별 있는 사람"(20), 텔레마코스를

일반적으로 어떤 이들은 참을 사랑하지만, 다른 이들은 거짓을 사랑한다.

재치 있음 또한 중용이고, 재치 있는 사람은 조야하고 꽉 막힌 사람과 알랑쇠[108]의 중간이다. 마치 음식과 관련해서 입맛이 까다로운 사람이 아무것이나 먹는 사람과 다르듯이—전자는 아무것도 안 받거나 적게 또 어렵게 받아들이는 데 반해, 후자는 모든 것을 쉽사리 받아들인다는 점에서—, 조야한 자도 저속한 알랑쇠와 다르다. 왜냐하면 전자는 어떤 농담도 어려움 없이는 접수하지 못하고, 후자는 모든 것을 손쉽게 또 기꺼이 받아들이기 때문이다. 어느 쪽도 합당치 않다. 어떤 것은 받아들이되 어떤 것은 받아들이지 말아야 하는데, 사고에 따라 그래야 한다. 그런 사람이 재치 있는 자이다. 이에 대한 논증은 [다른 경우들에 대한 논증과] 같다. 그런 종류의 재치는 비유적인 의미로 사용되지 않는 이상[109] 가장 공정한 성향이다. 그리고 중용은 칭찬의 대상이고 극단은 비난의 대상이다. 그런데 재치에는 두 가지가 있다. 하나는 농담을 즐기는 데 있고—자신에 대한 농담도 그것이

"분별 있는 사람"이라고 부른다.

108 '알랑쇠'로 옮긴 그리스어 'bômolochos'는 제단 주위에 숨어 제물을 훔치거나, 뭔가를 먹기 위해 어떤 더러운 일도 할 준비가 되어 있는 사람, 즉 뭔가를 얻기 위해 수단 방법을 가리지 않는 사람을 가리킨다.

109 잘못 사용되는 경우는 『니코마코스 윤리학』 IV 8, 1128a14~15에 발견된다: "사람들은 알랑쇠마저 즐겁다고 생각해서 '재치 있는 자'라 부른다."

농담인 한 즐기는데, 그중 하나가 조롱이다—, 다른 하나는 그러한 것들을 제공할 수 있는 데 있다. 이 두 가지가 서로 다르지만 둘 다 분명 중용이다. 왜냐하면 판단력이 좋은 사람이 즐거워하는 농담을 제공할 수 있는 사람은, 심지어 자신에 대해 농담을 하더라도, 저속한 자와 썰렁한 자의 중간에 있게 되기 때문이다. 농담이 조롱받는 자에게, 그가 어떤 자든 간에, 고통스러우면 안 된다는 것보다는 오히려 중용을 지닌 자의 마음에 들어야 한다는 것이 더 나은 규정이다. 왜냐하면 후자가 판단을 잘 하기 때문이다.

그런데 이 모든 중용들은 칭찬받을 만하지만 덕은 아니고, 그 반대도 악덕이 아니다. 왜냐하면 그것들은 선택 없이 존재하기 때문이다. 그것들 모두는 감정의 부류에 속한다.[110] 그것들 각각이 어떤 감정이니 말이다. 그런데 그러한 감정들은 자연적이기 때문에 자연적 덕들에 이바지한다. 나중에 논의되겠지만,[111] 각각의 덕은 어떤 의미에서 자연적으로 그리고 다른 방식으로, 즉 슬기와 함께 생긴다. 그러니까 시기는 불의에 이바지하고—시기에서 나온 행동들은 타인과 관련되니까—, 의분은 정의에, 염치는 절제에 이바지한다. 이런 연유로 많은 이들이 절제를 같은 유

110 II 3, 1220b36~21a13; II 4, 1221b34~5 참조.

111 『에우데모스 윤리학』 V=『니코마코스 윤리학』 VI 13, 1441b1~17.

에 속하는 것으로 정의한다. 참된 자와 거짓된 자는 각기 슬기로운 자와 어리석은 자가 될 수 있다.[112]

1234b1 그런데 양극단이 서로 반대되는 것보다 중간이 양극단에 더 반대된다. 중간은 양극단 중 어느 쪽과도 함께 생기지 않지만, 양극단은 자주 서로 함께 생기니 말이다. 그리고 어떤 때에는 같은 사람들이 무모하면서도 비겁하고, 어떤 것들에 있어서는 낭비적이지만 다른 것들에 있어서는 인색하며, 일반적으로 나쁜 방식으로 불규칙적이다. 만약 사람들이 아름다운 방식으로 불규칙적이라면, 중간에 이르게 될 것이다. 그 중간 안에 양극단이 어떤 방식으로 들어 있으니까.[113]

극단과 중간 사이의 반대 관계가 양극단의 경우에 똑같이 성립하는 것이 아니라, 때로는 지나침의 측면에서 다른 하나는 모자람의 측면에서 반대가 성립하는 것으로 생각된다. 그 이유로는 [우선] 일전에 언급한 두 가지가 있다.[114] 즉 한쪽 극단이 드

112 참됨과 거짓됨은 각각 슬기와 어리석음에 이바지한다. 아래 VII 2, 1236a5 이하 참조.

113 중용을 이루는 '중간'은 양극단 사이의 산술적인 평균값이 아니라, 주체와 대상과 상황에 따라 변동되는 '불규칙적인(anômalos)' 균형점이라고 볼 수 있다. 가령, 후한 사람은 주어진 상황에 맞게 돈을 지출하기 때문에 때로는 인색하게 보일 수도 있고, 때로는 낭비적으로 보일 수도 있다. 이런 측면에서 후함은 인색과 낭비가 불규칙하게 섞여 있는 것으로 보인다. 사실, 후한 자는 상황을 무시하는 기계적인 규칙성을 고수하지 않고, 주어진 상황에 가장 적합한, 그런 의미에서 아름다운 불규칙성을 추구한다.

물다는 것, 가령 쾌락에 무감각한 사람은 드물다는 것과 우리가 더 쉽게 범하는 잘못이 중간에 더 반대되는 것으로 보인다는 것이다. 셋째 이유는 더 닮은 것이 덜 반대되는 것으로 나타난다는 것이다. 예컨대 무모함이 [비겁함보다는] 용기와 더 닮았고,[115] 낭비벽이 [인색함보다는] 후함과 더 닮았다.

그러므로 칭찬받을 만한 덕들에 대해서는 대략 이야기가 되었으니, 이제 정의(正義)에 대해 논의되어야 할 것이다.[116]

114 II 5, 1222a22~b4.

115 위의 1232a24~25와 『니코마코스 윤리학』 II 8, 1108b31~32 비교.

116 4권의 주제가 정의임을 명시하고 있다. 논의의 순서는 II 10, 1227a2~3에 예고되었다. 이후에 오는 4권에서 6권은 『니코마코스 윤리학』 5권에서 7권까지 동일하다. 이 책에는 이른바 '공유서' 세 권이 포함되어 있지 않다. 공유서가 원래 어느 책에 속해 있었는지에 대해 논란이 많다. 『에우데모스 윤리학』에 속한다는 주장에 관해서는 Kenny(1978); Jost(2014); Schofield(2002); Zanatta(2012) 참조. 이 주장에 대한 비판적 입장으로 Frede(2019) 참조.

7권

"외투를 고르듯이 친구를 골라서는 안 된다.
… 만약 더 나쁜 외투를 오래 사용했고
더 나은 것을 아직 입지 않았다면
더 나은 것을 택해야 하지만,
오랜 친구 대신에 더 나은 사람인지
모르는 사람을 택해서는 안 된다.
친구는 시험 없이 단 하루 만에 생기지 않고
세월을 필요로 한다."

1234b

1장

친애의 본성

친애[1]에 대해 그것이 무엇이고 어떠한지, 그리고 친구는 누구인지, 그리고 '친애'가 한 가지 의미로 쓰이는지 아니면 여러 의미로 쓰이는지, 그리고 만약 여러 의미로 쓰인다면, 얼마나 많은 의미로 쓰이는지, 나아가 어떻게 친구를 대해야 하는지, 그리고 무엇이 친애에 있어서 정의(正義)[2]인지에 대해, 성격의 영역에서 아름답고 택할 만한 가치가 있는 것들에[3] 못지않게 탐구해야 한

1 '친애'로 옮긴 그리스어 'philia'는 좁은 의미로는 친구 간의 '우정'을, 넓게는 친족 간의 아끼는 마음과 정을 포괄하는 개념이다. 이에 대한 유용한 연구로 Fraisse(1974), pp. 193~202를 참조하라. 아리스토텔레스의 친애론과 플라톤의 『뤼시스』에 전개된 친애론의 관계에 대해서는 Jäger(1923), pp. 254~257을 참조하라.

2 to dikaion to philikon: 친애에 관련된 정당함.

3 성격적 덕들. 앞의 III 7, 1233b17; VI 1, 1145a16과 비교하라. 『니코마코스 윤리학』 VIII 1, 1155a2에서는 친애가 덕이 아니라면, 적어도 덕과 함께 한다고 적혀 있다.

다. 왜냐하면 사람들은 정치술의 기능이 무엇보다도 친애를 산출하는 것이라고 생각할 뿐만 아니라, 덕 또한 그로 인해 유용하다고 말하기 때문이다.[4] 서로 불의를 범하는 사람들끼리는 친구가 될 수 없으니 말이다.

나아가 우리 모두는 정의와 불의가 특히 친구들을 상대로 일어난다고 주장한다. 또한 같은 사람이 좋은 사람이자 친구이며,[5] 친애는 일종의 성격적 성향[6]으로 보인다. 그리고 만약 누군가 사람들이 불의를 범하지 않도록 만들기를 원한다면, 그들을 친구로 만드는 것으로 충분하다. 진정한 친구들은 불의를 범하지 않으니까. 물론, 사람들이 정의롭다면, 불의를 범하지 않을 것이다. 그러므로 정의와 친애는 같은 것이거나 어떤 가까운 것이다.

게다가 우리는 친구가 가장 큰 좋음들 가운데 하나이고, 친구 없음과 외로움이 매우 끔찍하다고 가정한다. 왜냐하면 우리는 친구들과 함께 삶 전체를 보내고 자발적인 회합을 가지기 때문이다. 식구들과 함께 또는 친지들과 함께 또는 동료들이나 자식들 또는 부모님이나 부인과 함께 나날을 보내니 말이다. 그리고 친

4 『정치학』 III 9, 특히 1280b33~39 참조.

5 좋은 사람이야말로 친구이다. 좋음과 친함이 일치함을 일컫는다.

6 여기서 친애는 '성격적 성향(hexis)'으로 규정된다. 아리스토텔레스는 안정적이고 장기적인 성향을 'hexis'라 칭하고 불안정한 단기적인 상태 즉, 'diathesis'로부터 구분한다. 『형이상학』 Δ 20, 1022b4~14; 『범주론』 8 b26~28 참조.

1235a

구들에 대한 사적인 정의는 오직 우리에게 달려 있지만, 다른 이들에 대한 정의는 법에 의해 규제되며, 우리에게 달려 있지 않다.

친애에 대해 많은 문제들이 제기된다. 우선, 주제를 포괄적으로 취급하고 용어를 확장된 의미에서 사용하는 이들이 제기하는 문제들이 있다. 사실 어떤 이들은 닮은 것이 닮은 것에 친하다고 여긴다. 그래서 다음과 같은 말이 있다.

> 신은 늘 닮은 것을 닮은 것으로 이끈다.[7]

그리고

> 갈가마귀는 갈가마귀 옆에.[8]

> 도둑은 도둑을 알아보고 늑대는 늑대를 알아본다.[9]

자연학자들은 닮은 것이 닮은 것을 향해 간다는 것을 원리로 삼

7 호메로스, 『오뒷세이아』 XVII 218; 플라톤, 『고르기아스』 510b3; 테오프라스토스, 『성격론』 29, 7.

8 『수사학』 I 11, 1371b17; 『니코마코스 윤리학』 VIII 1, 1155a35; 『대윤리학』 1208b9; 데모크리토스 단편68 A128, 68B164.

9 작자 미상. 여기에만 인용된다. 『수사학』 I 11, 1371b16에 “야수가 야수를 알아본다”라는 구절이 나온다.

아 자연 전체를 정리한다.[10] 그리하여 엠페도클레스는 개도 특정한 기왓장 위에 앉는데, [그것이 자신에게] 가장 많이 닮았기 때문이라고 말했다.[11] 그러니까 어떤 이들은 친애를 그렇게 설명한다.

그러나 다른 이들은 반대자가 반대자에 친하다고 주장한다. 왜냐하면 모든 사람에게 사랑의 대상과 욕구의 대상이 친애의 대상인데, 건조한 것은 건조한 것 대신 습한 것을 욕구하기 때문이다. 그래서 다음과 같은 말이 있다.

> 땅은 비를 사랑한다.[12]

그리고

> 만물의 변화는 달콤하다.[13]

10 『니코마코스 윤리학』 VIII 1, 1155b1 이하 논의와 비교.

11 단편 31A20a. 엠페도클레스는 집을 지키기 위해 지붕 위에서 잠을 자는 개들이 매일 밤 같은 장소에서 자는 현상을 개들이 자신들의 발산물로 표시한 기왓장에 유사성 내지 친화력에 의해 끌리기 때문이라고 설명했다. Bollack(1969), p. 169 참조.

12 『니코마코스 윤리학』 VIII 1, 1155b3에 에우리피데스의 글로 실려 있다.

13 에우리피데스, 『오레스테스』 234; 『니코마코스 윤리학』 VII 15, 1154b28~29; 『수사학』 I 11, 1371a20에 인용됨.

그런데 변화는 반대 방향으로 일어난다. 반면 닮은 것은 닮은 것의 적이다.

옹기장이는 옹기장이에게 심술을 부리니까.[14]

그리고 같은 먹이를 가진 동물들은 서로에게 적대적이다.[15] 이만큼 여러 가정들 사이의 거리가 멀다. 어떤 가정들에 따르면, 닮은 것이 친구이고 반대가 적이니 말이다.

더 많은 것에 늘 적이 되어
더 적은 것은 증오의 나날을 시작한다.[16]

더욱이 반대자들의 장소는 서로 떨어져 있지만, 친애는 한곳으로 모으는 것으로 여겨진다.

그러나 다른 이들은 반대자들이 친하다고 여기며, 헤라클레이토스는 다음과 같이 말한 시인을 꾸짖었다.

에리스가 신들과 인간들에게서 사라지길.[17]

14 헤시오도스, 『일과 나날』 25.
15 『동물지』 IX 608b19~21.
16 에우리피데스, 『페니키아 여인들』 539~540.

고음과 저음이 없으면 화음이 있을 수 없고, 서로 반대인 암컷과 수컷 없이는 동물도 있을 수 없을 테니까.

이상이 친애에 대한 두 가지 견해인데, 너무 일반적일뿐더러 [현상에서] 상당히 동떨어져 있다. 하지만 현상에 더 가깝고 알맞은 다른 견해들도 있다. 어떤 이들은, 비천한 이들은 친구가 될 수 없고, 오직 좋은 이들만이 그럴 수 있다고 여긴다. 다른 이들은 어머니가 자식을 친애하지 않는 것을 이상하게 여긴다. 이 친애는 심지어 짐승들에게도 있음이 분명하다. 그래서 어미들은 자기 새끼들을 위해서 대신 죽기를 택한다.[18] 또 다른 이들은 오직 유용한 사람만이 친구라고 생각한다. 그 징표로 만인이 그러한 것들을 추구하되 무용한 것들은 자신으로부터 떼어 내버린다는 것—노(老)소크라테스가 침, 머리카락 그리고 손톱을 예로 들

17 '에리스'는 분쟁을 뜻하며, 분쟁의 여신을 지칭하기도 한다. 호메로스, 『일리아스』 XVIII 107; 헤라클레이토스 단편 22A22, 22B8.

18 아리스토텔레스는 좋은 이들만이 친구가 될 수 있다는 견해를 제시한 후, 왜 자식을 친애하지 않는 이상한 어머니의 경우를 언급했는지 분명하지 않다. 도덕적 성격을 지니지 못한 짐승들조차 새끼들을 친애하는 것으로 보인다고 말한 것에 비추어보면, 어머니가 자식을 친애하는 것을 당연하다고 여기는 것 같다. 이 경우, 정상적인 어머니는 좋은 어머니를 뜻하고, 좋은 이들만이 친구가 된다는 견해를 지지해주는 예라 할 수 있다. 하지만 이와 다른 해석의 가능성도 있다. 좋은 이들만이 친구가 될 수 있다는 견해에 대한 반례로서 어머니의 자식 사랑이 제시된 것이라고 볼 수 있다. 어머니는 자식이 설령 나쁜 사람이라 하더라도 친애한다. 다시 말해, 어머니에겐 나쁜 사람도 친구가 될 수 있다.

면서 말하곤 했듯이[19]—과 쓸모 없는 사지도 버리고, 마침내 죽 1235b1
을 때엔 육신도 버린다는 사실을 든다. 시신은 무용지물이니 말이다. 하지만 그것을 유용하다고 여기는 이들은 이집트에서처럼 시신을 보관한다.[20]

진정 이 모든 규정이[21] 서로 모순되는 것으로 여겨진다. 왜냐하면 〈닮은 것은〉 닮은 것에 무익할 뿐만 아니라, 반대됨이 닮음과 가장 동떨어져 있으며, 반대자가 반대자에게 가장 무익하기 때문이다. 반대자는 반대자를 파괴할 수 있으니 말이다. 나아가 어떤 이들은 친구 얻기가 쉽다고 생각하지만, 다른 이들은 친구를 알아보는 것이 매우 드문 일이고, 불운이 없이는 알아보는 것이 불가능하다고 여긴다. 모든 사람이 잘 나가는 이들에게는 친구로 여겨지길 바라니까. 혹자는 불운한 시기에 우리와 함께 머물러 주는 사람들조차 믿어서는 안 된다고 주장하면서, 이들이 불운에 빠진 우리와 사귐으로써 [나중에] 우리가 다시 행운을 누릴 때 우리의 친애를 얻기 위해 우리를 속이고 연극하는 것이라는 이유를 내세운다.

19 크세노폰, 『소크라테스의 회상』 I 2, 53~54.
20 헤로도토스, 『역사』 II 86; 플라톤, 『파이돈』 80c.
21 Décarie는 연이어 언급되는 내용인 유사성, 반대, 유용성을 지칭하는 것으로 여긴다. 하지만, 앞에 언급된 견해들을 지칭하는 것으로 볼 수도 있다.

2장

친애의 대상: 좋음과 즐거움

이러한 주제들에 대한 견해들을 우리에게 가장 잘 해명하는 동시에 문제들과 모순들을 해결해 줄 논변을 취해야 한다. 그런데 이것은, 만약 반대되는 견해들이 모두 일리 있는 것으로 나타나면,[22] 성취될 것이다. 그러한 논변이야말로 현상에 가장 부합할 테니 말이다. 그런데 만약 말해진 것이 한편으로 참이지만 다른 한편으로는 그렇지 않다면, 모순되는 견해들이 양립한다는 결론이 나온다.

친애의 대상이 즐거운 것인가 아니면 좋은 것인가라는 문제도 제기된다. 만약 우리가 욕구하는 것을 친애하고,[23] 특히 사랑

22 만약 반대되는 견해들이 하나의 합리적인 기반을 가지게 된다면(Décarie).

23 '친애'로 옮긴 'philia'와의 상관성을 보여주기 위해 'philein'은 '친애한다'라고 번역했지만, '친애한다'는 동사는 우리말에서 자주 쓰이는 말이 아니다. 이 문맥에서 'philein'은 바로 뒤에 언급되는 'erôs'에도 적용되는 넓은 의미

1235b

(erôs)이 그러할진대, —

항상 친애하지 않는 자는 사랑하는 자가 아니니까.[24] —

욕구가 즐거움을 대상으로 한다면, 그에 따라 즐거운 것이 친애의 대상이지만, 만약 우리가 바라는 것을 친애한다면, 친애의 대상은 좋은 것이니 말이다.[25] 그런데 즐거운 것과 좋은 것은 다르다.

이러한 문제들과 여타 유사한 문제들에 대해 다음을 출발점으로 삼아 규정하도록 시도해야 한다. 욕망의 대상과 바람의 대상은 좋은 것이거나 좋은 것으로 나타나는 것이다.[26] 이 때문에 즐거운 것도 욕망의 대상이다. 그것은 좋은 것으로 나타나는 무엇이니까. 어떤 이들에게는 그렇게 생각되고, 다른 이들에게는 그렇게 생각되지 않는데도, 그렇게 나타난다.[27] 왜냐하면 나타남과

의 사랑을 뜻하므로 '사랑한다'라고 새길 수 있겠지만, 혼동을 피하기 위해 'erôs'는 '사랑'으로, 'philein'은 '친애한다'라고 번역했다.

24 에우리피데스, 『트로이의 여인들』 1051.

25 아리스토텔레스에 따르면, 욕구(epithymia)는 즐거움을 대상으로 하는 감각적 욕망(orexis)인 데 비해, 바람(boulêsis)은 좋음을 대상으로 하는 이성적 욕망이다. II 10, 1227a28~31 참조.

26 좋은 것으로 나타나는 것(to phainomenon agathon), 즉 겉으로 좋아 보이는 것은 실제로 좋은 것(to agathon)이 아닐 수 있다.

27 가령 태양이 그것이 작다고 생각하지 않는 이에게 작게 나타나는 경우. 『영

생각됨이[28] 영혼의 동일한 부분에서 발생하지 않기 때문이다. 그러니까 좋은 것도 즐거운 것도 친한 것[29]임이 분명하다.

이 점을 규정했으니, 다른 전제를 취해야만 한다. 좋은 것들 가운데 일부는 단적으로[30] 좋고, 다른 것들은 어떤 이들에게는 좋지만, 단적으로 좋은 것은 아니다. 그리고 같은 것들이 단적으로 좋고 단적으로 즐겁다. 왜냐하면 우리는 건강한 몸에 이로운 것은 단적으로 몸에 좋지만, 병든 몸에 이로운 것은 그렇지 않다고 주장하기 때문이다. 예컨대 약과 절단 수술. 마찬가지로 건강하고 사지가 성한 몸에 즐거운 것이 단적으로 몸에 즐거운 것이다. 가령 어둠 속에서 보는 것이 아니라, 밝은 볕에서 보는 것이 단적으로 몸에 즐거운 것이다. 비록 눈병을 앓는 이에게는 정반대이지만 말이다. 더 달콤한 포도주 또한 만취해서 혀를 버린 자에게 달콤한 것이 아니라,—그는 식초를 추가로 부으니까.[31]—손상되지 않은 감관에게 달콤한 것이다. 영혼의 경우도

혼론』 III 3, 428b2~4에는 태양이 작게 나타나지만, 지구보다 더 크다고 여겨진다는 사실이 지적된다. '나타난다(phainetai)'와 '여겨진다, 간주된다, 생각된다(dokei)'의 구분은 『수면론』 451b6~7에도 언급된다.

28 hê phantasia kai hê doxa: 상상과 의견.

29 philon: 친애의 대상.

30 haplôs: 절대적으로, 조건 없이.

31 이 문장이 의미하는 바는 분명하지 않다. Dirlmeier는 술에 취한 사람들이 자극적인 맛을 좋아하는 현상을 두고 한 말로 추측한다.

마찬가지다. 단적으로 즐거운 것은 아이와 짐승에게 즐거운 것이 아니라, 어른에게 즐거운 것이다.[32] 어쨌든 우리가 둘 다 기억할 때, 선호하는 것은 후자이다. 아이와 짐승이 인간[어른]에 대해 가지는 관계와 같은 것을 비천하고 어리석은 자가 공정하고 슬기로운 자에 대해 가진다. 이들에게 즐거운 것은 자기 성향들에 따르는 것인데, 즉 좋은 것과 아름다운 것이다.

그러므로 '좋음'[33]은 여러 의미로 쓰이고—어떤 것은 [그 자체로] 이러저러하기 때문에, 다른 것은 [다른 것에] 도움이 되고 유용하니까 '좋다'라고 일컬어진다—, 나아가 즐거운 것의 경우 어떤 것은 단적으로 즐겁고 단적으로 좋지만 다른 것은 특정인에게 즐겁거나 좋은 것으로 나타난다. 그러므로 마치 무생물들의 경우에도 우리가 그런 이유들 각각 때문에 무엇인가를 택하고 친애할 수 있듯이 사람의 경우도 마찬가지다. 우리는 어떤 사람은 자신의 이러저러함으로 인해, 즉 덕에 의거하여, 다른 사람은 [남에게] 도움이 되고 유용하니까, 또 다른 사람은 즐겁기 때문에, 즉 즐거움에 의거하여 택하고 친애한다. 친애를 받은 이가 [상대에게] 친애로 응답할 때 그리고 그들이 그것을 어떤 식으로 알아채고 있을 때, 친구가 된다.

32 아이들의 즐거움과 어른의 즐거움의 차이에 대해서는 『자연학』 VII 3, 241b20~242a19를 보라.

33 1236a8: τὸ ἀγαθόν Spengel.

그러므로 친애에 세 종류가 있는데, 모두가 한 가지 의미에서 쓰이는 것이 아니며,[34] 하나의 유에 속하는 종들도 아니고, 그렇다고 순전히 이름만 같은 것으로서 쓰이는 것도 아님이 필연적이다.[35] 왜냐하면 그것들은 '치료하는'이라는 용어처럼 어떤 하나, 즉 일차적인 것과 관련된 의미에서 쓰이기 때문이다.[36] 우리

34 같은 이름을 가진 것들 중에서 하나의 의미 내지 정의(logos)를 가지는 것들(ta kath'hen legomena)은 『범주론』에서 'synônyma'로 불린다. 예를 들어, 말(馬)과 사람(1a6). 둘 다 '동물'이라는 명칭을 공유할 뿐만 아니라, 동일한 의미에서 '동물'로 불리기 때문이다. 주의할 사항은 'synônyma'가 '동음동의적'이라고 번역될 수 있지만, 그 용어는 말들의 관계가 아니라 사물들의 관계를 지시해야 한다는 점이다. 그렇기 때문에 아리스토텔레스에게 말(馬)과 사람이 동음동의적이다. 이 경우 '동음동의어'에 해당하는 것은 '동물'이다. 아리스토텔레스는 이러한 '이름과 뜻이 같은 대상들(synônyma)'을 '이름만 같은 대상들(homônyma)'과 '이름들 사이에 파생관계가 있는 대상들(parônyma)과 구분한다. 'homônyma'는 같은 이름으로 불리지만 그 이름의 의미가 각각 다른 것들을 지시한다. 가령 실제의 사람과 초상화에 그려진 사람을 둘 다 '동물'이라고 할 경우. 'parônyma'의 예로는 문법과 문법학자, 용기와 용감한 사람을 든다.

35 'homônyma'에 해당한다. 『니코마코스 윤리학』 V 1, 1179a30에서는 열쇠와 쇄골을 둘 다 지칭하는 'kleis'의 경우가 나온다.

36 아리스토텔레스는 친애의 세 가지 종류들 사이의 관계를 'pros hen(하나를 향함)' 관계로 파악한다. 우선, 일차적 의미의 친애가 규정된 후, 다른 종류의 친애들의 일차적 친애와의 관계를 통해 규정된다(아래 VII 2, 1236b23~26를 참조하라). 이러한 규정 방식은 『대윤리학』 1209a3~37에서도 발견되지만, 『니코마코스 윤리학』에는 언급되어 있지 않다. Owen(1961)의 표현을 빌리자면, 일차적 의미는 '초점 의미(focal meaning)'이다. 『형이상학』 Γ 2, 1003a33~b17(pros hen kai mian tina physin legomena); Z 4, 1030a28~b6('pros hen'); K 3, 1060b31~61a15; Θ 1, 1045b27~46a11; 『생

는 '치료하는 영혼', '치료하는 몸', '치료(하는) 도구' 그리고 '치료하는 행위'라는 말을 하지만, 그 용어를 첫째 경우에 주된 의미로 사용한다.[37] 첫째 경우가 우리에게 그 용어의 정의를 제공한다.[38] 말하자면, 치료 도구는 의사[39]가 사용할 도구이다. 하지만 의사의 정의에는 도구의 정의가 포함되어 있지 않다. 그러므로 모든 경우에 [그러한] 첫째 대상을 찾고자 한다. 저들은 보편자가 첫째이기 때문에 첫째를 보편자로 간주한다.[40] 그러나 이는 거짓이다. 그래서 저들은 친애에 관련해서도 모든 현상을 해명할 수 없다.[41] 왜냐하면 저들은 한 가지 정의가 적용되지 않을 때 다른 것들이 친애가 아니라고 생각하기 때문이다. 하지만 그것들도 같은 의미에서는 아니지만 친애이다. 그러나 저들은 첫째 친애[의

성소멸론』 332b29~32 참조. 이와 관련된 논의와 참고문헌은 Berti(1971)를 참조하라.

37 의사의 영혼이 일차적인 의미에서 치료할 수 있는 것이라고 불린다면, 그것은 의사의 영혼 안에 치료술이 있기 때문이라고 짐작할 수 있다.

38 1236a20: ἡμῖν codd. 필사본과 비판본에 따라 읽었다. 하지만 Bonitz의 제안에 따라 πᾶσιν으로 읽는 것도 일리가 있다. 그에 따르면 해당 문장은 다음과 같이 해석된다: "첫째 경우의 정의가 모든 경우에 함축되어 있다."

39 의사는 치료술을 영혼에 지닌 사람이다.

40 플라톤주의자들은 보편자가 일종의 첫째이기 때문에(『분석론 후서』 85b25; 『형이상학』 E 1, 1026a29~31 참조) 첫째가 보편자라고 생각한다. 아리스토텔레스는 이러한 생각을 거부한다. 따라서 그에게 첫째 친애는 다른 친애들에게 보편자로서 관계를 맺는 것이 아니다.

41 위의 1235b15~18 참조.

정의]가 적용되지 않는 경우, 만약 그것이 첫째라면 보편적이어야 한다는 이유로 다른 것들은 친애가 아니라고 주장한다. 그러나 친애에는 여러 종류가 있다. 이것은 '친애'가 세 가지 의미로 쓰인다고 규정되었을 때 이미 언급되었다. 하나는 덕에 의거하여, 다른 하나는 유용성에 의거하여, 다른 하나는 즐거움에 의거하여 규정되었니까.[42]

이것들 가운데 유용성에 의한 친애가 대다수 사람들의 친애이지만—유용하기 때문에 서로 친해지고, 그리고 거기까지만 친하니까. 속담이 이르듯

글라우코스, 동맹자는 싸우는 동안에 친구이다.

그리고

아테네인들은 더 이상 메가라인들을 알아보지 못한다—,[43]

즐거움에 의거한 친애는 젊은이들의 친애이고—그들이 그것에 대한 감각을 가지고 있으니 말이다.[44] 그런 까닭에 젊은이들
1236b1 의 친애는 잘 변한다. 나이가 듦에 따라 성격이 변하면서 즐거운 것도 변하니까—, 덕에 따르는 친애는 가장 좋은 사람들의 친애

42 위의 1236a7~17을 가리킨다.
43 작자 미상의 연가 단편 6 Bergk.
44 쾌감을 가진다는 말이다.

이다.

이상의 논의로부터 첫째 친애는 좋은 사람들의 친애이며, 상호적인 친애[45]이자 상호 선택[46]이라는 것이 분명하다. 왜냐하면 친애의 대상은 친애하는 자에게 친한데, 응답하여 친애하는 사람 자신은 친애의 대상에게 친하기 때문이다.[47] 그러므로 이 친애는 사람들에게만 있다—오직 사람만이 선택을 의식하니까.[48] 다른 친애들은 짐승들에게도 있는데, 미미한 정도이지만 유용한 것이 사람과 가축 사이에 있을 뿐만 아니라, 짐승들 상호간에 유용한 것도 있다. 예를 들어, 헤로도토스는 악어에게 물떼새가 유용하다고 말하고,[49] 예언자들은 새들이 모여 앉는 것과 떨어져 앉는 것에 대해 말하듯이 그러하다.[50] 비천한 자들도 유용함에 의해 그리고 즐거움에 의해 서로 친구가 될 수 있다. 하지만

45 antiphilia: 서로 주고받는 친애. 동일한 의미로『니코마코스 윤리학』에서는 'antiphilêsis'라는 용어가 쓰이는데(VIII 2, 1155b28), 이 책에서는 발견되지 않는다.

46 Dirlmeier는 옮긴이와 달리 '상호 선택(antiprohairesis)'이 친구들끼리 서로를 선택하는 것이 아니라, 친구들이 서로를 위해 상대에게 좋은 것을 선택하는 것을 의미한다고 해석한다.

47 1236b4: φίλος δὲ τῷ φιλουμένῳ codd. 비판본과 달리 필사본에 따라 읽음.

48 다른 사람의 선택 또는 의도를 지각하니까(aisthanetai prohaireseôs) 그것에 응답할 수 있고 그를 통해 상호 선택이 성립될 수 있다.

49 헤로도토스,『역사』II 68.

50 『동물지』IX 1, 608b27~29.

사람들은 비천한 자들에게는 첫째 친애가 존재하지 않으므로 서로 친구가 아니라고 주장한다. 비천한 자는 비천한 자에게 불의를 범할 것이고 불의를 당하는 자들은 서로서로를 친애하지 않을 테니 말이다.

그러나 그들은 친애하지 않는 것이 아니라, 다만 첫째 친애를 가지지 않는 것이다. 왜냐하면 아무것도 그들이 다른 친애들을 가지는 것을 막지 않기 때문이다. 사실 그들은 마치 자제력이 없는 사람들인 것처럼 즐거움 때문에 해를 입으면서도 서로를 견딘다. 그러나 즐거움 때문에 서로 친애하는 자들은, 정확히 따져 볼 때,[51] 친구가 아니라고 여겨진다. 왜냐하면 [그들의 친애가] 첫째 친애가 아니기 때문이다. 저것은 안정적이지만, 이것은 불안정하니 말이다.[52] 그러나 이것도, 이미 말했듯이, 친애이다. 이 친애는 저것은 아니지만, 저것에서 파생된 것이다.[53] 그러므로 '친구'를 오로지 첫째 의미로 사용한다면, 현상을 침해하고, 역설을 주장하는 것 또한 불가피하다. 하나의 정의로 모든 친애를 가리키는 것은 불가능하다. 그러므로 어떤 의미에서는 첫째 친애

51 이 표현은 플라톤의 후예들의 현학적 탐구 태도를 비꼬기 위해 사용된 것으로 보인다.

52 덕에 기반한 첫째 친애는 안정적이지만, 쾌락에 기반한 친애는 불안정하다.

53 첫째 친애와 다른 친애들과의 관계가 주로 'pros(~와 관련해서)'라는 전치사를 통해 표현되지만, 'apo(~으로부터)'라는 전치사도 사용되며, 이러한 용법은 『대윤리학』 1209a16, 22에서도 발견된다.

1236b

만 있지만, 다른 의미에서는 모든 친애들이 있고, 그것들이 단지 이름만 같은 것으로서 있는 것도 아니고, 그렇다고 서로에 대해 우연적으로 관계하는 것도 아니며, 하나의 종에 속하는 것도 아니고, 오히려 하나를 향해[54] 있다는 결론이 남는다.

아무런 방해가 없는 한, 같은 것이 단적으로 좋은 것인 동시에 단적으로 즐거운 것이고, 참된 친구이자 단적으로 친구인 자가 첫째 친구인데 그 자신 때문에 선택되는 친구가 그러하므로—그가 반드시 그러하다. 누군가 자기 자신을 위해 좋은 것들이 있기를 바라듯이, 반드시 †그가 있기를 택할 테니까†—, 참된 친구는 단적으로 즐겁기도 하다.[55] 이 때문에 어떤 친구든 즐겁다고

54 pros hen: 하나의 의미와 관련되어. 위의 1236a16~21 참조.

55 만약 논변이 ① '단적으로 좋은 사람은 동시에 단적으로 즐거운 사람이다'라는 전제와 ③ '참된 친구는 전적으로 즐거운 사람이다'라는 결론을 가진다면, 중간에 ② '참된 친구는 단적으로 좋은 사람이다'라는 명제가 확립되어야 한다. 본문에서는 우선 (a) '참된 친구이자 단적으로 친구인 자는 첫째 친구이다'라는 명제가 등장한다. 이어서 (b) '사람 자체 때문에 선택되는 자가 첫째 친구이다'라는 명제가 따른다. 이로부터 (c) '참된 친구는 사람 자체 때문에 선택되는 자이다'라고 추론할 수 있다. 그런데 여기서 '사람 자체 때문에 선택되는 자'는 '단적으로 좋은 사람'이라고 볼 수 있다면, 우리가 필요로 하는 ② '참된 친구는 단적으로 좋은 사람이다'라는 명제를 얻어낼 수 있다. 참고로 『대윤리학』 1182b20~21에서 '보편적인 좋음(to toiond'agathon katholou)'이 '그 자체 때문에 선택되는 것(auto di'hauto haireton)'으로 정의되어 있다. 괄호 안의 내용에 따르면, 사람들은 자신에게 좋은 것들이 있기를 바라듯이 참된 친구가 있기를 바란다. 이것은 참된 친구가 어떤 좋은 것이라는 걸 함축하는 것으로 볼 수 있다. 따라서 그 자체 때문에 선택되는

여겨진다.[56]

그러나 여전히 이것에 대해 더욱 자세히 규정해야 할 것이다. 왜냐하면 자신에게 좋은 것과 단적으로 좋은 것 가운데 어느 것이 친애의 대상인지, 그리고 친애의 활동이 즐거움을 동반하기 때문에 친애의 대상이 즐거운 것인지 아닌지에 대한 의혹이 제기되기 때문이다. 그것도 양쪽 질문을 하나로 규합해야만 하니 말이다. 사실 단적으로 좋지 않고 어떤 의미에서 나쁠 수 있는 것들은 피할 대상들이고,[57] 자신에게 좋지 않은 것은 자신과 전혀 상관없다. 하지만 찾고자 하는 것은 이것, 즉 단적으로 좋은 것이 그런 의미에서[58] 좋은 것이다. 왜냐하면 단적으로 좋은 것

'좋은' 친구가 첫째 친구라고 할 수 있다. 이런 식으로 좋은 친구를 단적으로 좋은 친구라고 한다면, 이러한 좋은 친구는 단적으로 좋을 뿐만 아니라, 그를 친구로 택한 사람을 위해서도 좋다는 주장이 괄호 안에 있는 것으로 보인다. 이에 따르면, 참된 친구는 그 자체로 좋을 뿐만 아니라 상대에게도 좋다. 달리 말해, 어떤 이가 자기 자신을 위해서 그 사람 자체로 좋은 사람을 친구로 택할 때, 이 친구는 참된 친구라고 할 수 있다.

56 앞의 논의로부터 어떻게 이러한 결론이 도출되는지는 분명하지 않다. 단적으로 좋은 첫째 친구가 동시에 단적으로 즐겁기 때문에, 그보다 못한 여타의 친구들은 즐겁긴 하되, 단적으로 즐거운 것이 아니라는 식의 논변을 펼치는 것으로 보인다. 아래 1237a28~29에서 기본적으로 사람이 사람과 닮아서 서로 즐거워한다는 내용이 나온다.

57 필사본(κακὰ ἁπλῶς τύχη φευκτά)과 비판본(κακὰ τύχη, ἁπλῶς φευκτά)과 달리, Jackson, Dirlmeier, Décarie와 함께 'κακὰ ἄν πως τύχη φευκτά'로 읽었다.

58 당사자 자신에게 좋은 것이라는 의미에서.

은 [단적으로] 택할 만한 가치가 있는 한편, 그 자신에게 좋은 것은 그 자신에게 택할 만한 가치가 있기 때문이다. 이것들이 조화를 이루어야 한다.

그런데 이 일을 덕이 한다. 정치술 또한 조화가 없는 경우에 그것이 생기도록 하기 위해 있다. 사람은 사람인 한 좋은 자질을 타고났으며, 그 길에서 앞서 있고[59]—본성상 그에게 좋은 것이 단적으로 좋은 것이니까—, 마찬가지로 여자보다는 남자가,[60] 둔재보다는 영재가 앞서 있는데, 그 길은 즐거움을 통한 것이다. 아름다운 것들은 반드시 즐거우니까.[61] 그러나 이것들이[62] 부조화를 이루는 사람은 결코 완전히 훌륭하지 않다. 자제력 없음이 발생할 수 있으니 말이다. 왜냐하면 감정의 영역에서 좋음과 즐거움의 부조화가 자제력 없음이기 때문이다.

그리하여 첫째 친애가 덕에 따른 것이므로 바로 그런 친구들은 단적으로 좋은 사람들일 것이다. 그들이 서로에게 유용하기

59 완전함에 이르는 길. 『천체론』 292b9~10.

60 여자에 대한 남자의 우월성에 관해서는 『정치학』 I 13, 1260a3~24 참조.

61 여기서 '아름다운 것들'은 앞에서 언급된 '덕'과 뒤에 나오는 '훌륭한 자'와 관련되는 도덕적, 윤리적 대상들을 가리키는 것으로 보인다. 이 경우, 도덕적 완성을 향한 길을 즐거움을 통해 간다는 주장이 성립된다. 이러한 생각은 도덕적 교육 내지 개발에 쾌락이 사용될 수 있는 근거를 마련해준다.

62 이어지는 내용에 비추어 볼 때, 좋음과 즐거움에 상응하는 것을 일컬어야 하므로 바로 앞에 언급된 '아름다움과 즐거움'을 가리키는 것으로 여겨진다. 아리스토텔레스는 종종 '아름다움'과 '좋음'을 구분하지 않는다.

때문에 그런 것이 아니라, 다른 방식으로 그렇다. 왜냐하면 '누군가에게 좋은 것'과 '단적으로 좋은 것'은 구분되기 때문이다.[63] '도움이 되는 것'의 경우와 '성향들'의 경우도 마찬가지다. 단적으로 도움이 되는 것과 †그러한 종류의 아름다운 것도†[64] [누군가에게 도움이 되는 것과 누군가에게 아름다운 것과] 구분된다. 마치 체력을 단련하는 것이 약을 먹는 것과 구분되는 것처럼 말이다.[65] 성향, 즉 인간의 덕도 그러하다. 인간이 본성상 훌륭한 존재들에 속한다고 하자. 왜냐하면 본성에 있어 훌륭한 사람의 덕은 단적으로 좋고, 그렇지 못한 사람의 덕은 그 자신에게 좋기 때문이다.

실제로 즐거운 것의 경우도 유사하다. 사실 여기서 멈춰서 친애가 즐거움 없이도 존재하는지, 그러한 친애가 [다른 것들과]

63 '단적으로 좋은 것'과 '그 자신에게 좋은 것'의 구분은 『변증론』 115b29~35 참조.

64 1237a14: τὸ καλὸν τοιοῦτον. 이 부분이 원문에서 훼손되어 있어 문장 전체의 구성이 어렵다. 옮긴이는 비판본대로 읽되 의미를 보충해서 옮겼다. 참고로 Dirlmeier는 훼손된 부분을 뒤로 옮기고, 그 앞에 많은 내용을 보충해서 더 복잡하지만, 내용상 더 말끔한 읽기를 제안한다: ἄλλο γὰρ τὸ ἁπλῶς ὠφέλιμον ⟨καὶ τὸ αὑτῷ ὠφέλιμον, οἷον τὸ⟩ γυμνάζεσθαι πρὸς τὸ φαρμακεύεσθαι. καὶ τὸ καλὸν τοιοῦτον(단적으로 도움이 되는 것과 개인에게 도움이 되는 것은, 마치 체력을 단련하는 것이 약을 먹는 것과 관련되는 것처럼, 다르다. 아름다움도 그러하다).

65 체력을 단련하는 것은 모두에게 도움이 되므로, 따라서 단적으로 도움이 되지만, 약을 먹는 것은 환자에게만 도움이 된다.

어떻게 다른지, 둘 중[66] 어느 쪽에 과연 친애함이 기초하는지, 즉 누군가가 즐겁지 않아도 좋은 존재이기 때문에 친구인지, 또는 그게 아니라 즐겁기 때문에 친구인지 살펴보아야 한다.[67] 실로 친애함에는 두 가지 뜻이 있는데,[68] 활동태에 있는 것[69]이 좋은 것이기 때문에 그것은 즐거움 없이는 나타나지 않는 것일까? 마치 학문의 영역에서 최신 이론과 지식이 즐거움으로 인해 아주 강한 인상을 남기듯이, 친한 사람들을 다시 알아보는 것도 그와 같으므로, 두 경우에 같은 논리가 적용됨이 분명하다.[70] 어쨌든 본성상 단적으로 좋은 것은 단적으로 즐거우며, 누군가에게 좋은 것은 그 누군가에게 즐겁다. 그 때문에 닮은 것들이 곧장 서로 반기고, 또 사람이 사람에게 가장 즐거운 것이다. 이러한 사정이 불완전한 존재들에 해당된다면, 완전한 존재들에도 해당됨이 분명하다. 그런데 훌륭한 사람은 완전하다.

만약 친애의 활동이 즐거움과 함께 상호 인지를 상호 선택하

66 좋음과 즐거움.

67 1237a21: ἢ οὐ, ⟨ἀλλὰ⟩ διὰ τοῦτο Spengel.

68 활동태의 친애와 가능태의 친애.

69 아리스토텔레스의 이론에 따르면 활동태가 가능태보다 더 좋은 것이다. II 11, 1228a13; VII 8, 1241a40~b7; 『대윤리학』 1190b1 참조.

70 두 경우에 공히 적용되는 논리가 무엇인지는 불분명하다. 친구를 재인식하는 것이 마치 신선한 이론과 지식을 획득하는 것처럼 즐거움을 준다고 볼 수 있을 듯하다. 이때 친구의 재인식 작용은 친애하는 활동이고, 이 활동에 즐거움이 수반된다고 볼 수 있다.

는 것에 놓여 있다면 첫째 친애는, 일반적으로 말해, 단적으로 좋고 즐거운 존재들이 [그들 자신이] 좋고 즐거운 존재들이기 때문에 상호 선택하는 것임이 분명하다. 그런데 친애 자체가 그러한 선택을 생기게 하는 성향이다. 사실, 그것의 산물은 하나의 활동인데, 이 활동은 친애하는 사람의 바깥에 있지 않고 그 안에 있기 때문이다. 이에 반해 모든 능력의 산물은 바깥에 있다. 그것은 다른 것 안에 있거나 다른 것인 한에서 자신 안에 있으니 말이다.[71] 그래서 친애하는 것은 기뻐하는 것이지만, 친애받는 것은 그렇지 않다. 왜냐하면 친애받는 것은 친애받는 대상의 실현이지만, 친애하는 것은 친애의 실현이기도 하기 때문이다.[72]

71 친애는 일종의 성향(hexis)이므로, 그것의 기능 내지 작품, 즉 친애하는 행동이 친애하는 사람 안에 실현된다. 이와 대조적으로, 의술은 일종의 능력(dynamis)으로 그 기능/작품인 건강은 의사가 아니라 환자에게 생긴다. 그런데 만약 의사가 자신을 치료하는 경우, 의사는 자신을 환자인 한에서, 즉 다른 것인 한에서 치료하는 것이므로, 그와 같은 의미에서 다른 것 안에 의술의 기능/작품, 즉 건강이 생긴다. 성향과 능력의 차이에 대해서는『형이상학』Δ 12, 1019a16 이하 참조.

72 해당 원문에 대해서는 논란이 많다. 옮긴이는 전승된 필사본과 비판본에 따라 'φιλεῖσθαι φιλητοῦ ἐνέργεια, τὸ δὲ καὶ φιλίας(1237a38)'라고 읽었다. Dirlmeier는 Jackson과 함께 필사본의 문장을 다음과 같이 해석했다: "친애받는 것은 친애받는 이의 활동이지만, 친애함은 (친애받는 이의 활동일 뿐만 아니라) 친애의 활동이기도 하다"라고 해석하면서 'nonsense'라고 평가했다. Dirlmeier는 'φιλεῖσθαι φιλητοῦ, ἐνέργεια {τὸ} δὲ κατὰ φιλίαν'로 문장을 고쳐서 다음과 같은 번역을 제시했다: "Denn das Geliebtwerden ist Sache des Objects der Liebe, während das Am-

그리고 후자는 살아 있는 존재 안에 있지만, 전자는 무생물 안에도 있다. 무생물들도 친애받으니 말이다.

활동의 측면에서 친애함은 친애받는 이를 친애받는 이로서 대함이고, 친구는 친구에게 음악가나 의사로서가 아니라 친구로서 친애받는 것이므로 그 사람 자체로부터, 그 사람 자체인 한에서 생기는 즐거움, 이것이 친애의 즐거움이다. 왜냐하면 친구는 자신의 친구를 그 사람 자체로서 친애하지, 그가 다른 무엇이기 때문에 친애하는 것이 아니기 때문이다. 그래서 만약 누군가 친구를 좋은 사람으로서 반기는 것이 아니라면, 그것은 첫째 친애가 아니다.

어떤 우연적인 속성도 [친구의] 좋음이 기쁨을 가져오는 것보다 더 많은 장애를 초래해서는 안 된다. 심한 악취를 풍기는 자

Werke-sein zum Begriff der Freundschaft gehört."(p. 70) 이 번역에 따르면, 친애받는 것은 친애받는 대상의 일이지만, 활동은 친애의 개념에 속한다. 이 경우, 친애받는 것은 활동에서 제외되는 것으로 보인다. 아마도 친애받는다는 것을 친애받는 이의 활동이라고 말하는 것이 이상하게 여겨지기 때문에 그런 제안을 한 것으로 여겨진다. Décarie도 유사한 번역을 제시한다: "car être aimé est l'affaire de l'objet aimé, mais l'acte se prend du côté de l'amitié." 만약 사랑받음이 사랑받는 대상의 '활동'이라는 표현이 이상하다면, ἐνέργεια를 '활동' 대신 '실현'으로 옮길 수 있다: "친애받는 것은 친애받는 이의 실현이지만, 친애함은 (친애하는 이의 실현일 뿐만 아니라) 친애의 실현이기도 하다." 이 경우에도 전승된 필사본을 무리하게 손댈 필요가 없어진다는 장점이 있다.

1237b

는 어떨까? 그는 홀로 남겨진다. 사실, 그는 [다른 이들의] 선의에 만족하고, 함께 살기를 바라서는 안 된다.[73]

그러므로 이것이 모든 이가 인정하는 첫째 친애이다. 하지만 그 친애로 인해 다른 친애들이 인정되기도 하고 논란의 대상이 되기도 한다. 친애는 어떤 안정적인 것으로 여겨지니 말이다. 그런데 오로지 이 친애만이 안정적하다. 왜냐하면 검증된 것이 안정적이고, 빠르지도 쉽지도 않게 이루어진 판단이 올바르기 때문이다. 그리고 신뢰가 없이는 안정적인 친애가 없다. 그런데 신뢰는 세월 없이는 생기지 않는다. 시험을 해 보아야만 하니까. 테오그니스도 말하듯이,

> 너는 남자의 마음도 여자의 그것도
> 멍에를 진 가축처럼 시험해 보기 전에는 알 수 없을 테니까.[74]

세월 없이는 사람들이 친구가 될 수 없고, 다만 친구이기를 바라는데, 이러한 성향이 모르는 사이 곧잘 친애로 통한다. 왜냐하면 사람들은 친구가 되고 싶은 경우, 서로에게 친애의 봉사를 함

73 또는 "우리는 그에게 선의를 가지는 것으로 만족하고, 그와 함께 살기를 바라지 않는다."

74 단편 125. 테오그니스는 6세기 메가라 출신 시인으로 귀족주의 윤리를 표방했다.

으로써, 친구가 되기를 바란다고 생각하는 것이 아니라, 이미 친구라고 생각하기 때문이다. 이것은 다른 경우들과 마찬가지로 친애의 경우에도 발생한다. 사실, 건강하기를 원한다고 건강한 것이 아니듯이, 친구이기를 바란다고 이미 친구인 것은 아니다. 시험을 거치지 않고 그러한 방식으로 친해진 이들은 쉽게 갈라설 수 있다는 것이 그 징표이다. 서로에 대해 시험을 해 본 사안에 관해서는 사람들이 쉽게 갈라서지 않지만, 그렇지 않은 사안에 관해서는 이간질하는 자들이 어떤 증거를 제시할 때마다, 그것을 믿게 되니까.

동시에 비천한 이들에게는 그러한 [첫째] 친애가 없음이 분명하다. 비열하고 성격이 나쁜 자는 모든 사람을 불신하니 말이다. 왜냐하면 그는 자신을 잣대로 다른 이들을 재기 때문이다. 같은 이유로 좋은 사람들은 더 잘 속는다.[75] 시험을 통해 불신하게 되지 않는다면 말이다. 비천한 자는 친구 대신 자연적인 선들[76]을 택하고, 어떤 비천한 자도 사물보다 인간을 더 친애하지 않는다. 그러니까 그들은 친구가 아니다. 왜냐하면 그런 식으로는 '친구들 간의 공동 소유'[77]가 생길 수 없기 때문이다. 친구가 사물들에

75 플라톤, 『국가』 409a8.

76 아래 VIII 3, 1248b26~30에서 자연적 좋음 내지 자연적 선의 예로 명예, 부, 육체의 훌륭함, 행운 등이 열거된다.

77 '친구들에게는 모든 것이 공동으로 속한다(koina panta tôn philôn)'라는 피

게 부속되지, 사물들이 친구들에게 부속되지 않으니까.

그러므로 첫째 친애는 많은 이들 사이에 생기지 않는데,[78] 이는 많은 이들을 시험하기가 어렵기 때문이다. 각자와 함께 살아봐야 하니 말이다. 실로 외투를 고르듯이 친구를 골라서는 안 된다. 비록 모든 경우에 둘 중에서 더 나은 쪽을 택하는 것이 지각 있는 자가 할 일이고, 만약 더 나쁜 외투를 오래 사용했고, 더 나은 것을 아직 입지 않았다면, 더 나은 것을 택해야 하지만, 오래 친구 대신에 더 나은 사람인지 모르는 사람을 택해서는 안 된다.
1238a1 친구는 시험 없이 단 하루 만에 생기지 않고 세월을 필요로 한다. 그 때문에 '한 가마 소금'[79]이라는 속담이 생긴 것이다.

동시에, 만약 누군가 너에게 친구가 되려면, 그가 단적으로 좋은 사람일 뿐만 아니라, 너에게도 좋아야만 한다. 좋은 사람이라는 점에서 그는 단적으로 좋지만, 다른 사람에게 좋다는 점에서 친구이니까. 이 두 점이 조화를 이룰 때, 그는 단적으로 좋은 존재이자 친구이고, 그래서 단적으로 좋은 것이 다른 이에게 같은 것[80]이 된다. 설령 [누군가] 훌륭한 자에게 단적으로 좋은 친구가

타고라스적 경구를 축약한 형태.

78 VII 12, 1245b19~26와 『니코마코스 윤리학』 VIII 3, 1156b24~29 비교.

79 '가마'로 옮긴 'medimnos'는 고대 아테네의 용적 단위로 52.8리터에 해당한다.

80 즉, 좋은 것.

되지 못한다 해도, 다른 사람에게는 유용하기 때문에 좋은 친구일 수 있다.[81]

친애함도 많은 이들에게 동시에 친구가 되는 것을 막는다. 왜냐하면 동시에 많은 이들을 상대로 활동할 수 없기 때문이다.

진정 이로부터 행복이 자족적인 것에 속하듯, 친애가 안정적인 것에 속한다는 말이 옳음이 분명하다. 그리고 다음 말도 옳다.

자연은 안정적이나 부(富)는 그렇지 않다.[82]

하지만 덕이 자연보다 더 안정적이라고 말하는 것이 훨씬 더 근사하다. 세월이 친구[83]를 드러내며, 불운이 행운보다 더 잘 드러낸다는 속담도 있다. 그때 '친구들 간의 공동 소유'라는 말이 분명해지니까. 왜냐하면 친구들만이 행운과 불운이 관여하는 자

81 1238a7~8: εἰ καὶ μὴ ἁπλῶς μὲν σπουδαίῳ, ἄλλῳ δ'ἀγαθός, ὅτι χρήσιμος. 필사본에 전해진 원문에 대하여 여러 가지 수정안이 제시되었지만, 원문을 보존하면서도 의미 있는 해석이 가능하다고 여겨진다. 바로 앞 문장에서 단적으로 좋은 것이야말로 다른 이에게도 좋다고 했다. 단적으로 좋은 친구는 훌륭한 이에게는 단적으로 좋지만, 다른 이들에게는 단적으로 좋은 것이 아니라, 다른 이유 때문에, 즉 유용하기 때문에 좋다고 할 수 있다.

82 에우리피데스, 『엘렉트라』 941.

83 1238a15: φίλον Jackson.

연적 선과 자연적 악 대신, 즉 전자의 존재와 후자의 부재보다는 사람을 택하기 때문이다. 한편, 불운은 진실로 친구인 이들이 아니라, 유용함 때문에 우연히 친구인 이들을 드러낸다. 세월이 양쪽 다 밝혀준다. 사실, 유용한 친구도 빨리 밝혀지지 않고, 오히려 즐거운 친구가 빨리 밝혀진다. 단적으로 즐거운 친구는 빨리 밝혀지지 않는다는 사실을 제외하면 그렇다. 그 [즐거운] 사람들은 포도주나 음식과 비슷하니까. 이것들의 즐거움은 빨리 드러나지만, 시간이 지나면 즐겁지 않고, 달콤하지 않다. 사람의 경우도 마찬가지다. 단적으로 즐거운 것은[84] 목적과 [지속] 시간에 의해 평가되어야 하니 말이다. 심지어 대중도 오직 즉각적인 효과들을 기반으로 평가하지 않고, 그들이 둘 중 어느 음료수를 '더 달콤하다'고 불러야 할지 판단하는 경우처럼 평가해야 한다는 데 동의할 것이다. 왜냐하면 한 음료수가 즐겁지 않은 것은 그것의 즉각적 효과 때문이 아니라, 그 효과가 지속되지 않기 때문이다. 처음에는 잘 속이지만 말이다.

그러므로, 앞서 말한 바처럼,[85] 첫째 친애는 그것으로 인해 다른 종류들이 친애라고 불리는 것으로, 덕에 따르는 것이자 덕에 속하는 즐거움에 의거한 것이다. 다른 친애들은 아이와 짐승 그

84 비판본의 καὶ(1238a25: 필사본 CL에 따름)를 필사본 P에 따라 읽지 않았다.
85 위의 1236b2~1237b8 참조.

리고 비천한 이들에게도 생긴다. 그러기에 “동갑은 동갑끼리 즐긴다”[86]라는 말이 있다. 그리고

> 악한은 악한과 즐거움으로 뭉쳐 있다.[87]

비천한 사들도 서로에게 즐거움을 줄 수 있는데, 비열하거나 중립적인[88] 한에서가 아니라, 예컨대 양자가 가수이거나 아니면 한 사람은 노래를 좋아하고, 다른 사람은 가수인 한에서, 그리고 모두가 어떤 좋은 점을 가지고 있고, 그런 식으로 서로 잘 맞는 한에서 그렇다. 나아가 그들은 서로에게 유용하고 도움이 될 수 있거나—단적으로 그런 것이 아니라, 그들의 선택을 위해서 그러하다—또는 중립적이다.[89]

86 『니코마코스 윤리학』 VIII 12, 1161b34; 『수사학』 1371b15에 인용됨.

87 에우리피데스, 『벨레로폰』 단편 298 N. 아래 1239b22와 『대윤리학』 II 11, 1209b35에 인용됨.

88 좋지도 않고 나쁘지도 않은.

89 1238b1: ἢ οὐδέτεροι. 필사본에 따라 읽었다. ᾗ를 첨가한 비판본에 따르면, 해당 문장은 다음과 같이 번역될 수 있다. “나아가 그들은 서로에게 유용하고 도움이 될 수 있는데, 단적으로 그런 것이 아니라, 그들의 선택을 위해서 그러하거나 또는 그들이 중립적인 한에서 그러하다.”(Dirlmeier 참조) οὐχ ᾗ φαῦλοι을 첨가한 Rackham에 따르면, 해당 문장은 다음과 같이 번역될 수 있다. “나아가 그들은 서로에게 유용하고 도움이 될 수 있는데, 단적으로 그런 것이 아니라, 그들의 선택을 위해서 그러하며, 그들은 비열하거나 중립적인 한에서 그런 것이 아니다.” Décarie는 ἢ를 ᾗ로 바꾸고, 그것

1238b1 한편, 공정한 자가 비천한 자에게 친구가 될 수도 있다. 왜냐하면 각자는 상대방에게 상대방의 선택을 위해 유용할 수 있기 때문이다. 비천한 자는 훌륭한 자에게 그 당시 선택을 위해 유용하고, 훌륭한 자는 자제력이 없는 자에게 그 당시 선택을 위해 유용하며, 비천한 자에게 그의 본성에 맞는 선택을 위해 유용할 수 있다. 그리고 훌륭한 자는 친구에게 좋은 것들이 있기를 바랄 것이다. 단적으로 좋은 것들[90]은 단적으로, 친구에게 좋은 것들은 조건부로, 가난이나 병에 도움이 되는 한에서 있기를 바랄 것이다. 이것들[91]은 단적으로 좋은 것들을 위해서 있길 바라는 것이다. 마치 친구가 약을 마시길 바라는 것처럼. 왜냐하면 그는 그 행위 자체를 바라는 것이 아니라, 주어진 목적을 위해서 바라기 때문이다.

나아가 훌륭하지 못한 자들이 서로에게 친구가 되는 방식으로 [비천한 사람은 공정한 사람에게 친구가 될 수 있다]. 그가 비천한 존재로서가 아니라, 어떤 공통점을 공유하는 한에서 즐거움의 대상일 수 있으니 말이다. 가령 그가 음악가라면 그럴 수 있

의 선행사로 προαίρεσιν를 취했다. 이에 따르면, 해당 문장은 다음과 같이 번역될 수 있다. "나아가 그들은 서로에게 유용하고 도움이 될 수 있는데, 단적으로 그런 것이 아니라, 그들의 선택을 위해서 그러하며, 이 선택은 그들을 중립적으로 [즉, 좋지도 나쁘지도 않게] 만들 것이다."

90 절대적 좋음들.

91 조건부, 즉 가설적 좋음들.

1238b

다. 더욱이 모든 사람 속에 어떤 공정성이 있는 한 [그들이 친구가 될 수 있다]. 그런 연유로 어떤 이들은 비록 훌륭하지는 않지만 사교적이다.[92] 또는 그들이 각자에게 맞는 한 [친구가 될 수 있다]. 왜냐하면 모든 이들은 어떤 좋은 점을 가지고 있기 때문이다.[93]

92 비판본과 달리 'εἰσιν, ἂν καὶ 〈μὴ〉 σπουδαῖοι(1238b12~13)'라고 읽었다. 아래 1238b5~12; 『정치학』 VII 13, 1332 a10~21 참조.

93 위의 1237a37~38; I 6, 1216b30~31 참조.

3장

친애와 동등성

그러므로 친애에는 세 가지가 있다. 그런데 이 모든 경우에 친애가 일종의 동등성을 의미한다. 사실 덕에 의거한 친구들도 어떤 의미에서는 덕의 동등성을 바탕으로 서로에게 친구이다.

한편, 이것들과 다른 종류의 친애가 우월성에 기반한 친애이다. 이는 인간[의 덕]에 비해 신의 덕이 우월한 경우와 같다.[94] 그것은 다른 종류의 친애이고, 일반적으로 통치자와 피통치자 사이에 존재한다. 이들 사이의 정의도 다른 종류인 것처럼 말이다. 왜냐하면 그것은 비례적 동등이지 산술적 동등이 아니기 때문이

94 인간의 덕과 신의 덕이 비교된다고 보아야 한다. 여기에서 신의 덕이 무엇인지는 명시되어 있지 않지만, 『니코마코스 윤리학』 X 8, 1178b10~18에 따르자면, 성격적 덕을 포함하지 않을 것이다. 『대윤리학』 1200b14에서 덕이 신에게 귀속하지 않는다(*ouk esti theou arête*)는 말이 나오는데, 그때의 덕은 성격적 덕을 가리킨다.

다.[95] 아들에 대한 아버지의 친애와 수혜자에 대한 시혜자의 친애는 이러한 종류에 속한다. 이러한 종류의 친애들 자체에도 변종들이 있다. 아들에 대한 아버지의 친애는 부인에 대한 남편의 친애와는 다른데, 전자가 통치자와 피통치자 사이의 친애에 해당한다면, 후자는 수혜자에 대한 시혜자의 친애에 해당하니 말이다. 이러한 친애들의 경우, 친애를 되받는 것이 불가능하거나 친애한 대로 똑같이 친애를 되받지 않는다. 누군가 신이 친애받은 대로 똑같이 되돌려 친애하지 않는다고 책망하거나, 같은 이유로 피통치자가 통치자를 책망한다면 우스울 것이다. 왜냐하면 친애하는 것이 아니라, 친애받는 것이 혹은 다른 방식으로 친애하는 것이 통치자에게 걸맞기 때문이다.

또한 즐거움도 상이한데,[96] 자족적인 사람이 자신의 재산이나 자식에 대해 느끼는 즐거움과 부족한 사람이 [앞으로] 생길 재산과 자식에 대해 가지는 즐거움은 하나가 아니다.[97] 마찬가지로 유용성에 기반한 친애의 경우와 즐거움에 기반한 친애의 경우에도 일부는 동등성에 의거하고 일부는 우월성에 기반한다. 그 때문에 친애를 저런 식으로[98] 여기는 사람들은 서로 같은 방식으로

95 『니코마코스 윤리학』 5권=『에우데모스 윤리학』 4권 3~4장 참조할 것.
96 1238b30: ἡ add. Jackson.
97 1238b30: οὐδ'ἕν Jackson; οὐδὲν Π.
98 동등성에 기반한 것으로.

유용하거나 혜택을 주지 않으면 불평한다. 즐거움의 경우도 마찬가지이다. 이는 사랑의 경우에 명백하다. 그것이 서로 자주 싸우는 이유이니 말이다. 사랑하는 이는 [연인들에게] 열정이 같은 비율[99]로 주어져 있지 않다는 것을 모르니까. 이런 까닭에 아이니코스[100]가 다음과 같이 말했다.

사랑받는 이는 그런 말을 할 수 있겠지만, 사랑하는 이는 못 한다.

그러나 그들은[101] 열정의 비율이 동일하다고 생각한다.

99 사랑(erôs)이 사랑하는 이(erastês)와 사랑받는 이(erômenos)의 열정의 동등성에 기반한 친애가 아니라는 전제에 입각하여, 'logos'를 '비율'로 새겼다(Cf. Décarie 210: 'proportion'). 이러한 불균형한 사랑의 관념은 특히 남자 연장자와 미소년 간의 동성애 관습을 배경으로 한다. 참고로 Rackham은 'logos'를 '이유'로 번역했다.

100 1238b38: Αἴνικος Jackson. 구(舊) 희극의 극작가. 『수다』 II 172, 16 Adler 참조.

101 사랑하는 사람들.

4장

친애와 우월성

그러므로 말한 바와 같이,[102] 친애에는 세 가지, 즉 덕에 의거한 것, 유용성에 의거한 것 그리고 즐거움에 의거한 것이 있고, 이것들은 다시 두 쪽으로 나뉜다. 한쪽은 동등성에 의거한 것이고, 다른 쪽은 우월성에 의거한 것이다. 따라서 양쪽 모두 친애이다. 하지만 동등성에 의거한 친애를 지닌 이들만이 친구이다. 어른이 아이에게 친구라는 것은 이상할 테니까. 비록 그가 친애하고 친애받는 것은 사실이지만. 때로는 우월한 이가 친애받아야 마땅함에도 불구하고 오히려 친애하면, 그럴 가치가 없는 이를 친애한다는 질책을 듣는다. 왜냐하면 친애는 친구들의 가치에 의해 그리고 어떤 동등성[103]에 의해 측정되기 때문이다. 그래

102 위의 1236a7~37b14의 내용을 가리킨다.

103 비례적 동등. 위의 1238b21 참조.

서 어떤 경우에는 나이 부족으로 인해 동일한 방식으로 친애받을 가치가 없고, 다른 경우에는 덕이나 가문에 있어 [상대방의] 우월성이나 그와 같은 종류의 다른 우월성 때문에 그러하다.

그런데 사람들은 언제나 유용성에 의거한 친애에서도, 즐거움에 의거한 친애에서도 그리고 덕에 의거한 친애에서도, 우월한 자가 덜 친애하거나 아예 친애하지 않는 것이 옳다고 여긴다. 그래서 [차이가] 작은 우월성의 경우 논란이 생기는 것은 당연하다. 사실, 작은 차이는 때로는 중요하지 않다. 목재의 무게를 달 때처럼 말이다. 그러나 금의 경우 사정이 다르다. 하지만 사람들은 작은 것을 잘못 판단하는데, 자신에게 속한 좋음은 가깝기 때문에 커 보이나 남의 좋음은 멀기 때문에 작아 보이기 때문이다. 하지만 차이가 너무 크면 사람들은 친애를 되돌려 받거나 동일한 방식으로 친애를 되돌려 받아야 한다고 요구하지 않는다. 가령 누군가 신에게 그런 것을 요구하는 것 말이다. 실상 동등성을 기반으로 한 이들이 친구이지만, 친구가 아니라도 친애를 되돌려 주는 일이 가능하다는 점은 분명하다.

또한 무엇 때문에 사람들이 동등성에 의거한 친애보다도 우월성에 의거한 친애를 찾는지도 분명하다. 후자의 경우 그들에게 친애와 우월성이 동시에 속하기 때문이다. 그런 이유로 어떤 이들한테서는 아첨꾼이 친구보다 더 존중받는다. 왜냐하면 그는 상대방에게 둘 다 속하는 것처럼 보이게 만들기 때문이다. 특히 명예욕이 있는 이들한테서 그렇다. 왜냐하면 감탄의 대상이 되는 것은 우월성에 근거하기 때문이다.

한편, 어떤 이들은 본성상 다정하고, 어떤 이들은 명예욕이 있다. 친애받기보다 오히려 친애하는 것을 즐기는 자는 다정한 사람이지만, 저 사람은[104] 오히려 사랑받길 즐기는 사람이다. 그러므로 감탄받고 친애받기를 즐기는 자는 우월함의 친구이다. 반면 친애하면서 느끼는 즐거움의 친구는 다정한 사람이다.[105] 사실 활동하는 자에게 즐거움이 있는 것은 필연적이다. 하지만 친애받는 것은 우연적이다. 왜냐하면 자신도 모른 채 친애받을 수는 있지만 친애할 수는 없기 때문이다.

친애받는 것보다는 오히려 친애하는 것이 친애에 속하고, 친애받는 것은 친애의 대상에 속한다. 이것의 징표는 다음과 같다. 친구는 인식되는 것과 인식하는 것 둘 다 가능하지 않은 경우, 전자보다 후자를 택한다.[106] 예컨대 여자들이 아이를 입양시키는 경우가 그러하다.[107] 안티폰의 비극에서 안드로마케도 그랬다.[108]

104 명예욕이 큰 사람.

105 『니코마코스 윤리학』 VIII 4, 1157a15 비교.

106 친구는 상대를 알아보길 원하고, 또 상대가 자신을 알아봐 주길 원하지만, 이 둘이 불가능할 경우, 자신이 상대를 알아보길 원한다.

107 『니코마코스 윤리학』 VIII 9, 1159a28 이하 참조.

108 극작가 안티폰은 시라쿠사의 대(大) 디오니시오스 참주의 궁정에서 활동했는데, 참주에 의해 태형에 처해 죽었다(『수사학』 1384a9 참조). 그의 작품

인식되기를 원하는 것은 자신을 위한 것이고, 또 어떤 선행을 하기보다는 받기 위한 것이지만, 인식하는 것은[109] 선행을 하기 위해서 그리고 친애하기 위해서이다. 이런 까닭에 우리는 죽은 이들을 계속해서 친애하는 사람들을 칭찬한다. 왜냐하면 이들은 인식하지만, 인식되지 않기 때문이다.

그러므로 친애에 여러 방식이 있다는 점과 얼마나 많은 방식이 있는지, 즉 세 가지 방식이 있다는 점과 친애받는 것과 친애를 되돌려 받는 것이 다르고, 동등성에 의거한 친구들과 우월성에 의거한 친구들이 다르다는 점이 논의되었다.

『안드로마케』는 전해지지 않는다. 에우리피데스의 『안드로마케』에 따르면, 안드로마케가 자신의 아들 몰로쏘스를 죽음에서 구하기 위해 몰래 다른 가정에 보냈다.

109 '인식하기를 원하는 것'을 의미상 함축한다.

5장

친함과 닮음

친함에 대해서는 처음에 말한 것처럼[110] 주제를 포괄적으로 다루는 이들에 의해 보다 일반적으로 논의되므로—어떤 이들은 닮은 것이 친하고, 다른 이들은 반대되는 것이 친하다고 주장하니까—, 이것들이 앞에서 논의된 친애들과 어떻게 관련되는지에 대해 말해야 한다.

그런데 닮은 것은 즐거운 것에도 그리고 좋은 것에도 관련된다. 왜냐하면 좋은 것은 단순하지만 나쁜 것은 다양하기 때문이다.[111] 좋은 사람은 항상 닮아 있고 성격이 변치 않지만, 비열하고 어리석은 사람은 아침과 저녁에 매우 달라 보인다.[112] 그런 이

110 친함(to philon)에 대한 논의는 위의 1235a4 이하 참조.

111 플라톤, 『국가』 445c5~6: “덕의 형상은 하나이지만, 악의 형상은 무한하다.”

112 직역: [자신과] 하나도 닮지 않아 보인다.

유로 비천한 이들은 함께 변하지 않는다면[113] 서로에게 친구일 수 없고 찢어진다. 그런데 불안정한 친애는 친애가 아니다. 그래서 이런 방식으로 닮은 것은 친한데, 왜냐하면 좋은 것은 닮았기 때문이다.[114] 그런데 그것은 어떤 의미에서는 즐거움의 측면에서도 친하다. 왜냐하면 서로 닮은 이들에게는 같은 것들이 즐거우며, 각자는 본성상 그 자체로 자신에게 즐겁기 때문이다. 이런 까닭에 동족들에게는 서로의 목소리와 성향과 서로 함께 지내는 것이 가장 즐거우며, 다른 동물들에게도 사정이 같다. 또한 이런 방식으로 비천한 사람들도 서로 친애하는 것이 가능하다.

> 악한은 악한과 즐거움으로 뭉쳐 있다.[115]

하지만 반대자는 반대자에게 유용한 것으로서 친하다. 닮은 것은 그 자체로 닮은 것에 무용하니 말이다. 그런 까닭에 주인은 노예를, 노예는 주인을 필요로 하고 부인과 남편도 서로를 필요로 한다. 반대자는 유용한 것으로서 즐겁고 욕구되며, 목적에 포

113 1238b14: συμμεταβάλλωσιν Mühll: συμβάλλωσιν codd. 필사본에 따라 '계약을 맺지 않은 경우'라고 읽을 수도 있다.

114 앞의 논리에 따르면, 좋은 것이 닮은 것이기 때문에 닮은 것은 친한 것일 수 있다.

115 위의 1238a34에 이미 인용되었다.

함된 것으로서가 아니라, 목적을 위한 수단으로서 유용하다. 왜냐하면 어떤 것이 욕구하던 바를 얻으면 목적을 달성하게 되고 [더 이상] 반대자를 욕망하지 않기 때문이다. 가령 뜨거운 것은 차가운 것을, 그리고 건조한 것은 습한 것을 욕망하지 않는다.

하지만 어떤 의미에서는 반대자에 대한 친애 역시 좋은 것에 대한 친애이다. 사실, 양극단은 중간 때문에 서로를 욕망한다. 왜냐하면 양극단은 부절로서 서로를 욕망하는데,[116] 그런 식으로 양쪽으로부터 하나의 중간이 생기기 때문이다. 그래서[117] 좋은 것에 대한 친애는 부수적으로 반대자에 대한 친애이고, 그 자체로는 중용에 대한 친애이다.[118] 왜냐하면 반대자들은 서로를 욕망하는 것이 아니라, 중간을 욕망하기 때문이다. 너무나 추운 사람은 자신을 덥혀서 중간에 이르고, 너무 더운 사람은 열을 식혀서 중간에 이른다.[119] 다른 경우들도 마찬가지다. 그렇지 않으면 그들은 항상 욕구 상태에 머물고, 중간에 이르지 못할 테니까. 그러나 중간에 이른 사람은 [더 이상] 욕구 없이 본성적으로 즐

116 '부절'로 옮긴 그리스어 'symbolan'은 두 사람이 한 사물을 둘로 쪼개서 나누어 가질 때, 쪼개진 절반 각각을 가리키며, 두 사람 사이에서 신분을 증명하는 상징물로 사용되었다. 플라톤, 『향연』 191d5; 192e1(아리스토파네스의 연설) 참조.

117 1239b32: ὥστε Rieckher.

118 『니코마코스 윤리학』 VIII 8, 1159b19~21 참조.

119 플라톤, 『필레보스』 46c6~8 참조.

거운 대상들을 기뻐하지만 다른 이들은 본성적 성향을 벗어나게 하는 모든 것들에 기뻐한다. 이러한 종류의 현상은 무생물들의
1240a1 경우에도 있다. 그렇지만 그것이 생물들의 경우에 일어나면 친애함이 생긴다. 그래서 사람들은 때때로 닮지 않은 사람들에게서 기쁨을 느낀다. 가령 엄격한 이들이 재치 있는 이들에게서 또 예민한 이들이 둔감한 이들에게서 기쁨을 느낀다. 왜냐하면 그들은 서로에 의해 중간 상태에 놓이기 때문이다. 그러니까 언급된 대로,[120] 반대자들은 좋음 때문에 부수적으로 친하다. 그러므로 얼마나 많은 종류의 친애가 있는지, 어떤 차이들에 따라 사람들이 '친구들'과 '친애하는 이들' 그리고 '친애받는 이들'이라고 불리고, 그런 식으로 친구가 아니면서도 친구일 수 있는지[121]에 대해 논의되었다.

120 위의 1239b32 참조.

121 Décarie와 Rackham의 번역에 따라, 'καὶ ἄνευ τούτου'(1240a7)에서 'τούτου'가 '친구임'을 받는 것으로 보았다. 참고로 Dirlmeier(p. 421)는 'τούτου'가 '사랑함과 사랑받음'을 의미한다고 보았다. 그의 해석에 따르면, 친애가 사랑함과 사랑받음의 행위 없이도 성립될 수 있다는 점이 언급된 셈이다.

6장

자기애

한 사람이 자기 자신에게 친구인지 아닌지에 대해 많은 연구가 있다. 어떤 이들은 무엇보다도 각자 자신이 자기에게 친구라고 여기고, 이를 기준으로 삼아 다른 친구들에 대한 친애를 판단한다. [친애에 관한] 이론들과 친구들에 속하는 특징으로 여겨지는 것들에 따르면, [자기에 대한 친애와 다른 친구들에 대한 친애는] 한편으로는 상반되고, 다른 한편으로는 유사함이 분명하다.

사실, 그것은[122] 모종의 유비적인 의미에서 친애이지, 단적인 의미에서 친애는 아니다. 왜냐하면 친애받는 것과 친애하는 것은 분리된 두 존재에게서 성립하기 때문이다. 이런 연유로 각자는 자신에게 오히려 다음과 같은 의미에서 친구이다. 자제력 없

122 자기에 대한 친애, 즉 자기애.

는 자와 자제력 있는 자의 경우, 모종의 방식으로 서로 관계를 맺는 영혼의 부분들을 가짐으로써, 자발적 또는 비자발적으로 [행동한다고] 일컬어진 것과 같은 의미에서 말이다.[123] 누군가 자신에게 친구인지 적인지, 또 누군가 자신에게 불의를 범할 수 있는지 등의 모든 문제는 유사하다. 왜냐하면 그러한 [관계들은] 모두 분리된 두 존재 사이에 성립하기 때문이다. 그러므로 영혼 역시 어떤 의미에서 둘인 한 그러한 관계들이 어떤 의미에서 성립하지만, [영혼이] 둘로 분리되지 않는 한 성립하지 않는다.

자신에 대한 [친애의] 성향으로부터 나머지 친애의 방식들이 규정된다. 우리는 이 방식들에 따라 친애를 그 이론들에서 고찰하곤 했다.[124] 사실, 누군가에게 좋은 것들이나 좋게 여겨지는 것들이 있기를, 자신 때문이 아니라 그를 위해서 바라는 사람이 친구로 여겨진다. 다른 방식으로, 자신 때문이 아니라 그 때문에 그가 존재하기를 바라는 사람이, 설령 존재는 막론하고 좋은 것들을 나누어 주지 않는다 하더라도, 아주 친애한다고 간주될 수 있다. 또 다른 방식으로, 어떤 다른 것 때문이 아니라 교제 자체 때문에 함께 살기를 택하는 사람이 친구로 여겨질 수 있다. 가

123 II 8, 1224b21~29 참조.

124 바로 앞의 1240a11에 언급된 '이론들'로 여겨진다. Von Arnim(1924), pp. 109~112은 플라톤의 아카데미아에서 논의되던 이론들, 특히 스페우시포스와 크세노크라테스의 이론들을 지시한다고 추측한다.

령, 아버지들은 자식들이 존재하길 바라지만, 다른 사람들과 함께 산다. 실로 이 모든 경우들이 서로 충돌한다. 왜냐하면 어떤 이들은 상대방이 자신들에게 특정한 [좋은] 것이 있기를 바라지 않으면 친애받는다고 생각하지 않고, 다른 이들은 상대방이 자신들에게 존재하기를 바라지 않으면, 또 다른 이들은 함께 살기를 원하지 않으면 친애받는다고 생각하지 않기 때문이다.

나아가 우리는 어떤 다른 이유 없이 괴로운 사람과 함께 괴로워하는 것이 사랑하는 것[125]이라고 주장할 것이다. 가령, 노예들이 주인들과 관련해서 괴로워하는 것은 이들이 괴로울 때 까다롭기 때문이지, 마치 어미들이 자식들과 함께 괴로워하고 새들이 함께 슬퍼하는 것처럼,[126] 그들 때문이 아니다. 사실, 친구는 무엇보다도 친구와 함께 고통받기를 바랄 뿐만 아니라 같은 고통을 받기를 바란다. 예를 들어, 그가 목마를 때는 가능하다면 함께 목마르기 바라고, 그것이 불가능하다면, 가장 가까운 것을 겪기 바란다. 같은 논리가 기쁨에도 적용된다. 다른 어떤 것 때문이 아니라, 상대방 때문에, 그가 기뻐하니까 〈기뻐하는 것이〉 친애의 특징이니 말이다.

게다가 "친애는 동등이다"[127]와 "참된 친구들은 하나의 영혼이

125 1240a33~34: ἀγαπᾶν.

126 『동물지』 IX 7, 612b34~13a2 참조.

127 디오게네스 라에르티오스(*DL* VIII 10)에 따르면, 피타고라스의 경구이다.

1240b

다"와 같은 친애와 관련된 속담들이 있다. 이 모든 것이 한 사람에게 돌려보내진다. 왜냐하면 한 사람은 그런 방식으로 자신에게 좋은 것들이 있기를 바라기 때문이다. 아무도 어떤 다른 것 때문에 자신에게 선행을 하는 것이 아니고, 호의를 얻기 위해서도 아니며, 하나인 한, [선행을] 했다고 말하지도 않으니 말이다. 사실, 자신이 친애한다는 사실을 밝히려는 사람은 친애하는 것이 아니라 친애하는 것으로 보이길 원한다. 그리고 무엇보다도 존재하기를,[128] 그리고 함께 살기를, 함께 기뻐하고 함께 슬퍼하기를, 그야말로 하나의 영혼이길, 서로가 없이는 살 수 없어서 차라리 함께 죽기를 바란다. 한 개인은 그러한 상태에 있으며, 그와 비슷한 방식으로 자기 자신과 사귀니까.

그런데 이 모든 특징들이 좋은 사람의 자기 관계에서 발견된다. 사악한 사람에게는 마치 자제력이 없는 사람의 경우처럼 불협화음이 있으니 말이다. 그로 인해 그는 자기 자신에게 적이 될 수 있는 것으로 여겨진다. 하지만 누군가 하나이자 분리되지 않는 한, 그는 자기 자신에게 욕망의 대상이다. 좋은 사람과 덕에 의거한 친구가 그러한데, 정녕 못된 사람은 하나가 아니라 여럿이고 같은 날 안에도 다른 사람이 되고 변덕스럽기 때문이다. 그

『니코마코스 윤리학』 VIII 7, 1157b36; X 1159b2; IX 8, 1168b8에 인용된다.

128 1240b8: εἶναι codd.

래서 자신에 대한 친애 역시 좋음에 대한 것으로 환원된다. 왜냐하면 좋은 사람은 어떤 의미에서 자신과 닮았고 하나이며 자신에게 좋은 존재이고, 그로 인해 스스로 자신에게 친구이면서 욕망의 대상이기 때문이다. 그는 본성에 따라 그러하지만, 사악한 이는 본성에 어긋나게 그러하다.

좋은 사람은 마치 자제력이 없는 사람처럼 당시에 자신을 나무라지 않고, 마치 후회하는 사람처럼 나중에 오는 자아가 먼저 오는 자아를 나무라지도 않으며, 마치 사기꾼처럼 먼저 오는 자아가 나중에 오는 자아를 나무라지도 않는다. 그리고 일반적으로, 만약 소피스트들이 구분하는 것처럼 해야 한다면, 그는 자신에 대해 마치 코르시코스가 훌륭한 코르시코스에 대해 가진 것과 같은 관계를 가진다고 할 수 있다. 그들이 같은 정도로 훌륭함이 분명하니 말이다.[129] 사람들은 스스로를 책망할 때마다 자신을 죽이게 되므로 그러하다. 그러나 모든 사람은 자신에게 좋은 존재로 여겨진다.

이미 말했듯이, 단적으로 좋은 사람은 자신 안에 본성상 친하

129 사실, 코르시코스와 훌륭한 코르시코스가 다른 사람이 아니다. 훌륭함은 코르시코스라는 실체의 우연적 속성이다. 따라서 훌륭한 코르시코스가 훌륭한 만큼 코르시코스가 훌륭하다. 『자연학』 IV 11, 219b20~21: "마치 소피스트들이 뤼케이온에 있는 코르시코스와 아고라에 있는 코르시코스가 다르다고 파악하는 것처럼."

길 원해서 서로 찢어질 수 없는 둘이 있기 때문에 스스로 자기에게 친구이기를 추구한다. 그래서 인간의 경우, 각자는 자기에게 친구인 것으로 보이지만, 다른 동물의 경우 〈그렇지 않다〉. 가령 말(馬)은 자신이 자신을 〈욕망하지 않으므로〉 따라서 친구가 아니다. 아이들도 그렇지 않으며, 다만 이미 선택을 할 수 있을 때 그렇다. 그때야 비로소 정신[130]이 욕구에 반대 목소리를 낼 수 있으니까. 자기에 대한 친애는 친족성에 의거한 친애와 비슷하다. 친족들의 경우, 서로 갈라서는 것이 자신들에게 달려 있지 않고, 만약 갈라서더라도, 여전히 친족이듯, 개인은 살아 있는 한 여전히 하나이다.

그러므로 얼마나 많은 의미에서 '친애함'이 쓰이며, 모든 친애들이 첫째 친애로 환원된다는 것이 이상의 논의로부터 분명하다.[131]

130 비판본에 따라 읽었다. 필사본에 전해진 대로 'παῖς'(1240b34)라고 읽으면, 아이가 선택을 할 수 있는 한, 욕망에 반대할 수 있다는 말이 된다. 하지만 이러한 읽기는 바로 앞에서 아이들이 선택 능력을 가지지 않는다고 언급되었기 때문에 어색하다.

131 VII 1, 1234b20; 2, 1236a18; 1236b2~37b91; 1238a30; 4, 1239b3; 5, 1240a5; 6, 1240a22; 1240b17 참조.

7장
한마음, 선의 그리고 친애

한마음과 선의에 대해 살펴보는 것도 이 연구에 속한다. 왜냐하면 어떤 이들에게는 그것들이 친애와 동일한 것으로 여겨지는 한편, 다른 이들에게는 서로 없어서는 안 될 것으로 여겨지기 때문이다.[132] 선의는 친애와 완전히 다른 것도 아니고 그렇다고 같은 것도 아니다. 왜냐하면 친애가 세 가지 종류로 구분되었지만, 선의는 유용성에 의거한 친애에도 없고 즐거움에 의거한 친애에도 없기 때문이다. 만약 누군가 상대가 유용하기 때문에 그에게 좋은 것이 있기를 바란다면, 그 때문이 아니라 자신 때문에 바라는 것이다. 그러나 〈덕에 의거한 친애처럼〉 선의도[133] 선의를 가진 사람 자신을 위한 것이 아니라, 선의를 베풀 대상을 위한 것

132 다시 아카데미아의 플라톤주의자들을 겨냥한다. (플라톤), 『정의』 413b1, 8 참조.

133 1241a7: ὥσπερ καὶ ἡ 〈κατ' ἀρετὴν φιλία ἡ〉 εὔνοια Spengel.

으로 생각된다. 만약 선의가 즐거운 것에 대한 친애에 담겨 있다면, 생명이 없는 존재들에게도 선의를 가질 수 있을 것이다.[134] 따라서 선의가 성격적인[135] 친애에 관련됨이 분명하다.

그러나 선의를 가진 이는 상대에게 좋은 것이 있기를 단지 바랄 뿐이지만, 친구는 바라는 바를 행하기도 한다. 사실, 선의는 친애의 시작이다. 모든 친구는 선의를 가지지만, 선의를 가진 이가 모두 친구는 아니니 말이다. 선의만 가진 사람은 친애하기 시작하는 것과 같다. 그러니까 선의는 친애의 시작이지 친애가 아니다.

〈…〉[136] 친구들은 한마음이고 한마음인 이들은 친구로 여겨진다. 하지만 모든 것에 대한 한마음이 친애와 관련된 것은 아니고, 한마음인 이들에게 실천 가능한 것과 함께 사는 데 이바지하는 것만 관련된다. 그것은 단지 사유의 일치이거나 욕망의 일치가 아니다. 왜냐하면 반대되는 것을 사유하고 또 욕구하는 것이 가능하기 때문이다. 자제력이 없는 이의 경우, 그러한 불협화음이 있듯이 말이다. 선택에 따라서도 그리고 욕구에 따라서도 한

134 실제로는 무생물에 대해서는 선의를 가질 수 없다.

135 즉, 성격에 기초한. 아래 VII 10, 1242b39~1243a1; 『니코마코스 윤리학』 IX 1, 1164a12 참조.

136 탈문(脫文)된 곳이다.

마음이어야 한다.[137]

좋은 이들의 경우에 한마음이 생긴다. 비천한 이들은 같은 것을 선택하고 욕구함으로써 서로에게 해를 끼칠 뿐이다. 하지만 친애가 그러하듯 한마음 역시 단적인 의미로 쓰여서는 안 되는 것으로 보인다. 하나는 일차적이고 본성에 따라 훌륭한 한마음이다. 따라서 비천한 이들은 한마음을 이룰 수 없다. 다른 하나는 비천한 이들도, 만약 그들이 같은 것들을 선택하고 욕구한다면, 이룰 수 있는 한마음이다. 하지만 그들이 같은 것들을 욕망하되, 욕망하는 것이 양자 모두에게 속하는 것이 가능해야 한다. 그들이 양자에게 속할 수 없는 것을 욕망한다면, 싸우게 될 것이

137 1241a20: δεῖ δὲ Dirlmeier. 이어지는 문장에서 좋은 이들의 경우 한마음이 생긴다는 주장이 나오기 때문에 아리스토텔레스가 이 대목에서 선택뿐만 아니라 욕구에 따라서도 한마음인 이상적인 상태를 염두에 두고 있다고 보았다. 물론, 자제력이 있는 사람들의 경우처럼, 선택에 있어서는 한마음이지만, 욕구에 따라서는 한마음이 아닌 경우도 가능하다. 이런 관점에서 Décarie와 함께 P^2에 전승된 대로 οὐδ᾽εἰ…ὁμονοεῖ라고 읽으면, 해당 문장은 다음과 같다. "선택에 따라 한마음이라고 해서 욕구에 따라서도 한마음인 것은 아니다." 아리스토텔레스는 『동물운동론』 700b22에서 바람, 분노, 욕구가 모두 욕망(orexis)인 한편, 선택(prohairesis)은 사유와 욕망에 공통된다고 주장한다. 이때, 선택에 포함된 욕망은 이성적 욕망, 즉 바람(boulêsis)이다. 따라서 선택에 따른 한마음은 바람의 일치를 내포하지만, 욕구의 일치를 내포하지 않는다. 『대윤리학』에 따르면, 주된 의미의 한마음(homonoia)은 같은 것을 생각하는 것(noein)뿐만 아니라, 행동의 영역에서 같은 것을 선택하는 것도 포함한다. 이 선택에 바람이 관여한다(II 12, 1212a18~27).

다. 그러나 [일차적이고 본성에 따라 훌륭한] 한마음인 이들은 싸우지 않는다. 다스림과 다스림을 받는 것에 대해 같은 선택이 있을 때 한마음이 있다. 각자 한쪽을 선택하는 것이 아니라, 둘이서 같은 것을 선택한다. 그리고 한마음은 시민적 친애[138]이다. 그러므로 한마음과 선의에 대해서는 이 정도로 말해두자.

138 아래 9~10장을 보라.

8장

선행을 베풀고 받기

무엇 때문에 수혜자가 시혜자를 친애하는 것보다 시혜자가 수 1241a35
혜자를 더 친애하는가라는 문제가 제기된다.[139] 정반대가 정당한
것으로 여겨지는데도 말이다. 혹자는 유용성과 당사자에게 주어
지는 이익 때문에 그런 일이 생긴다고 가정할 수 있겠다. 한쪽에
빚을 졌으니, 다른 한쪽은 그 빚을 갚아야만 하니 말이다. 하지
만 그런 이유만이 아니라, 본성적인 이유도 있다.[140] 왜냐하면 활
동이 더 택할 만한 가치가 있기 때문이다.[141] 작품과 활동에 같은 1241b1
설명이 적용되는데, 수혜자는 시혜자의 작품과 같다. 이런 까닭

139 『펠로폰네소스 전쟁사』 II 40, 4; 플라톤, 『법률』 V 729b~c; 데모스테네스, 『왕관을 위하여』 269.

140 아리스토텔레스는 수혜자에 대한 시혜자의 사랑을 채무 관계에서처럼 유용성과 이익의 관점에서 설명하는 것을 넘어서 인간 본성의 관점에서 설명하려고 시도하려는 것으로 보인다.

141 II 1, 1219a9~10; 11, 1228a14; VII 2, 1237a30~36; 1241b7 참조.

1241b

에 동물의 경우에도 새끼에 대한 열성, 즉 새끼를 낳고 낳은 새끼를 지키려는 열성이 있다. 실로 아비들은 새끼들에게 친애 받는 것보다 그들을 더 친애한다. 그리고 어미들은 아비들보다 더 그렇다. 그리고 그들은 다시금 낳아준 부모보다 자신들의 새끼들을 더 친애하는데, 활동이 가장 좋은 것이기 때문이다. 그리고 어미들은 아비들보다 더 친애하는데, 그것은 새끼들이 자기 자신의 작품이라고 더욱더 생각하기 때문이다.[142] 왜냐하면 사람들은 작품이 누구의 것인지를 거기에 들인 노고로 규정하기 때문이다. 새끼의 출산에 관한 한, 어미가 더 많이 고통받는다. 자기에 대한 친애와 여럿 사이의 친애에 대해서는 이런 방식으로 규정해두자.

142 『니코마코스 윤리학』 IX 7, 1168a26에서는 어미들이 아비들보다 자식들이 자기의 자식들임을 더 잘 알기 때문이라는 이유를 든다.

9장

친애와 정의

정의는 어떤 동등한 것이고, '친함은 동등함이다'가 헛된 말이 아니라면, 친애 또한 동등에 기초하는 것으로 여겨진다. 그런데 모든 정체는 모종의 정의이다. 왜냐하면 그것은 공동체인데,[143] 공동의 것은 모두 정의를 통해 성립되기 때문이다. 그래서 친애의 종류만큼 정의와 공동체의 종류가 많으며, 그 모든 종류는 서로 이웃하며, 근소한 차이들을 지닌다.

영혼과 육체, 기술자와 도구, 그리고 주인과 노예가 이와 유사한 관계를 가지지만, 이들에게는 공유 관계[144]가 없다. 왜냐하면 그들은 둘이 아니라, 한쪽은 하나로 있지만 다른 한쪽은 그 하나

143 『정치학』 II 1, 1260b40: "정체는 일종의 공동체이다."

144 그리스어 'koinônia'는 공동체를 의미하거나 한 공동체의 구성원들이 무언가를 함께 나누어 가지는 공유 관계를 가리킨다. 후자의 의미에서 일본어 번역에서는 '共同性'이 사용된다.

에 속하기 때문이다.[145] 좋은 것이 양쪽에 각각 나누어지지 않고, 양쪽이 가진 좋은 것이 한쪽에 속하며, 그 한쪽을 위해 다른 한쪽이 존재한다. 왜냐하면 육체는 [영혼이] 선천적으로 지닌 도구이고, 노예는 주인에게 마치 분리된 사지나 도구인 것처럼 속하며, 도구는 영혼 없는 노예처럼 속하기 때문이다.[146]

그런데 다른 공동체들은 국가 공동체의 부분이다. 예를 들어, 친족 집단이나 종교 단체 또는 상업 조합이 있다. 그런데 온갖 정체가 가족 안에 포함되어 있는데, 올바른 형태들도 있고 일탈한 형태들도 있다. 사실, 음악 선법의 경우처럼 정체에서도 동일한 양상이 있다.[147] [자식에 대한] 낳은 자의 관계는 왕정에 상응하고, 남편과 부인의 관계는 귀족정, 형제들 간의 관계는 공화정[148]에 해당한다. 이러한 정체들의 일탈한 형태가 참주정, 과두정, 민주정[149]이다. 물론, 정의로운 정체도 그만큼 많다.

145 『정치학』 I 6, 1255b4~15.

146 『니코마코스 윤리학』 VIII 6, 1161a32~b8; 『정치학』 I 4, 1253b25~33(노예는 살아 있는 도구).

147 기준이 되는 선법들과 그것들 각각의 변형, 즉 일탈 형태(parekbasis)가 있듯이, 올바른 정체들과 그것들 각각의 일탈 형태가 있다. 『정치학』 IV 3, 1290a19~29 참조.

148 여기에서 'politeia'는 다수 지배의 올바른 형태를 가리키며, 이런 의미에서 '공화정'으로 옮겼다. 하지만 'politeia'는 일반적인 의미에서 '정체', 특수한 의미에서 과두정과 민주정의 혼합정체를 가리킬 수 있다(『정치학』 IV 8, 1293b34).

동등은 한편으로는 수에 따른 것이고, 다른 한편으로는 비례에 따른 것이므로,[150] 정의의 종류와 친애의 종류 그리고 공유의 종류도 그렇게 될 것이다. 〈공화정적〉 공유[151]와 동료적 친애는 산술적 동등에 기초한다. 그것들이 동일한 기준에 의해 측정되니까. 반면, 귀족정적 공유—이것이 최선인데—와 왕정적 공유는 비례적 동등에 기초한다. 위에 있는 자와 아래에 있는 자에게 동일한 것이 아니라, 비례적인 것이 정의로우니까. 아버지와 자식 간의 친애도 마찬가지이고, 같은 방식이 공유 관계에도 적용된다.

149 아리스토텔레스는 '민중(demos)'을 '민주주의'의 의미로 사용한다.

150 동등을 두 종류, 즉 산술적 동등과 비례적 동등으로 나눈다.

151 1241b35: πολιτική suppl. Dirlmeier와 Kenny(p. 130: 'Republican partnership')와 함께 30~31행의 '공화정(politeia)'을 가리키는 것으로 보았다. 여기에서 'koinônia'는 공유 내지 공유 관계를 뜻하는 것으로 보았다(cf. Kenny와 Rackham: 'partnership').

10장

시민적 친애

1242a1 그런데 친애로 일컬어지는 것에는 친족적 친애, 동료적 친애, 공동체적 친애 그리고 소위 시민적 친애가 있다. 친족적 친애에는 여러 종류가 있는데, 하나는 형제들 간의 친애와 같은 것이고, 다른 하나는 아버지와 아들들 간의 친애와 같은 것이다. 왜냐하면 하나는 가령 부성애처럼 비례적 동등에 기초하지만, 다른 하나는 형제들 간의 친애처럼 산술적 동등에 기초하기 때문이다. 후자는 동료적 친애에 가까우니 말이다. 사실, 여기서도 사람들이 연장자의 권리를 주장한다.[152]

시민적 친애는 다른 무엇보다도 유용성에 따라 성립한다. 사람들은 함께 살기 위해서라도 모였을 테지만, 각자 자족적이지

152 『정치학』 V 6에 따르면, 국가의 공적인 생활에서 형제 간의 나이 차가 중요시되었다.

못하기 때문에 모이는 것으로 여겨지니까.[153] 오직 시민적 친애와 그것의 일탈한 형태만이[154] 단순히 친애에 그치지 않을 뿐만 아니라, [시민들이] 친구들로서 공동체를 이루기까지 한다. 다른 친애들은 우월성에 기초한다.[155]

유용한 사람들의 친애에 놓인 정의가 가장 충실한 의미에서 정의인데, 그것이 바로 시민적 정의[156]이기 때문이다. 사실, 톱과 그것을 사용하는 기술은 다른 방식으로, 즉 어떤 공동의 목적을 위해서가 아니라—마치 도구와 영혼처럼—사용자를 위해서 모인다. 도구도 일과 관련하여 정당한 돌봄을 받게 된다. 왜냐하면 도구는 저 일을 위해 있기 때문이다. '송곳임'은 이중적 의미를 가지는데, 그중에서 더 중요한 것은 활동, 즉 뚫기이다.[157] 전

153 『정치학』 II 6, 1278b20~21에는 사람들이 서로 도와줄 필요가 없어도 공동체에서 함께 살기를 원했을 것이라는 점이 지적된다. 이 맥락에서 '함께 사는 삶의 달콤함'이 언급된다. 『니코마코스 윤리학』 VIII 9, 1160a11에서는 국가의 성립과 존속이 유용성에 기반한다고만 기술되어 있다.

154 좁은 의미의 정체, 다시 말해 공화정의 일탈한 형태인 '민주정'(1241b32)과 관련되는 것으로 여겨진다.

155 VII 4, 1239a4~5 참조. 앞서 언급된 다른 친애들, 즉 친족적 친애와 동료적 친애의 경우 동등성에 기반한 친구들 사이의 친애가 아니다.

156 『대윤리학』 I 33, 1194b8~29; 1195a6~7; 1196a31; 『니코마코스 윤리학』 V 10, 1143a26 참조.

157 한 사물의 존재 양태는 활동태와 가능태로 나뉜다. 다시 말해, 활동태와 가능태는 한 사물의 두 가지 존재 방식이다. 송곳이 무언가를 뚫을 수 있지만 뚫지 않고 있을 때 가능태에 있고, 실제로 무언가를 뚫을 때 활동태에 있다. 가능태에 있다는 것은 활동을 할 수 있는 능력을 가지고 있다는 것을

에 이야기한 것처럼,[158] 육체와 노예는 이러한 종류[159]에 속한다.

실제로 어떻게 친구와 사귀어야 하는지를 묻는 것은 어떤 정의를 찾는 일이다. 일반적으로 모든 정의는 친구와 관련되니 말이다. 왜냐하면 정의는 어떤 사람들, 즉 공동체 구성원과 관련되고 친구는 공동체 구성원, 한편으로는 가문의 구성원이고, 다른 한편으로는 생활 공동체의 구성원이기 때문이다. 인간은 단지 정치적 동물일 뿐만 아니라 가정경제적 동물이기도 하고,[160] 다른 동물들처럼 특정한 시기에 임의의 암컷이나 수컷과 짝짓기를 하지 않는다. 오히려 인간은 개인적으로 사는 독거 동물이 아니라, 본성상 동류의 존재들과 함께 사는 군집 동물이다. 그러므로 [인간에게] 설령 국가가 없다 해도 공동체와 어떤 정의가 있다.

가족은 일종의 친애 공동체이다. 사실상 주인과 노예의 관계는 기술과 도구들의 관계 내지 영혼과 몸의 관계와 같아서, 이와 같은 관계들은 친애도 아니고 정의도 아니고, 단지 이것들과 유

의미하고, 활동태에 있다는 것은 그 능력을 실현하는 활동을 한다는 것을 의미한다. 아리스토텔레스는 활동을 위한 능력보다는 활동, 다시 말해 능력의 실현을 더 중요하게 생각한다. 위의 VII 2, 1237a22~23에 대한 각주 참조.

158 VII 9,1241b17~24 참조.

159 도구.

160 '정치적(politikon) 동물'은 정치 공동체, 즉 국가(polis)를 구성하고 사는 동물을 뜻하고, '가정경제적(oikonomikon) 동물'은 경제공동체인 가족(oikia)을 이루고 사는 동물을 뜻한다.

사할 뿐이다. 마치 건강이 정의가 아니라 그와 유사하듯이 말이다.[161] 그러나 부인과 남편의 관계는 유용성을 기초로 한 친애이자 공유 관계이다. 다른 한편, 아버지와 아들 간의 친애는 신이 인간에 대해 그리고 시혜자가 수혜자에 대해, 일반적으로 본성상 다스리는 것이 본성상 다스림을 받는 것에 대해 가지는 친애와 같다. 하지만 형제들 상호간의 친애는 동등성을 기초로 한다는 점에서 무엇보다도 동료적인 친애이다.

나는 그에 의해 어떤 서자라고 불리지 않았으니까.
둘 다에게 같은 이가 아버지라 불렸다.
제우스, 나의 통치자.[162]

이런 식으로 동등을 추구하는 이들이 말한다. 이런 이유에서
가족에 일차적으로 친애와 정체 그리고 정의의 시작과 원천이 1242b1
있다.

세 가지 친애가 있고—덕에 따른 것, 유용성에 따른 것, 즐거움에 따른 것—그것들 각각이 두 가지로 구분되므로—그것들 각각이 한편으로는 우월성에 따른 것이고 다른 한편으로는 동

161 『변증론』 I 15, 106b30~35; 플라톤, 『국가』 444c~e; 『고르기아스』 504b~d 참조.

162 소포클레스 단편 688 Nauck=755 Pearson.

등성에 따른 것이니까—, 이것들에 관련된 정의(正義)가 무엇인지는 위의 논의로부터 분명하다. 우월성에 따른 친애에서는 비례적인 정의가 요구되지만 동일한 방식으로 요구되는 것이 아니다. 우월한 자는 역비례적인 것을, 즉 자신 대 열등한 자의 관계가 열등한 자의 봉사 대 자신의 봉사의 관계와 같기를 요구한다.[163] 그것은 마치 다스리는 자가 다스림을 받는 자를 대하는 경우와 같다. 그게 아니라면, 그는 적어도 산술적 동등을 요구한다. 다른 공동체들의 경우에도 그와 같은 일이 발생한다. 때로는 수에 따라, 때로는 비율에 따라 동등한 몫을 나누어 가지니까.[164] 만약 돈이 수에 따라 동등하게 들어오면 수에 따라 동등하게 분배하고, 만약 동등하게 들어오지 않으면 비례적으로 분배한다. 그러나 열등한 자는 비례를 역전해서 대각선의 양 끝에 놓인 것들끼리 짝을 짓는다.[165] 그 경우, 우월한 자가 손해를 보게 되고 친애와 공유가 공공 봉사[166]로 여겨진다. 그러므로 어떤 다른 것

163 우월한 자: 열등한 자=열등한 자의 봉사: 우월한 자의 봉사.

164 수에 따른(ἀριθμῷ) 동등은 산술적 동등이고, 비율에 따른(λόγῳ) 동등은 비례적 동등이다. 『정치학』 V 1, 1301b26~1302a8; 『대윤리학』 1211b12, 15(=kata logon) 참조.

165 『니코마코스 윤리학』 V 8, 1133a6 이하 참조. 역비례가 적용되면, 열등한 자는 더 많이 받고, 우월한 자는 더 적게 받게 된다.

166 공공봉사(leitourgia)는 기원전 5~4세기 아테네에서 부유한 시민들이 비극 경연, 운동 경기, 군선 건조 등 공공의 목적을 위해 비용을 부담한 제도이다. 『니코마코스 윤리학』 VIII 14, 1163a29 참조.

에 의해 동등을 회복하고 비례를 성립시켜 주어야 한다. 그 다른 것이 바로 명예이며, 이것이야말로 다스림을 받는 자에 비해 다스리는 자에게 그리고 신에게 본성적으로 속하는 것이다. 한편, 이득은 명예와 대등하게 주어져야 한다.[167] 동등성에 기초한 친애는 시민적 친애이다. 그런데 시민적 친애는 유용성에 따르며, 도시 국가들이 서로 친구인 것과 같은 방식으로, 시민들도 서로 친구이다.

아테네인들은 더 이상 메가라인들을 알아보지 못한다.[168]

시민들도 서로 더 이상 유용하지 않으면 서로를 알아보지 못하고, 친애가 "손에서 손으로"[169] 거래된다. 그러나 여기에는[170] 다스리는 쪽도 다스림을 받는 쪽도 있다. 다스리는 쪽은 자연적인 통치자[171]나 왕과 같은 통치자가 아니라, 교대로 다스리는 자이며, 신(神)처럼 선행을 베풀기 위해 다스리는 것이 아니라, 좋

167 다스리는 자는 명예를 얻고, 그 명예에 대등한 이득, 가령 보호나 지도 등을 다스림을 받는 자에게 주어야 한다.

168 작자 미상. 연가 단편 6 Bergk.

169 즉, 현찰로. 『니코마코스 윤리학』 VIII 13, 1162b27 참조.

170 시민적 친애의 경우.

171 예를 들어, 아버지.

은 것[172]과 공공 봉사를 동등하게 나누기 위해서 다스린다. 그러므로 시민적 친애는 동등성에 따르길 바란다.

유용한 친애에는 두 종류가 있는데, 하나는 법적 친애이고, 다른 하나는 성격적[173] 친애이다. 시민적 친애는 마치 파는 이들과 사는 이들처럼 동등성과 사물을 고려한다. 그래서 다음과 같은 속담이 있다.

친한 사람에게 보수를.[174]

그러므로 친애가 동의에 따른 것이라면, 그것은 시민적이고 법적인 친애이다. 하지만 사람들이 서로 [돈을 갚을 것이라고] 신뢰한다면, 성격적이고 동료적인 친애이기를 바라는 것이다. 그리하여 이 친애에 책망이 제일 많다. 이유는 그것이 본성에 어긋나기 때문이다. 유용성에 따른 친애와 덕에 따른 친애는 상이하다. 하지만 그들은 둘 다 동시에 가지길 바라며, 한편으로는

172 이 맥락에서는 '좋은 것'은 '이득'이나 '혜택'을 의미하는 것으로 보인다.

173 아리스토텔레스가 아래 1243a35~36에서 '성격적 친애(êthikê philia)'를 다루면서 '성격적 친구들(ethikoi philoi), 즉 성격에 기초한 친구들을 '덕에 의거한(di' aretên) 친구들'과 등치시킨다.

174 친한 사람에게 약속한 보수를 확실히 주라는 속담. 헤시오도스, 『일과 나날』 370(μισθὸς δ' ἀνδρὶ φίλῳ εἰρημένος ἄρκιος ἔστω); 『니코마코스 윤리학』 IX 1, 1164a28 참조.

유용성을 위해 사귀지만, 다른 한편으로는 마치 공정한 사람들처럼 친애를 성격적인 것으로 만들고, 그리하여 마치 서로 신뢰하는 사람들처럼 친애를 법적인 것이 아닌 것으로 만든다.

일반적으로 세 가지 친애 가운데에서 유용한 친애의 경우에 책망이 제일 많다. 왜냐하면 덕은 책망의 대상이 아니고, 즐거움을 주고받은 자들은 서로 떠나지만, 유용한 친구들은 법적인 관계가 아니라 동료적인 관계를 맺은 경우 곧장 헤어지지 않기 때문이다. 그럼에도 유용한 친애 가운데 법적 친애는 책망의 대상이 아니다. 법적 친애의 해체는 돈에 관련된 문제이지만—동등성이 돈으로 측정되니까—, 성격적 친애의 해체는 자발적인 것이다. 이런 까닭에 몇몇 곳에는 그런 식으로 친하게 사귀는 이들이 상호 계약을 맺은 경우, 소송하지 못하게 하는 법이 있는데, 이는 올바르다. 왜냐하면 좋은 사람들에게는 소송하는 것[175]이 본성에 맞지 않고, 그렇게 친한 사람들은 좋은 사람들로서 신뢰하는 사람들로서 서로 계약을 맺기 때문이다. 그러한 종류의 친애에서는 양쪽 모두의 책망이 의심스럽다. 그들이 법이 아니라, 성격에 기초하여 서로 신뢰한다면, 어떻게 서로 다른 쪽을 책망할 것인가?

실로 두 가지 방식 가운데 어느 방식으로 정의(正義)를 판별해

175 『니코마코스 윤리학』 V 7, 1132a20~22.

야 하는지가 문제이다. 제공된 사물의 양에 주목해야 하는가 아니면 수혜자에게 받아들여진 질에 주목해야 하는가? 왜냐하면 테오그니스가 말한 바대로일 수 있기 때문이다.

여신이여, 당신에게는 이것이 작지만, 제게는 큽니다.[176]

하지만 다음 속담에서처럼 반대 경우도 생길 수 있다. "네게는 이것이 장난에 불과하지만, 나에겐 죽음이다." 이로부터 책망이 생긴다. 한쪽은 곤궁에 처한 친구에게 봉사를 했기 때문에 큰 봉사를 했다면서 보답을 요구하거나 저 친구에게 주어진 이득이 얼마를 의미했는지에 관해—그것이 [시혜자] 자기 자신에게 무엇을 의미했는지에 관해서는 말하지 않고—그와 유사한 말을 하면서 보답을 요구한다. 반대로 다른 한쪽은 주어진 봉사가 준 사람에게 얼마나 큰지를 말할 뿐, 자신에게 얼마나 큰지는 말하지 않는다.[177] 때때로 그들은 입장을 바꾼다. 한쪽은 그에게 얼마나 작은 것이 주어졌는지를 말하는 데 반해, 다른 한쪽은 자기가 준

176 테오그니스, 『애가』 14.

177 아리스토텔레스는 아마도 다음과 같은 경우를 염두에 두고 있는 것으로 보인다. 시혜자는 자신이 베푼 것이 그것을 받은 사람에게 얼마나 큰 것을 의미하는지를 말하지만, 자신에게 얼마나 작은 것을 의미하는지 말하지 않는 데 비해, 수혜자는 자기가 받은 것이 시혜자에게 얼마나 작은 것을 의미하는지를 말하지만, 자신에게 얼마나 큰 것을 의미하는지 말하지 않는다.

것이 자기에게 얼마나 큰 것을 의미했는지를 말한다. 예를 들어, 위험에 처한 자가 1드라크마 가치의 도움을 주었다면, 한 사람은 위험의 크기를, 다른 사람은 돈의 크기를 강조한다. 마치 돈을 갚을 때처럼 말이다. 여기서도 그것들과 관련된 논란이 있다. 왜냐하면 상세히 약정해두지 않은 이상, 한쪽은[178] 돈이 그때 어떤 가치를 가졌는지를, 다른 한쪽은[179] 돈이 지금 어떤 가치를 가지고 있는지를 보아야 한다고 주장하기 때문이다.

그러므로 시민적 친애는 동의 사항[180]과 사물을 주시하고, 성격적 친애는 [당사자의] 선택을 고려한다. 그래서 후자가 더욱 정의로운데, 이것이 친애적 정의다. 그런데 분쟁의 원인은 성격적 친애가 더 아름답지만, 유용한 친애가 더 필요하다는 데 있다. 사람들은 성격적 친구로서, 즉 덕에 의거한 친구로서 시작하지만 사적인 이득이 충돌하면, 그들이 다른 사람들이었다는 사실이 밝혀진다. 사실, 대중은 여유가 있어야[181] 아름다움을 추구하고, 그런 까닭에 [여유가 있어야] 더욱 아름다운 친애도 추구 1243b1

178 채무자.

179 채권자.

180 위의 1242b35 참조.

181 달리 말해, '남아도는 게 있어야'. '여유'로 옮긴 'periousia'는 '꼭 필요한 것 이상', '넘치는 것' 또는 '사치'라는 의미를 담고 있다. 가령, '사는 것'이 필요한 것이라면, '잘 사는 것'은 'periousia'의 영역에 속한다. 『변증론』 III 2, 118a6~15; 『정치학』 VII 10, 1329b27~31 참조.

1243b

한다. 그러므로 이러한 경우들을 어떻게 구분해야 하는지가 명백하다.

사람들이 성격적 친구라면, 그들의 선택이 동등한지를 보아야 하고, 한쪽이 다른 한쪽에게 다른 어떤 것도 요구해서는 안 된다는 점에 유의해야 한다. 만약 그들이 유용한 친구들 내지 시민적 친구들이라면, 어떻게 동의하는 것이 이들에게 유익한지 고려해야 한다. 그러나 만약 한쪽은 이런 의미에서, 다른 한쪽은 저런 의미에서 서로 친구라고 주장한다면, 누군가 빌린 것을 갚아야 할 때 아름다운 말만 하는 것은 아름납지 않다. 다른 경우에도 사정은 마찬가지이다. 그러나 그들은 성격에 기초하여 계약을 하지 않았기 때문에 제삼자가 판결해야만 하고, 그들 가운데 어느 한쪽도 가식적인 행동으로 속여서는 안 된다. 그리하여 각자 자신의 운에 족해야 한다.

성격적 친애는 선택에 따르는 것임이 분명하다. 설령 큰 것을 얻고도 무능력으로 인해 전부 되돌려 줄 수 없어서 가능한 만큼만 갚는다 해도 괜찮으니 말이다. 신 역시 우리의 능력에 따라 제사를 받는 것에 그친다.[182] 그러나 장사꾼에게는 더 이상 줄 수 없다고 말하는 것으로는 충분치 않을 것이다. 빚쟁이에게도 마찬가지다.

182 『니코마코스 윤리학』 VIII 16, 1163b15~18 비교.

상호 이질적인[183] 친애들의 경우 책망이 많이 생기고, 정의로운 것을 보기가 쉽지 않다. 왜냐하면 상호 이질적인 것을 하나의 특정 척도로 재기가 어렵기 때문이다. 이는 사랑 관계에서 일어나는 일과 같다. 한쪽은 상대방을 쾌락의 대상으로 여기고 함께 살기 위해 좇는 반면, 다른 한쪽은 종종 상대방이 유용하기 때문에 그를 좇는다. 하지만 그들이 사랑하기를 멈추면, 서로가 달라지게 되고, 그때 주고받은 것을 대차 대조하여 계산한다. 퓌톤과 팜메네스[184]가 헤어졌을 때처럼 그리고 일반적으로 스승과 제자—지식과 돈은 하나의 척도로 잴 수 없으니까—, 의사 헤로디코스[185]와 치료비를 적게 지불한 환자, 그리고 키타라 연주자와 왕처럼 말이다.[186] [키타라 연주자와 왕의 경우] 후자는 전자가 즐거웠기 때문에 사귀었고, 전자는 후자가 유용했기에 사귀었다. 그런데 왕이 지불해야 할 때가 오자, 자기 스스로가 쾌락의 대상인 것처럼 행세하며, 키타라 연주자가 노래를 불러 즐겁

183 1243b15: τοῖς μὴ κατ' εὐθυωρίαν. 직역하면 '일직선 상에 있지 않다'이다. 친애의 동기 내지 선택이 일치하지 않는 사람들 사이의 관계를 가리킨다. 『대윤리학』 1210a34; 『니코마코스 윤리학』 IX 1, 1163b32.

184 테베의 장수였던 팜메네스를 가리킬 수 있다. 마케도니아의 필립이 368년에 테베에 인질로 갔을 때 그의 집에 머물렀다.

185 1243b21~22. Ἡρόδικος Spengel: Πρόδικος codd. 헤로디코스는 트라키아 출신의 의사로 기원전 5세기에 활동했으며, 히포크라테스의 스승이다.

186 『니코마코스 윤리학』 IX 1, 1164a15 비교.

게 했듯이, 자신도 그에게 약속을 해 줌으로써 그를 즐겁게 했다고 말한다.

그렇지만 이 경우에도 어떻게 판별해야 하는지가 분명하다. 여기서도 하나의 척도로 측정해야 하지만, 하나의 단위가 아니라, 하나의 비율로 재야 한다.[187] 시민적 공유 관계를 재는 방식대로 비례에 따라 재야 한다. 어떻게 제화공이 농사꾼과 산물들을 공유할 수 있겠는가? 만약 그들의 산물들이 비례 관계에 의해 동등하게 평가되지 않는다면 말이다. 상호 이질적인 공유 관계에서는 비례적인 것이 척도이다. 가령 한 사람이 소송을 제기하면서, 자신이 지혜를 주었다고 하고, 다른 사람은 돈을 주었다고 한다면, 부(富) 대 지혜의 비율이 얼마인지,[188] 그다음 각자에게 무엇이 주어졌는지 살펴보아야 한다. 만약 한쪽이 더 적은 것의 반을 주었는데, 다른 한쪽이 더 많은 것의 극히 적은 일부를 주었다면, 후자는 불의를 범한 것이 분명하다.[189] 여기에서도 한 사

187 1243b28~29: ἑνὶ μὲν γὰρ μετρητέον καὶ ἐνταῦθ', ἀλλ'οὐχ ὅρῳ, ἀλλὰ λόγῳ. 참고로 Décarie와 Rackham은 Jackson의 제안에 따라, 'οὐχ ὅρῳ' 대신 'οὐκ ἀριθμῷ'이라고 읽었다. 이에 따르면, 다음과 같은 번역이 가능하다: "여기서도 하나의 척도로 측정해야 하지만, 하나의 수가 아니라 하나의 비율로 측정해야 한다."

188 1243b34: τί σοφία Bonitz: τῇ σοφίᾳ codd.

189 더 적게 가진 자가 가진 것의 반을 주었는데, 더 많이 가진 자가 가진 것의 극히 일부만 줄 경우, 후자가 불의를 범한 것이다.

1243b

람은 그들이 서로 유용한 친구로서 모였다고 주장하는 데 반해, 다른 사람은 그게 아니라 어떤 다른 친애에 의거해 모였다고 주장한다면, 애초에 논란거리가 있었다.

11장

친애에 관한 난제들

1244a1 좋은 친구, 즉 덕에 따른 친구와 관련해서, 그에게 유용한 봉사를 하고 도움을 주어야 하는지 아니면 무언가 갚을 능력이 있는 이에게 그렇게 해야 하는지 살펴보아야 한다. 이는 다음 물음과 같다. 친구와 훌륭한 사람 가운데 누구에게 더 잘 해줘야 하는가? 사실, 만약 한 사람이 같은 정도로[190] 친구이면서 훌륭하기도 하다면, 아마도 그다지 어려운 문제가 아닐 것이다. 누군가 한 면을 중시하면서 다른 면을 경시하지 않는다면, 즉 친구임을 강화시키면서 공정함을 약화시키지 않는다면 말이다. 그렇지 않다면 많은 문제가 발생한다. 가령 어떤 이는 친구였으나 친구가 아니게 될 것이고, 다른 이는 친구가 될 것이지만 아직 아니고, 또는 어떤 이는 친구가 되었으나 지금은 아니고, 다른 이는 친구

190 Fritzsche와 함께 쉼표를 ἴσως 다음에 찍었다.

이지만, 친구가 아니었고 또 아닐 것이다. 그러나 [맨 처음에 제기된] 저 문제가 풀기 더 힘들다. 에우리피데스가 다음과 같은 시를 통해 뭔가 의미 있는 말을 하지 않았나 싶다.

말의 정당한 대가는 말로 치를 수 있지만,
행위는 베풀어진 그 행위로 갚아야 한다.[191]

모든 것을 아버지에게 갚아야 하는 것이 아니라, 어머니에게[192] 갚을 것들도 있다. 아버지가 더 상위의 존재라고 하더라도 말이다. 제우스 신에게도[193] 모든 것을 제물로 바치지 않는다. 또한 그는 모든 영예를 다 가지는 것이 아니라 특정한 영예만 가진다. 그러므로 아마도 유용한 친구에게 해 줄 것이 있는가 하면, [사람됨이] 좋은 친구에게 해 줄 것도 있을 것이다. 가령 누군가 네게 식량과 생필품을 준다고 해서 네가 그와 함께 살아야 하는 것은 아니다. 그러므로 함께 사는 친구에게 주는 것[194] 대신 유용한 친구가 주는 것을 줄 필요가 없다. 그러나 그렇게 행하면서[195] 사

191 단편 890 Nauck.
192 『니코마코스 윤리학』 IX 2, 1165a14~18; 21~27 비교.
193 『니코마코스 윤리학』 V 10, 1134b22 비교.
194 함께 사는 즐거움.
195 1244a18: τοῦτο ποιοῦντες [τούτῳ] Rackham.

랑하는 이에게 모든 것을 정도에 맞지 않게 주는 이들은 아무 가치가 없다.

이상의 논의에서 언급된 친애의 규정들은 모두 어떤 의미에서 친애에 대한 것이지만, 동일한 친애에 대한 것이 아니다.[196] 사실, 유용한 친구에게는 상대에게 좋은 것이 있기를 바라는 것이 특징이지만—이것은 시혜자에게 그리고 실로 어느 친구에게든 속하는 특징이다. 이러한 친애의 규정은 변별력이 없으니까—, 다른 친구에게는 존재하는 것을 바라는 것이, 또 다른 친구에게는 함께 살기를 바라는 것이, 즐거움에 의거한 친구에게는 같이 아파하고 같이 기뻐하기를 바라는 것이 특징이다. 이 모든 규정은 어떤 친애를 묘사하는 데 쓰이지만, 아무것도 하나의 친애에만 관련된 것은 아니다. 그런 까닭에 여러 규정들이 있고, 각 규정이 하나의 친애에 속하는 것으로 보이지만,[197] 실제로 그렇지 않다. 존재하기를 선택하는 것을 예로 들자.[198] 우월성에 의거한 친구이자 시혜자는 자신의 작품[199]에게 그것이 존재하기를 바라고, [수혜자는] 존재를 부여한 자에게 보답해야 하지만, 그가 아

196 VII 6, 1240a22 이하.

197 VII 6, 1240a28~30 참조.

198 앞에 언급된 "어떤 친구에게 존재하는 것을 바라는 것"을 받는 표현으로 여겨진다.

199 수혜자는 시혜자의 작품이라는 생각은 VII 8, 1241b1~4에도 피력되었다.

니라 즐거운 자와 함께 살아야 한다.

어떤 친구들은 서로에게 불의를 범한다. 왜냐하면 그들은 사물을 그것의 소유자보다 더 사랑하기 때문이다. 그런 까닭에 소유자들도 사랑한다. 마치 달콤하기 때문에 포도주를 택하고 유용하기 때문에 부를 택하듯이 말이다. 소유자가 더 유용하니까.[200] 실로 그 때문에 그가 언짢아 한다. 마치 그가 오히려 [자신보다] 못한 것을 위해 선택된 것처럼. 하지만 그들은 그를 책망한다. 왜냐하면 그들은 이전에는 그에게서 즐겁거나 또는 유용한 친구를 찾았지만, 이제 좋은 친구를 찾기 때문이다.[201]

200 사물을 소유하지 않은 친구보다 소유한 친구가 더 유용하다.

201 A가 덕이 아니라, 쾌락과 이득 때문에 B를 친구로 삼았는데, B가 그것을 알고 책망을 들은 이들이 책망하는 친구의 책망을 못마땅해한 것으로 보인다. 이전에는 그 친구에게서 쾌락과 유익을 구했지만, 이제 책망하지 않는 유덕함을 구하기 때문에 책망하는 상대를 못마땅하게 여기고 책망하는 것이다.

12장

친애와 자족성

자족성과 친애에 대해서도 그것들이 특성상 서로 어떻게 관련되는지 살펴보아야 한다. 누군가 다음과 같이 물을 수 있을 테니 말이다. 만약 누군가 전적으로 자족적이라면 그리고 사람들이 부족함 때문에 친구를 찾는다면, 그에게 친구가 있겠는가 아니면 없겠는가?[202] 또는 좋은 사람이 가장 자족적일까? 만약 덕을 지닌 자가 행복하다면, 그가 왜 친구를 필요로 하겠는가? 자족적인 이들은 유용한 자들도 향락을 주는 자들도 같이 살 사람도 필요하지 않을 테니 말이다. 왜냐하면 그에게는 자신과 함께 있는 것으로 족하기 때문이다. 이것은 무엇보다도 신(神)의 경우에 확연히 드러난다. 그는 더 이상 아무것도 필요하지 않기 때문에 친구도 필요하지 않을 것이고, 전혀 필요하지 않은 것을 가지지

202 플라톤, 『뤼시스』 215a 참조.

1244b

않을 것이 분명하니까. 그리하여 가장 행복한 사람이, 자족적인 것이 불가능한 경우를 제외하고, 친구를 가장 덜 필요로 할 것이다. 그래서 가장 잘 사는 자에게 친구가 가장 적고 그 수가 계속해서 줄어들 것이며, 또한 그는 친구가 생기도록 애쓰지 않을 것이고, 유용한 친구들뿐만 아니라 함께 살기 위해 선택한 친구들조차 가벼이 여길 것임이 필연적이다.

그러나 심지어 이 경우에도 친구는 유용성과 도움을 위해 있는 것이 아니며, 오직 덕에 의거한 친구만이 친구라는 점이 명백해 보인다. 왜냐하면 우리 모두는 아무것도 부족하지 않을 때, 함께 누릴 사람들을 찾고 시혜자들보다는 수혜자들을 찾기 때문이다. 우리는 부족할 때보다는 자족적일 때 더 나은 판단을 하며, 그때 무엇보다도 함께 살 가치가 있는 친구들을 필요로 한다.

이 문제에 대해서 혹시 한편으로는 뭔가 옳은 말을 했지만, 다른 한편으로는 [신과 인간의] 비교로 인해[203] 뭔가 간과된 것이 아닌지 살펴보아야 한다. 이 문제는 사는 것이 활동태로서 그리고 목적으로서 무엇인지 파악하면 분명해질 것이다. 그러니까 사는 것이 감각하는 것과 인식하는 것이므로, 따라서 함께 사는

203 아래 1245b13 이하 참조.

것은 함께 감각하고 함께 인식하는 것임이 명백하다.[204] 그런데 각자에게 자기를 감각하고 자기를 인식하는 것이 가장 택할 만하다. 그리고 그 때문에 살려는 욕망이 모두에게 뿌리내려 있다. 사실, 사는 것이 일종의 인식으로 간주되어야 한다.[205]

그러므로 만약 누군가 그 인식 작용을 [대상으로부터] 떼어내어 그 자체로 있는 것으로 만들어서 〈자기를〉 인식하는 것이 아닌 것으로 만든다면—그 글에[206] 쓰여진 것처럼 이 점이 간과되었지만, 실제로는 간과될 수 없다—, [자기를 인식하는 것이] 자기 대신에 남을 인식하는 것과 아무런 차이가 없을 것이다. 그런데 그것은 자기 대신 남이 사는 것과 비슷하다. 하지만 자기를 감각하고 인식하는 것이 더 택할 만하다는 것에 일리가 있다. 사실, 그 글에 쓰여진 두 명제, 즉 사는 것이 택할 만하다는 것과 좋은 것이 택할 만하다는 것을 한꺼번에 결합해야 한다. 이로부터 같은 방식으로 우리 자신에게 그와 같은 [좋은] 본성이 속하는 것이 택할 만하다는 결론이 나온다.

204 아래 1244b33~34, 1245a4~5; 『니코마코스 윤리학』 IX 9, 1170a25~b14 참조.

205 『철학에의 권유』 단편 6과 7 참조.

206 1244 35: ἐν τῷ λόγῳ. Jäger에 따르면, 여기에 언급된 'logos'는 『철학에의 권유』이다. Décarie는 'logos'가 앞에 제시된 신과의 대비 논변을 지시한다고 주장한다.

그러므로 만약 그와 같은 대립쌍의 병렬항[207]에서 항상 한쪽이 택할 만한 것의 지위에 있다면, 인식 대상과 감각 대상도 일반적으로 말해 한정된 본성에 참여함으로써 그러한 지위에 있다. 그러므로 자기를 감각하기를 바라는 것은 자신이 특정한 존재이기를 바라는 것이다. 그런데 우리는 자체적으로 그것들 [인식 대상과 감각 대상] 각각인 것이 아니라, 감각하거나 인식하는 가운데 그러한 능력들에 참여함으로써 그러하다. 이전에 감각했던 것과 동일한 방식으로—수단과 대상에 있어서—감각하면서 감각되고, 인식하면서 인식되니 말이다. 따라서 사람이 살기를 바라는 이유는 항상 인식하기를 바라기 때문이고, 이는 다시금 자기 자신이 인식 대상이기를 바라기 때문이다.

실로 함께 살기를 택하는 것이 어떤 의미에서는 순진해 보일 수 있다. 우선 함께 먹거나 함께 마시는 것과 같이 다른 동물들과 공유하는 것들의 경우를 보자. 이것들이 우리가 가까이 있을 때 일어나든 떨어져 있을 때 일어나든, 만약 네가 말을 제외한다면 무슨 차이가 있겠는가? 심지어 아무런 말이나 나누는 것도 그러한 종류에 속한다. 자족적인 이들에게는 가르치는 것도 배우는 것도 불가능하다. 왜냐하면 배운다면 스스로 마땅히 지녀야

207 한정과 무한정의 대립쌍에 상응하는 대립쌍들의 병렬항. 『형이상학』 A5, 986a22 이하; Λ 7, 1072a31, 『생성소멸론』 I 3, 319a15, 『자연학』 III 2, 201b25.

할 바를 지니지 못했고, 가르친다면, 그의 친구가 그러한 것인데, 동등함이 친애이기 때문이다.

그렇지만 분명 적어도 다음과 같은 현상이 있다. 우리 모두는 좋은 것들을, 각자에게 속하는 한, 그리고 가능한 가장 좋은 것을 친구들과 함께 나누어 가지기를 더욱 즐거워하는데, 어떤 이는 그것들 가운데 육체적 쾌락을 나누고, 다른 이는 시가 연구[208]를 함께 하고, 또 다른 이는 철학을 함께 한다. 그러므로 친구와 함께 있어야 하고, 이런 까닭에 "멀리 있는 친구는 고통이다"라고 말한다. 그래서 그렇게 되면 친구들은 서로 떨어져서는 안 된다. 이 점에서 성적인 사랑도 친애와 닮아 보인다. 왜냐하면 사랑하는 이는 함께 살기를 욕망하기 때문이다. 다만 가장 마땅한 방식이 아니라, 감각적 의미에서 함께 살기를 욕망한다.

그러므로 그 논변이 [자족성과 친애의 관계에 관련된] 문제를 제기하면서 그렇게 주장하지만,[209] 실제로는 이러함이 명백하므로,[210] 문제를 제기한 자가 우리를 어떤 방식으로 오도하고 있음이 분명하다. 그러므로 우리는 다음의 고려를 통해 진상을 살펴보아야 한다. 속담에 이르는 것처럼, 친구는 '또 다른 헤라클레

208 Dirlmeier는 '예술적 아름다움의 감상'이라는 번역을 제안한다.

209 자족한 사람에게는 친구가 없다는 주장. 위의 1244b2~45a17 참조.

210 모든 사람이 좋은 것을 친구와 함께 나누어 가지길 더욱 즐거워한다는 주장. 위의 1245a18~26 참조.

스', '또 다른 자아'[211]를 뜻하니 말이다. 하지만 [친구들은] 떨어져 있고, 모든 면에서 하나가 되기는 어렵다. 물론 친구는 본성상 가장 유사하지만, 한 사람은 육체의 측면에서 닮았고, 다른 이는 영혼의 측면에서 닮았으며, 어떤 이는 그 측면들 중에서도 일부를 닮았다. 그렇지만 여전히 친구는 일종의 '분신(分身)'[212]을 뜻한다.

그러므로 친구를 감각하는 것은 어떤 의미에서 자신을 감각하는 것이고, 또한 자신을 어떤 의미에서 인식하는 것이다. 따라서 친구와 함께 저속한 즐거움도 나누면서 같이 사는 것이 즐겁다는 말에 일리가 있다. 늘 동시에 자신을 감각하게 되니까. 하지만 더 신적인 즐거움을 나누는 것이 더 즐겁다. 그 이유는 자신이 더 나은 좋음—그런데 그것은 때로는 경험이고, 때로는 행동이며, 때로는 다른 어떤 것이다—안에 있는 것을 보는 것이 항상 더 즐겁기 때문이다.

그런데 만약 자신도 잘 살고 친구 역시 그렇게 사는 것이 즐겁다면,[213] 그리고 함께 사는 것 안에 함께 활동하는 것이 포함된다면, 공유(共有)는 분명 무엇보다도 [삶의] 목적을 이루는 것들에 속할 것이다. 그러므로 함께 연구하고 함께 축제를 해야 한

211 『니코마코스 윤리학』 IX 4, 1166a31 참조.

212 나누어져 떨어진 자기.

213 1245b3에서 1245a38의 ἡδύ를 보충해서 읽었다.

다. [이러한 활동들은] 음식이나 필수품들 때문에 있는 것이 아니다.[214] 그와 같은 것들은 교제인 것처럼 보이지만, 사실 향락이다. 그러나 각자는 달성할 수 있는 목적 안에서 함께 살기를 바란다. 하지만 만약 그것을 달성하지 못하면, 사람들은 무엇보다도 [친구들에게] 선행을 베풀고 친구들로부터 선행을 받기를 택한다.

그러므로 사람들은 함께 살아야만 된다는 것과 모두가 그것을 매우 바란다는 것, 그리고 가장 행복한 사람과 가장 좋은 사람이 특히 그렇다는 것이 명백하다. 하지만 그 논변[215]에 따라서는 그렇지 않은 것으로 나타났는데, 그 역시 일리 있는 귀결이었다. 그 논변이 [어느 정도] 참되니 말이다.[216] [신과 인간의] 비교가 참이므로, 문제의 해결은 '결합'의 분석에 놓여 있다.[217] 사실, 그 논변은 신이 친구를 필요로 하지 않는 존재이기 때문에 그와 유

214 1245a18에서 ἀναγκαῖα 다음에 마침표를 찍었다.

215 위의 1244b2~45a17 참조.

216 신이 자족적이므로 친구가 필요 없다는 것은 맞는 말이다. 그러나 자족적 인간이 친구를 필요로 하지 않는지는 다른 문제이다.

217 1245b14에서 비판본과 달리 οὐκ를 첨가하지 않았다. 신과 인간의 비교가 성립하더라도, 그 비교가 어느 관점에서 유효한지를 확인해야 한다. 문제가 발생할 경우, 해결을 위해서는 결합의 오류가 있는지를 검토해야 한다. 한 부분이나 부분들에 참인 것을 전체에 대해 주장하는 것이 결합의 오류이다. 이에 대해서는 『수사학』 II 24, 1401a25~3; 『소피스트 논박』 4, 165b23~32 참조.

사한 사람 역시 그러하다고 주장한다. 그렇지만 그 논리를 따르자면, 훌륭한 사람은 [자신 외에] 아무것도 인식하지 않을 것이다. 왜냐하면 신은 그런 의미에서 잘 있는 것이 아니라, 자기 자신 외에 어떤 다른 것을 인식해야 하는 존재보다 나은 존재이기 때문이다. 그 이유는 우리에게 '잘 있음'은 [우리 자신과] 다른 것에 의거하지만, 그에게는 그 자신이 자기가 잘 있다는 것의 근거이기 때문이다.[218]

우리는 우리에게 친구가 많이 있기를 추구하고 기원하는 동시에 "친구가 많은 사람에겐 아무도 친구가 아니다"라고 말하는데, 둘 다 맞는 말이다. 왜냐하면 많은 이들과 동시에 함께 살고 감각하는 것이 가능하다면, 친구를 가능한 한 많이 가지는 것이 가장 택할 만하기 때문이다. 하지만 그것이 무척 어렵기 때문에 공감의 활동은 필연적으로 소수에 제한되어야 한다. 그래서 단지 많은 친구들을 얻는 것만 어려운 게 아니라 —시험이 필요하니까—, [이미] 있는 친구들을 사귀는 것도 어렵다.

우리는 때로는 우리가 친애하는 사람이 잘 지내되 우리에게서

218 자족적 인간이 자족성에서 신과 비교될 수 있지만, 인간의 자족성과 신의 자족성이 완전히 일치하는 것이 아니고, 훌륭한 인간이 훌륭함/좋음에 있어 신과 비교될 수 있지만, 인간의 좋음과 신의 좋음은 모든 면에서 일치하는 것이 아니다. 가령, 신의 좋음은 자기 인식에 있지만, 인간의 좋음은 다른 대상의 인식에 있다. 이와 관련해서 『형이상학』 Λ VII~IX; 『정치학』 VII 1, 1323b25 참조.

멀리 있기를 바라고, 때로는 동일한 경험들을 함께 나누길 바란다. 그런데 함께 있기를 바라는 것은 친애의 속성이다. 왜냐하면 함께 잘 있는 것이 가능하다면, 모든 사람이 그것을 택하기 때문이다. 하지만 함께 번영하는 것이 불가능하다면, 마치 헤라클레스의 어머니가 아들이 자신과 함께 있으면서 에우뤼스테우스의 농노가 되기보다 신이 되기를 택한 것처럼 할 것이다.[219] 한 스파르타 인이 폭풍을 만났을 때 디오스쿠리에게 도움을 청하라고 누군가 명령하자 농담조로 대꾸한 것[220]과 비슷하게 말할 수도 있을 테니까.

[상대방이] 고난에 동참하지 못하도록 막는 것이 친애하는 자의 특징인 데 비해, 동참하길 바라는 것은 친애받는 자의 특징으로 여겨진다. 그리고 양쪽 모두 온당한 이유로 생긴다. 왜냐하면 친구에게는 결코 그 친구가 주는 쾌락만큼 많은 고통을 주지 않아야 되지만, 자신의 이익을 택해서는 안 된다고 여겨지기 때문이다. 그런 연유로 사람들은 친구들이 고난에 동참하는 것을 막는다. 그들 자신이 불행한 것으로 충분하니까. 그리하여 자신의 이익을 고려해서 친구가 고통받지만 [함께 있는] 기쁨을 택하는

219 『니코마코스 윤리학』 VIII 9, 1159a3~10.

220 아마도 그는 '스스로 어려움에 처해, 디오스쿠리를 그 위험에 끌어들이고 싶지 않다'고 말했을 것이다. 디오스쿠리는 제우스 신과 레다의 쌍둥이 아들인 카스토르와 폴뤼데우케스이다.

것으로 보이거나, 나아가 혼자 나쁜 일을 견디지 않음으로써 마음을 좀 더 가볍게 하는 것으로 보이지 않도록 한다.

한편, '잘 있음'과 '함께 있음'이 모두 택할 만한 가치가 있으므로, 함께 더 적은 좋음을 가지는 쪽이 따로 더 많은 좋음을 가지는 것보다 어떤 의미에서 더 택할 만하다는 것이 분명하다. 그러나 '함께'가 얼마만큼 중요한지 불분명하므로 벌써 사람들이 이견들을 가지게 된다. 즉 어떤 이들은 모든 것을 함께 나누는 것이 친애의 특징이라고 여긴다. 마치 사람들이 같은 것을 먹더라도 함께 식사를 하는 것이 더 즐겁다고 말하는 것처럼 말이다. 하지만 다시 어떤 이들은, 만약 누군가 과장한다면, 따로 아주 잘 지내는 것보다 함께 아주 잘 못 지내는 것이 더 즐겁다는 데에 동의해야 하기 때문에 모든 것을 함께 나누기를 원치 않는다.

그런데 불운의 경우도 이와 비슷하다. 왜냐하면 우리는 [불운에 처해] 때로는 친구들이 곁에 없기를 바라고, 그들이 더 이상 아무것도 하지 못할 때에는 고통받지 않기를 바라지만, 때로는 그들이 곁에 있는 것이 매우 즐겁기 때문이다. 이러한 모순이 생기는 것도 분명 일리가 있다. 그것은 앞서 말한 것[221]의 귀결이기도 하니까. 우리는 괴로워하는 친구나 비천한 처지[222]에 빠진 친

221 위의 1245b26~1246a2 참조.

222 그리스어 'hexis'를 행위자의 성향이 아니라, 행위자가 처한 상황 내지 조건을 의미하는 것으로 해석했다.

구를 보기를 전적으로 기피하지만—그러한 처지의 우리 자신을 보는 것도 피하듯이—, 친구를 보는 것은, 앞서 언급된 이유 때문에,[223] 어떤 다른 즐거운 것에도 견줄 만큼 즐거우며, 우리 자신이 아프더라도 아프지 않은 친구를 보는 것이 즐겁다.[224] 그래서 이것들 가운데 어느 쪽이 더 즐거운지가 친구가 곁에 있기를 바랄지 말지를 결정한다.

같은 이유에서 이런 일이 비열한 이들의 경우에 일어난다. 왜냐하면 그들은 그들 자신이 잘못 지내야 한다면 무엇보다도 친구들이 잘 지내지 못하기를, 심지어 존재하지[225] 않기를 갈구하기 때문이다. 이런 까닭에 때때로 어떤 이들은 자신이 사랑하는 이들을 함께 죽인다. 왜냐하면 그들은 [자신이 사랑하는 이들이 살아남는다고 생각하면] 자신의 불행[226]을 더 많이 느끼기 때문이다.[227] 마치 한때 잘 지냈다고 기억하는 자가 항상 잘못 지냈다

223 Dirlmeier은 직전에 가리킨 부분 즉, 1245b26~1246a2을 지시하는 것으로 본다.

224 Décarie과 Solomon은 'μὴ' 대신 'μὴν'이라고 읽었다. 이에 따라 번역하면 다음과 같다: "심지어 자신이 병들어 있으면, 친구가 병든 것을 보는 것도 즐겁다."

225 Rackham는 εἶναι(존재하다) 대신 ἀπεῖναι(부재하다, 떠나다)로 읽기를 제안했다.

226 직역: 자신의 나쁨. 여기에서 'to kakon'을 'kakôs prattein(잘 못 지내다, 불행하다)'와 연결시켜 '불행'으로 옮겼다.

227 Rackham과 Décarie의 해석에 따랐다. Dirlmeier에 따르면, 해당 문장은

1246a

고 생각하는 자보다 자신의 불행을 더 많이 느끼듯이.

다음과 같이 해석될 수 있다. "왜냐하면 사랑받는 사람들은, 비열한 자들이 생각하기에, 살아남으면, 자신의 불행을 더 많이 느낄 것이기 때문이다." 하지만 비열한 사람이 자신이 죽고 난 후 살아남을 친구가 느낄 불행을 걱정할지는 의심스럽다.

8권

"아름답고도 좋은 사람이란
좋은 것들 가운데
그 자체로 아름다운 것들을 소유하고
또 아름다운 것들을
그 자체를 위해 행할 수 있는 사람이다.
그런데 아름다운 것들은
덕들과 덕으로부터 나온 일들이다."

1246a

1장

덕과 앎

누군가 다음과 같이 물을 수 있다.[1] 각각의 사물을 본성상 주어진 목적을 위해서도 사용하고 또 다른 방식으로도 사용하는 것이 가능한가?[2] 그리고 후자의 경우, 그 자체로서 또는 반대로 우연적으로 사용하는 것이 가능한가? 예를 들어, 보기 위해서 눈을 눈으로서 사용하거나 또는 흘겨보기 위해서—하나의 대상이 둘로 보이도록 눈동자를 굴리면서—다른 방식으로 사용하는 것이 가능하다. 실로 이 두 경우 모두 눈이 눈이기 때문에 그리

1 이 장에서는 '덕이 과연 앎인가?'라는 물음을 다룬다. 아리스토텔레스는 앎이 오용될 수 있는 반면, 덕은 오용될 수 없다고 생각하기 때문에 덕이 앎일 수 없다고 결론 내린다. 『에우데모스 윤리학』 V=『니코마코스 윤리학』 VI 13, 1144b14~32; 『대윤리학』 II 6, 1206a37~b29와 비교하라.

2 본성에 맞는 사용과 본성에 어긋나는 사용의 구분은 II 10, 1227a22~30(앎의 예) 참조.

고 눈으로서[3] 사용되지만, 다른 경우, 가령 그것을 팔거나 먹는 것이 가능하다면, 우연적으로 사용된다.[4] 앎의 경우도 사실 마찬가지다. 참되게 사용할 수도 잘못 사용할 수도 있으니까. 예를 들어, 자발적으로 글자를 옳지 않게 쓴다면,[5] 그때엔 앎을 무지로서 사용하는 것이다. 마치 무희들이 때때로 발을 손으로 또 손을 발로 쓰듯이, 사용[6]을 전도하는 것이다.

만약 모든 덕이 정녕 앎이라면,[7] 정의를 부정의로서 사용하는 것이 가능할 테고, 그리하여 불의한 짓을 행하는 사람은 정의로 말미암아 불의를 범할 것이다. 마치 앎으로 말미암아 무지한 짓을 행하듯이 말이다. 그러나 만약 이것이 불가능하다면, 덕이 앎일 수 없음이 분명하다. 만약 앎으로 말미암아 무지할 수 없고, 다만 잘못을 범하여 무지로 말미암은 짓과 같은 짓을 한다면, 정의로부터 뭔가 불의에서 연유한 것과 같은 것을 행하지 않을 것이다.

그런데 [위의 전제에 따르면] 슬기는 앎이며 어떤 참된 것이므

3 1246a30: ⟨καὶ⟩ ἢ ὀφθαλμός Robinson. 비판본 교감장치(apparatus technicus) 참조.

4 위의 1246a27~28 참조.

5 일부러 철자를 틀리게 쓰는 경우. 크세노폰, 『소크라테스의 회상』 IV 2, 20 참조.

6 1246a34: χρείαν Moraux(1957). 크세노폰, 『향연』 VII 3 참조.

7 소크라테스의 입장이다. I 5, 1216b2~10 참조.

로,[8] 그것 역시 같은 결과를 낳을 것이다. [그렇다면] 슬기로부터 어리석게 행하고 또 어리석은 이가 하는 것과 같은 잘못을 하는 것이 가능해질 테니까. 하지만 만약 각 사물마다 그 자체로서 사용되는 방식이 단일하다면,[9] 사람들이 그 방식으로 행하면서 슬기롭게 행할 수 있을 것이다. 그러니까 여타 앎들의 경우, 다른 [상위의] 지배하는 앎이 [그것들의] 왜곡을 일으킨다.[10] 그런데 무엇이 모든 앎을 지배하는 앎을 왜곡시키겠는가?[11] 그것은 더

8 1246b4: ἐπεὶ Π. 비판본은 Kenny(1978, p. 185)에 따라, ἔτι εἰ로 읽을 것을 제안한다. 이 구절을 "만약 모든 덕이 정녕 앎이라면"이라는 전제의 귀결로 보면, 원문을 고칠 필요가 없다. 슬기가 앎이라는 견해는 이 장 마지막 단락에서 소크라테스의 견해로 제시되고, 종국적으로 거부된다. 거기에서 아리스토텔레스는 슬기가 일종의 인식(gnôsis)이기는 하지만, 앎 내지 지식(epistêmê)은 아니라고 결론짓는다.

9 반사실적 가정이다. 아리스토텔레스는 사물의 자체적 사용방식이 단일하다는 명제를 받아들이지 않는다. 위의 1246a28~33 참조.

10 I 8, 1218b12~14 참조.

11 1246b10: 비판본에서 첨가한 〈κυρία〉를 읽지 않았다. 이하 내용은 슬기가 앎이라는 전제로부터 오류가 도출됨을 보여주는 귀류 논변(argumentum ad absurdum)의 일부로 간주된다. 앞의 논변을 간추리면 다음과 같다: 슬기가 앎이라면, 앎은 오용될 수 있으므로 슬기도 오용될 수 있다. 그런데 모든 앎은 상위의 앎에 의해 왜곡된다. 그런데 슬기는 최상의 지배적인 앎이다. 따라서 그것을 왜곡할 상위의 앎이 없다. 따라서 슬기는 오용될 수 없다. 그런데 공유서(EE V=EN VI)에서 앎(epistêmê)은 논증적 성향(hexis apodeiktikê)으로 규정되며, 지성적 덕의 하나로 도입된다. 이런 의미의 앎은 정신적 직관(nous)과 함께 이론적 지혜(sophia)를 구성한다. 그런데 이론적 지혜(sophia)는 영예로운 대상을 다루는 최상의 앎으로서 실천적 지혜, 즉 슬기보다 나은 것으로 나온다(7, 1141a18~21). 또한 슬기가 논증

이상 적어도 앎이나 정신적 직관은 아닐 테니 말이다.[12] 물론 덕[13]도 아니다. [슬기가] 덕을 사용하니까. 왜냐하면 [영혼에서] 다스리는 것의 덕이 다스림을 받는 것의 덕을 사용하기 때문이다.

그렇다면 그것은 무엇인가? 아니면 자제력 없음이 영혼의 비이성적 부분의 악덕이라고 일컬어지고, 자제력 없는 자가 지각은 있지만,[14] 어떤 의미에서 방종하다고 불리는 경우와 같은 것일까? 그러나 만약 실제로 그렇다면, 욕구가 강할 경우 〈자제력 없는 자의〉 슬기[15]가 왜곡되고 [왜곡되지 않았을 때와] 반대로 추

적 앎은 아님이 명시된다(8, 1142a23~24: ὅτι δ᾽ ἡ φρόνησις οὐκ ἐπιστήμη, φανερόν). 아래 8권에서는 인간에게 다스리는 요소가 이중적이라는 주장과 함께 그 두 요소로 영혼의 이론적 관조 능력과 슬기가 언급된다. 전자는 명령을 내리면서 다스리지 않고, 후자가 전자를 위해 명령을 내린다(1149b10~15).

12 슬기가 최상의 지배적인 앎이라는 것을 받아들이는 한, 적어도 어떤 앎이 그것을 왜곡할 수는 없을 것이다. 그런데 여기에서 아리스토텔레스는 정신적 직관 내지 인식(nous)이 슬기를 왜곡할 수 없다고 주장한다. 왜 그런 것일까? 첫째, 정신적 직관을 일종의 앎으로 간주했을 수 있다. 둘째, 정신적 직관이 슬기를 지배하지 않는다고 생각했을 수 있다. 셋째, 정신적 직관 내지 인식은 사유를 올바르게 만들어줄 뿐, 왜곡시키지는 않는다고 생각했을 수 있다.

13 여기서는 좁은 의미에서 '성격적 덕'을 의미한다. 아래의 '다스림을 받는 것의 덕'을 지시한다.

14 1246b14: 'echein noun'이라는 숙어적 표현은 '제정신이다', '지각을 가지고 있다'를 뜻하며, 이때 'nous'는 정신적 직관 내지 인식을 의미하는 철학적 전문 용어가 아니다. 'noun'은 'nous'의 목적격 형태이다.

15 자제력 없는 자에 귀속되기 때문에 엄밀한 의미의 슬기라고 볼 수 없다. 욕

론하게 될 것이다. [그 경우] 만약 그것[16] 안에 덕이 있지만 이성 안에 무지[17]가 있다면, [덕과 무지가] 다른 것에 의해 변할 것임이 분명하다.[18] 그래서 정의를 정의롭지 않은 것으로 그리고 [덕을] 나쁜 것으로 그리고 슬기를 어리석은 것으로 사용하는 것이 가능하고 그 반대[19]도 가능할 것이다. 만약 이성적인 부분 안에 있는 덕을 비이성적 부분 안에 언젠가 생긴 못됨이 왜곡하여 무지하게 만드는데, 비이성적인 부분 안에 있는 덕이 〈이성적 부분 안에〉 무지가 있을 때 이것을 왜곡시켜 슬기롭게 판단하고 마땅한 것들을 [행하도록][20] 만들지 않는다면 이상할 테니 말이다. 또한 역으로 이성적인 부분 안에 있는 슬기가 비이성적인 부분에 있는 방종을 왜곡시켜 절제 있게 행동하도록—바로 이것이 자제

구에 의해 왜곡될 수 있는 추론 능력, 다시 말해 실천 이성 능력을 가리키는 것으로 여겨진다.

16 영혼의 비이성적 부분.

17 여기에서 '무지'로 옮긴 'agnoia'는 앎(epistêmê)의 부재(가령, '의료 지식'의 부재)를 의미하는 것이 아니라, 슬기의 부재, 즉 어리석음을 의미하는 것으로 해석했다. 이 장의 마지막에서 아리스토텔레스는 슬기가 앎과는 다른 종류의 인식(gnôsis)라고 주장한다. 이 자리에서 'agnoia'는 바로 앎과는 차별적인 인식으로서의 슬기의 부재를 가리키는 것으로 여겨진다.

18 이성적 부분에 있는 무지가 강해서 비이성적 부분의 덕을 왜곡하거나, 거꾸로 덕이 강해서 무지를 왜곡하는 경우를 생각할 수 있다.

19 불의를 정의로서, 악덕을 좋은 것, 즉 덕으로서, 어리석음을 슬기로서 사용하는 것.

20 Dirlmeier와 함께 'prattein'이 생략된 것으로 보았다.

력 있음으로 보인다—만들지 않는다면 이상할 것이다. 그리하여 무지로부터 슬기롭게 행동하는 것도 가능할 것이다.

그러나 이러한 결론들은 이상하고, 특히 무지로부터 슬기롭게 사용한다는 것[21]이 그렇다. 우리는 다른 경우들에는 그것을 전혀 보지 못하니 말이다. 방종은 의술과 글을 읽고 쓸 수 있는 기술을 왜곡시킨다. 하지만 만약 그것이 무지에 반대한다면, 무지에 대해 우월성을 가지고 있지 않기 때문에 무지를 변화시키지는 않을 것이다.[22] 그러나 덕 일반은 악덕에 대해 그런 관계를 가진다.[23] 정의로운 자는 부정의한 자가 하는 모든 것을 할 수 있으며,[24] 일반적으로 능력에는 무능력이 포함되어 있으니 말이다.

21 '무지로부터 슬기롭게 사용한다는 것'을 무지로 말미암아 슬기롭게 판단하고 행동하는 것을 뜻하는 것으로 해석했다. Moraux는 필사본에 전승된 ἀπὸ ἀγνοίας 대신 τὸ ἀγνοίᾳ를 제안했다. 이에 따르면, 상기 구문은 무지를 슬기롭게 사용하는 것 내지 무지를 슬기로서 사용하는 것을 의미한다.

22 Wood(p. 163)의 해석에 따르면, 성격적 악덕은 가령 의료 지식을 왜곡할 수 있지만, 의료에 관련된 무지를 지식으로 바꿀 수 없다. 하지만 이 맥락에서 무지는 지식 즉 앎의 부재가 아니라, 슬기의 부재, 즉 어리석음을 가리키는 것으로 사료된다. 비판본 1246b29에서 ⟨ἡ ἀρετή⟩를 주어로 첨가한 것을 받아들이지 않았다.

23 덕이 악덕에 대해 우월한 위치에 있다. 따라서 무지, 즉 어리석음이라는 악덕을 변화시킬 수 있는 것은 방종과 같은 악덕이 아니라, 절제나 정의와 같은 덕이라고 추론할 수 있다.

24 『니코마코스 윤리학』 V 13, 1137a17~21; 『변증론』 126a34~36; 플라톤, 『국가』 334a5~8; 『소(小)히피아스』 375e9; 크세노폰, 『소크라테스의 회상』 IV 2, 20 참조.

그러므로 슬기로운 이들은 동시에 비이성적인 부분의 성향들이 좋은 사람들이라는 것이 분명하다. 그리고 '아무것도 슬기보다 더 강하지 않다'라는 소크라테스의 견해도 옳다.[25] 그러나 그가 슬기가 앎이라고 말하는 것은 옳지 않다. 그것은 덕이지만, 앎이 아니고, 다른 종류의 인식[26]이기 때문이다.

25 『니코마코스 윤리학』 VII 3, 1146a5 참조.

26 인식(gnôsis)이 앎(epistêmê)의 상위 개념으로 사용된다. 『에우데모스 윤리학』 V=『니코마코스 윤리학』 VI 8, 1141b33~34; VI 13, 1144a22 참조.

1246b

2장

행운

우리는 오직 슬기와 덕만이 잘 지내게 만드는 것이 아니라,[27]
1247a1 행운도 잘 지내게 만들고 앎이 가져오는 것과 동일한 성과를[28]
가져온다는 이유에서 운 좋은 사람들도 잘 지낸다고 말한다. 그
러므로 본성상 어떤 이는 운이 좋고 다른 이는 운이 나쁜 것인지
아닌지, 이와 관련된 사정이 어떠한지를 살펴보아야 한다.[29]

사실, 우리는 어떤 이들이 운이 좋은 것을 본다. 그들은 어리

27 직역: 잘 지냄(eupragia)을 산출하는 것이 아니라. 그리스어 'eupragia'는 'eu prattein(잘 지내다, 잘 나가다)'의 명사형으로 행복을 의미하는 'eudaimonia'와 등치된다. 『정치학』 VII 3, 1325a21 참조.

28 1247a1~2: τὰ αὐτὰ τῆς ἐπιστήμης. 비판본(τῇ ἐπιστήμῃ)과 달리 필사본에 따라 읽었다.

29 이 장의 논의는 『니코마코스 윤리학』 VII 13, 1153b14~25;1154b21~31; 『대윤리학』 II 8, 1206b30~1207b19; 『철학에의 권유』 49, 1~28P; 『수사학』 I 10, 1269a31~b5 참조.

석은데도 불구하고 우연[30]이 지배하는 많은 일에서 성공하니 말이다. 나아가, 전술이나 항해술과 같이 기술이 지배하지만 우연이 실제로 많이 개입하는 일에서도 그렇다. 그렇다면 그들은 어떤 성향[31]으로 말미암아 운이 좋은가 아니면 그들 스스로 어떤 속성을 지님으로써 운 좋은 일을 행할 수는 없는 것인가? 어떤 이들이 본성상 운이 좋다는 이유로 후자가 현재의 통론이다. 본성이 어떤 이들로 하여금 어떤 속성을 지니도록 만들고, 운이 좋은 이들과 운이 나쁜 이들은 태어나면서부터 곧바로 차이가 난다는 것이다. 마치 각자 이러저러한 속성을 가져야만 함으로써[32] 어떤 이들은 눈이 푸르고 어떤 이들은 눈이 검듯이, 어떤 이들은 운이 좋고 어떤 이들은 운이 나쁘다는 것이다.

사실, [운이 좋은 이들이] 슬기를 통해 성공하는 것이 아니라는 점은 분명하다. 왜냐하면 슬기는 비합리적이지 않고, 무엇 때문에 그렇게 행동했는지에 대한 설명을 가지고 있지만, 그들은 무엇 때문에 성공하는지 말할 수 없기 때문이다. 그럴 수 있다

30 '운이 좋다'로 옮긴 그리스어 'eutychês'는 어원상 우연을 뜻하는 'tychê'와 연결되어 있다.

31 아리스토텔레스는 운이 좋은 이들이 (i) 본성상(physei) 그런지, (ii) 어떤 성향으로 말미암아(apo tinos hexeôs) 그런지 아니면 (iii) 신의 사랑을 받아서 그런지를 검토한다.

32 1247a10~11: τῷ {τὸ} δεῖν τοιονδὶ ἔχειν Dirlmeier. 비판본에서 삽입한 ⟨κατὰ τὸ εἶναι τοιονδὶ⟩는 받아들이지 않았다.

면 기술에 의해 성공한 것일 테니까. 나아가 그들은 분명 어리석다.[33] 그들은 다른 일에 관련해서 어리석은 게 아니라—그것은 전혀 이상한 일이 아닐 테니까. 예컨대 히포크라테스[34]는 기하학자였지만, 다른 일들에 관해서는 멍청하고 어리석다고 여겨졌으며, {순진함 때문에}[35] 항해 중에 비잔티움의 세관들에게 속아서 많은 돈을 잃었다고 전한다—, 그들에게 행운이 깃드는 일과 관련해서 어리석다. 항해에서도 가장 영리한 이들이 운 좋은 것이 아니니까. 마치 주사위 놀이에서 한 사람은 한 점도 못 얻지만, 다른 사람은 본성상 행운을 타고난 것처럼 주사위를 던지듯이 말이다.

또는 사람들이 말하듯이 그들이 신으로부터 사랑을 받아서, 그리고 성공의 요인이 어떤 외적인 것이기 때문에 성공하는 것일까? 가령, 잘못 축조된 배가 그 자체 때문이 아니라, 좋은 키잡이가 있기 때문에 종종 더 나은 항해를 하는 것처럼, 그런 식으로 운이 좋은 사람은 신령을 좋은 키잡이로 가지고 있는 것일까? 그러나 신이나 신령이 가장 훌륭하고 가장 슬기로운 사람이

33 1247a16: φανερὸν Π: ὅτι suppl. Spengel.

34 코스 출신의 의사 히포크라테스가 아니라, 키오스 출신의 피타고라스주의자(기원전 470~400)를 가리킨다.

35 1247a20: {δι' εὐήθειαν, ὡς λέγουσιν} 비판본에서 삭제한 부분을 살려서 읽었다.

아니라, 그러한 자를 사랑하는 것은 이상하다. 만약 본성에 의해서나 정신[36]에 의해서 또는 어떤 [신적인] 가호에 의해 성공하는 것이 실로 필연적인데, 뒤에 오는 둘에 의해서가 아니라면, 운이 좋은 이는 본성에 의해 성공하는 것일 테다.

그러나 본성이란 항상 그러한 것 또는 대부분 그러한 것의 원인이며, 우연은 그 반대이다.[37] 그러므로 만약 예기치 않은 성공이 우연에 속하는 일로 여겨진다면—그런데 정녕 누군가 운이 좋은 것이 우연에 의해서라면—, 그 원인은 항상 또는 대부분의 경우 동일한 결과를 산출하는 그러한 것일 수 없을 것이다. 게다가 누군가 이러저러한 속성을 가진 한에서 성공하거나 실패한다면—마치 푸른 눈을 가졌기 때문에 선명히 볼 수 없는 경우처럼[38]—우연이 아니라 본성이 그 원인이다. 그러므로 그는[39] 운이 좋은 것이 아니라, 이른바 재능을 타고난[40] 것이다. 그리하여 우리가 운이 좋은 자라 칭한 이들은 우연에 의해서 그런 것이 아니

36 여기에서 'nous'는 정신적 인식 내지 직관이 아니라, 본성(physis)에 대비될 수 있는 정신 내지 지성을 가리키는 것으로 보았다.

37 '본성'으로 옮긴 'physis'는 '자연'으로 번역되기도 한다. 또한 그리스어 'tychê'는 '우연' 또는 '운'으로 옮길 수 있다. 자연과 우연의 대조에 관해서는 『자연학』 II 5, 196b10~13 참조.

38 『동물발생론』 V 1, 779b12 참조.

39 이러저러한 속성을 가진 한에서 성공하는 사람.

40 1247a38: εὐφυής. 즉, 천재적인.

라고 말해야 될 것이다. 그러므로 그들은 운이 좋은 자들이 아니다. 왜냐하면 운이 좋은 자들에게[41] 그들이 가진 좋은 것들의 원인은 좋은 우연이어야 하기 때문이다.

그런데 만약 그렇다면 우연은 전혀 존재하지 않는 것일까 아니면 존재하지만 원인이 아닌 것일까? 그것은 반드시 존재야만 하고 원인이어야 한다. 그러므로 그것은 어떤 이들에게 좋은 것들이나 나쁜 것들의 원인일 것이다.

그러나 만약 우연이 완전히 제거되어야 하고, 아무것도 우연으로부터 생기지 않는다고 말해야 하지만, 다른 원인이 있어도 우리가 보지 못하기 때문에 우연이 원인이라고 말한다면—이런 까닭에 사람들은 우연을 정의하면서 그것이 어떤 실재[42]라는 이유를 대며 그것을 인간적인 추론으로는 불가해한 원인[43]으로 상정한다—, 그것은 이제 다른 문제일 것이다.

그런데 우리는 어떤 이들이 단 한 번만 행운을 누리는 것을 보는데, 무엇 때문에 그들은 재차 성공함으로써[44] 다시 행운을 누릴 수 없는 것일까? 같은 것의 원인은 같은 것이니 말이다.[45]

41 1247b1: ἐυτυχεῖς Jackson.

42 '실재'로 옮긴 그리스어는 'physis'이며, 이 문맥에서는 원래 있는 것을 뜻하는 것으로 해석했다.

43 1247b7: ἄλογον PC: *sine ratione* Λ2. 비판본에서는 Shorey의 제안에 따라 ἄδηλον(불분명한)이라고 읽었다.

44 1247b10: διὰ τὸ ἀποκατορθῶσαι Π.

그러므로 그것은 우연의 산물이 아니다. 그러나 만약 무한정하고 무규정적인 것들로부터[46] 같은 결과가 나온다면, 그것이 누군가에게 좋거나 나쁘겠지만, 그것에 대해서는 경험을 통한 지식이 생기지 않을 것이다.[47] [그렇지 않다면] 어떤 운 좋은 이들은 그것을 배우거나 또는 모든 앎이, 소크라테스가 말했듯이,[48] 행운일 테니까.

그렇다면 무엇이 누군가에게 그런 일들이 계속해서 자주 일어나는 것을 막는가? 그가 이러저러하기 때문이 아니라, 마치 항상 지복의 주사위를 던지는 것과 같은 방식으로 말이다.[49]

그렇다면 다음은 어떤가? 영혼 안에 있는 충동의 일부는 추론에서 비롯하고, 일부는 비이성적인 욕망에서 비롯하지 않는가? 그리고 후자가 앞서지 않는가? 만약 쾌락의 욕구에 의한 충동이 본성적으로 존재하고, 욕망 또한 그러하다면, 모든 것이 적어도 본성적으로는 좋음을 향해 나아갈 것이니 말이다.[50] 그러므로 만

45 동일한 결과에는 동일한 원인이 있어야 한다.

46 1247b12: ἀπείρων 앞에 ἀπ’를 Jackson이 추가함. 우연의 산물이 무규정적인 원인들을 가진다는 관념에 대해서는 『자연학』 II 197a8~11; 『수사학』 I 10, 1369a31~b5; 『철학에의 권유』 49, 22~25P 참조.

47 기억의 반복을 통해 형성되는 경험에 대하여 『형이상학』 A1, 980b28~981a5 참조.

48 플라톤, 『에우튀데모스』 279c 이하.

49 가령, 윷놀이에서 항상 모를 던지는 경우를 떠올릴 수 있다.

50 1247b20~21: εἰ γάρ ἐστι φύσει ἡ δι’ἐπιθυμίαν ἡδέος καὶ ἡ ὄρεξις,

약 어떤 이들이 재능을 타고나서—마치 노래 부르기에 대한 지식을 가지고 있지 않은 가수들이 재능을 타고난 것처럼—, 이성적 사고 없이도 타고난 본성에 따라 충동을 가지고, 마땅한 대상을 마땅한 때에 마땅한 방식으로 욕구한다면, 그들은 설령 어리석고 비이성적이라도 성공할 것이다. 마치 다른 이들이 가르칠 수는 없지만 노래를 잘 부르는 것처럼 말이다. 그리고 그처럼 이성적 사고 없이 대부분의 경우에 성공하는 사람들은 분명 운이 좋다. 그러므로 운이 좋은 이들은 본성적으로 그런 사람들일 것이다.

아니면 '행운'이 여러 가지 의미로 쓰이는 것일까? 어떤 것들은 충동으로부터 그리고 선택을 통해 행해지지만, 다른 것들은 그렇지 않고, 오히려 반대로 행해지니 말이다. 그리고 앞의 경

φύσει γε ἐπὶ τὸ ἀγαθὸν βαδίζοι ἂν πᾶν. 비판본과 달리 καὶ ἡ를 삭제하지 않고, ἡ δι'ἐπιθυμίαν ἡδέος 다음에 ὁρμή가 생략된 것으로 보았다. 또한 필사본에 따라 πᾶσα 대신 πᾶν이라고 읽었다. 쾌락에 대한 욕구(epithymia)는 욕망(orexis)의 일종이다. 아리스토텔레스는 욕구를 포함한 욕망이 본성적인 것이라면, 모든 것이 본성적으로는 좋음을 향해 나아갈 것이라고 주장한다. 이때, 충동은 욕망에 의해서 야기되는 운동의 동기력이다. 아리스토텔레스에 따르면, 본성적 욕망에 의해 야기된 본성적 충동을 가진 것은 모두 좋은 것을 향해 움직인다. 이와 관련해 『니코마코스 윤리학』 III 13, 1118b8~19 참조. 특히, b15~19: "본성적 욕구의 경우, 잘못하는 사람은 거의 없고, 잘못을 한다 하더라도 한쪽 방향으로만, 즉 지나친 쪽으로만 잘못할 뿐이다. 사실 어떤 것이든 더 이상 먹고 마실 수 없을 때까지 먹고 마시는 것은 양에 있어 본성에 따르는 것을 넘어서는 것이다. 본성적 욕구란 결핍된 것을 다시 채우는 것이니까."(강상진, 김재홍, 이창우 번역에서 '자연' 대신 '본성', '욕망' 대신 '욕구'로 변경했다.)

우, 잘못 추론한 것으로 보이지만 성공을 거두는 이들을 두고 운이 좋았다고 우리는 말한다. 그리고 다시 뒤의 경우에, 만약 사람들이 그들이 얻은 것과 다르거나 그보다 덜 좋은 것을 바랐다면, [운이 좋았다고 우리는 말한다]. 그러므로 첫째 경우의 사람들은 본성에 의해 운이 좋을 수 있다—비록 추론은 엉터리지만, 충동과 욕망이 마땅한 대상을 가짐으로써 성공했으니까. †그리고 그들의 추론이 옳지 않은 것으로 보이지만, 그것의 이유가 우연히 욕구[51]라면, 이것이 옳았기 때문에 그들이 구제되었다.† 하지만 때때로 사람들은 욕구에 의해 다시금 그렇게 추론해서 불행에 이른다. 하지만 다른 경우, 어떻게 행운이 욕망과 욕구의 타고난 재능에 따른 것일 수 있겠는가? 그러나 여기의 행운과 저 1248a1
기의 행운이 동일하든지 아니면 행운은 여럿이고 〈우연은 이중적이다〉.[52]

51 1247b36~37: ὅταν μὲν λογισμὸς μὴ δοκῶν ὀρθὸς εἶναι, τύχη δ'αὐτοῦ αἰτία οὖσα 〈ἐπιθυμία〉, αὕτη ὀρθὴ οὖσα ἔσωσεν Dirlmeier, Bloch & Leandri.

52 아리스토텔레스는 행운의 다의성 가능성을 검토한다. 그는 우선 충동과 선택에서 기인한 것(①)과 그것에 반한 것(②)을 구분한 후, ①을 욕망의 올바름에 따른 것으로 분석했다. 그런데 ①은 본성에 의한 것, 즉 욕망의 타고난 재능에 의한 것(㉠)이거나 우연에 의한 것(㉡)일 수 있다. 우연히 올바른 것을 욕망할 수 있으니 말이다. ㉠과 ㉡은 같은 의미를 지니거나 다른 의미를 지닌다. 후자의 경우, 행운은 여럿이다. 또한 우연은 ㉡과 ②, 즉 원래 바랐던 것과 다르거나 더 좋은 것을 얻는 행운에서 이중적인 의미를 지닌다고 할 수 있다.

우리는 어떤 이들이 모든 앎과 올바른 추론에 반해 운이 좋은 것을 보기 때문에 행운의 원인이 어떤 다른 것임이 분명하다. 그런데 마땅히 욕구해야 할 대상들을 †마땅한† 때에 욕구했는데, 그것의 원인이[53] 인간적인 추론일 수 없다면, 그것은 행운에 의해서인가 아닌가?[54] 사실, 그것은 분명 전적으로 불가해한 것은 아니지만, 욕구가 본성적인 것이 아니라, 어떤 것에 의해 변형되었다.[55] 그러므로 그들은 운이 좋다고 여겨진다. 왜냐하면 우연은 이성에 반하는 것들의 원인이기 때문이다. 그런데 그것은 이성에 반한다. 앎과 보편적 원리에 반하니 말이다. 그러나 그것은, 보이는 바와 같이, 우연으로 말미암은 것이 아니라, 저 [언급된 이유] 때문에 그렇게 여겨진다. 그래서 이 논변은 사람들이 본성에 의해 운이 좋다는 것을 증명하는 것이 아니며, 운

53 바로 앞에 언급된 '원인'(αἴτιον: 1248a5)이 생략된 것으로 보았다.

54 1248a6: ἦ Fritzsche. 선행사와 관계대명사를 직역하지 않고, 의미를 살려서 의역했다.

55 1248a8: οὔτε Π. 전승된 모든 필사본에 따라 읽었다. 여기에 본성에 의해서 올바른 욕구를 타고난 경우와 달리, 어떤 것에 의해서 욕구가 올바르게 변형된 경우가 언급되는데, 후자는 이성적 사고에 반한 것이라는 점에서 운이 좋은 것, 다시 말해 우연에 의한 것으로 여겨진다. 그런데 아리스토텔레스는 이어지는 단락에서 모든 앎과 올바른 추론에 반해 운이 좋은 것은 우연으로 말미암은 것이라고 단정하지 않고, 오히려 그렇게 여겨진다는 사실을 지적한다. Kenny와 Rackham은 Jackson의 제안에 따라 οὖ γε라고 읽었다. 이러한 독해에 따르면, 본성에 의해 올바른 욕구를 가지는 경우가 행운으로 고려되고 있다.

이 좋은 것으로 여겨지는 사람들이 모두 우연에 의해 성공하는 게 아니라, 본성에 의해서도 성공함을 증명한다.[56] 또한 우연이 어떠한 것의 원인도 아니라는 것을 증명하는 것이 아니라, 그것이 원인으로 보이는 모든 것의 원인이 아니라는 것을 증명한다. 그러나 혹자는 우연이 바로 이것, 즉 마땅한 대상을 마땅한 때에 욕구하는 것의 원인인지를 물을 수 있다. 적어도 그런 전제 하에서는 우연이 모든 것의 원인이라고 말해야 하지 않을까? 그것이 사유하는 것[57]과 숙고하는 것의 원인 또한 될 수 있을 테니 말이다. 왜냐하면 실제로 숙고하는 자는 그 전에 숙고했으며 이것을 다시 숙고했던 것이 아니고,[58] 사유하는 자 또한 사유하기 전에 사유했고 그렇게 무한히 가는 것이 아니라, 어떤 시작이 있기 때문이다.[59] 그러므로 사유의 시작은 사유[60]가 아니고, 숙고의 시작

56 관련 논변을 재구성하면 다음과 같다. 모든 앎과 올바른 추론에 반해 운이 좋아 보이는 사람들은 우연에 의해 성공하는 것으로 여겨진다. 왜냐하면 우연은 이성에 반하는 것이기 때문이다. 하지만 이성에 반하는 것에는 우연에 의한 것 외에 본성(자연)에 의한 것이 있을 수 있다. 따라서 운이 좋은 것으로 여겨지는 사람들이 모두 우연에 의해 성공하는 것이 아니라, 본성에 의해서도 성공할 수 있다.

57 동사 'noêsai'(<noein)가 좁은 의미의 지적 직관 내지 인식이 아니라, 넓은 의미의 '사유함'을 뜻하는 것으로 해석했다.

58 하나의 숙고가 항상 선행하는 숙고를 전제하는 것이 아니다.

59 1248a19~20: ἀλλ…τις를 ἄπειρον(21) 뒤로 Rackham이 옮김.

60 'ho nous'를 사유 주체, 즉 정신이 아니라, 사유 작용, 즉 사유로 해석했다.

도 숙고가 아니다. 그렇다면 우연 외에 다른 무엇이겠는가? 그리하여 우연으로부터 모든 것이 있게 될 것이다.

혹은 다른 외적 원리를 가지지 않는,[61] 단지 이러저러한 속성을 지님으로써 그에 상응하는 결과를 낳을 수 있는 어떤 원리가 있는가? 우리가 찾고 있는 것이 그것이다. 무엇이 영혼 안에 있는 운동의 원리인가? 대답은 사실 분명하다. 우주 안에서 신(神)이 [모든 것을 움직이듯이], 이 모든 것을 저것에 의해 움직인다.[62] 왜냐하면 우리 안에 있는 신성[63]이 어떤 식으로 모든 것을 움직이기 때문이다. 사고의 원리는 사고가 아니라, 그보다 더 나은 것이다. 신 외에 무엇이 앎보다[64] 더 낫겠는가? 〈덕도 아니다.〉[65] 덕은 정신의 도구이니까.[66] 그리고 이런 까닭에, 예전에 말

61 다른 외적 원리를 전제하지 않는 원리에 관해서는 『형이상학』 Λ 7~9장 참조.

62 1248a26: ὥσπερ ἐν τῷ ὅλῳ θεός, καὶ πᾶν ἐκείνῳ codd. 쉼표를 Bekker에 따라 찍었다. '저것'은 영혼 안에 있는 운동의 원리를 가리킨다. Décarie에 따라, "우주 안에서처럼, 신이 저것을 통해 [우리 안의] 모든 것을 움직인다"고 해석했다(p. 265). Kenny는 '저것'을 정신으로 간주했다(p. 145).

63 일반적으로 인간 영혼 안에 있는 '신성'이 정신(nous)과 동일시된다. 『니코마코스 윤리학』 X 7, 1177a13~17; 17, b27~31; 『형이상학』 Λ 7, 1072b3~4; 『자연학』 VIII 2, 252b25; 『동물운동론』 5, 700a31 참조. 그러나 이 맥락에서는 그것이 사유하고 숙고하는 정신과 다른 것으로 보인다. 아래 1249b13~23 참조.

64 1248a28~29: Spengel은 Λ^2의 'et scientia et intellectu'에 따라 〈καὶ νοῦ〉를 삽입했고, 비판본이 이를 수용했지만, 옮긴이는 필사본에 따랐다.

65 Décarie에 따라 보충해서 읽었다.

66 Woods에 따르면, 여기에서 '덕'은 성격적 덕을 가리킨다.

했듯이,[67] 비이성적이지만[68] 충동에 따라서 성공하는 사람들이 행운아라 불리며, 숙고하는 것은 그들에게 무익하다. 왜냐하면 그들은 사유[69]와 숙고보다도 더 나은 원리를 가지고 있지만—다른 사람들은 사고를 원리로 가진다. 하지만 그것[70]을 가지고 있지 않고 신적 영감도 가지고 있지 않다—, 사유와 숙고는 할 수 없기 때문이다. 사실, 그들은 비이성적이지만 성공한다.

그들에게도 슬기롭고 지혜로운 자들에게 속하는 신속한 예언술이 속하는데, 다만 이것이 사고로 말미암은 것이 아니라고 가정해야만 한다. 어떤 이들은 예언술을 경험에 의해, 다른 이들은 관찰에서 익숙해진[71] 습관에 의해 사용한다. 하지만 저들은 신에 의해 [예언술을 사용한다].[72] 사실, 그것[73]은 미래와 현재를 잘 보

67 1248a30: ὃ οἱ πάλαι ἔλεγον Π. 위의 1247b26 참조.

68 즉, 이성적 사고를 하지 않지만. 위의 1247b21~28 참조.

69 'nous'가 숙고 능력이 아니라, 숙고와 나란히 언급되었기 때문에 정신이 아니라, 사유를 뜻하는 것으로 해석했다.

70 사유와 숙고보다 더 나은 원리.

71 가령, 짐승의 내장이나 새를 관찰하는 것으로 해석했다.

72 1248a37~38: οἱ δὲ διὰ συνήθειάν †τοῦ† ἐν τῷ σκοπεῖν χρῆσθαι. τῷ θεῷ δὲ οὗτοι. 원문이 심하게 훼손되어 있다. 1248a37에서 Spengel과 함께 †τοῦ†이라고 읽었고, 1248a38에서 Spengel이 제시한 θείῳ 대신 필사본의 전통에 따라 θεῷ라고 읽었으며, Von Arnim의 제안에 따라 필사본의 αὗται 대신 οὗτοι로 읽었다.

73 즉, 신(神). 여기에서 신은 사유, 숙고, 이성적 사고 능력과 다른 상위의 능력이다.

며, 이성이 풀린 자들도 그렇다.[74] 그런 까닭에 우울한 사람들이 [현재와 미래를] 잘 맞추는 꿈을 꾸기도 한다. [영혼의 운동의] 원리는 이성이 풀리면 더 강해지는 것처럼 보인다. 마치 보이는 것들에 관련된 것에서 풀려난 맹인들이 기억력의 강화로 인해 더 잘 기억하듯이 말이다.

이제 행운에 두 가지 종류가 있음이 분명하다.[75] 하나는 신적이다. 그런 연유로 운이 좋은 이는 신에 의해 성공하는 것으로 여겨지기도 한다. 이 사람은 충동에 따라 성공할 수 있지만, 다른 이는 충동에 반하여 성공한다. 하지만 둘 다 비이성적이다. 그리고 전자의 행운은 오히려 연속적이지만, 후자는 연속적이지 않다.

74 1248a39: οὗτοι Solomon.

75 위의 1247b28에서 제기된 질문에 대한 대답으로 간주될 수 있다. 행운에는 두 종류가 있다. 하나는 신에 의해 올바른 충동을 가지게 되어 성공하는 것이고, 다른 하나는 충동에 반하여 성공하는 것이다(각주 52에서 ②에 해당한다). 신에 의해 성공하는 것과 본성(자연)에 의해 성공하는 것의 관계가 명시적으로 서술되지 않았다. Woods는 신에 의해 올바른 충동을 가져서 성공하는 것이 우연이 아니라 본성에 의한 것이며(p. 171: "natural"), 충동에 반하여 성공하는 것은 우연의 소관이라고 본다. 하지만 우연에 의해 올바른 충돌을 가져서 성공할 수도 있다. 이러한 행운이 사실상 신에 의한 것이라는 해석이 가능하다. 앞에서 아리스토텔레스는 본성, 정신과 '어떤 가호'를 성공의 요인으로 검토한 적이 있는데, 신에 의해 성공하는 것이 "어떤 가호에 의해"(ἐπιτροπείᾳ τινὶ: 1248a30) 성공하는 것에 해당한다면, 그것은 본성에 의한 것과는 구분된다. 그러나 만약 우리 안에 '본성상' 어떤 신적인 원리가 있어서 우리로 하여금 올바른 충동을 가지게 한다면, 신에 의한 성공이 곧 본성에 의한 성공이라고 할 수 있을 것이다.

1248b

3장

아름답고도 좋음

그러니까 개별적인 덕에 대한 각론은 이전에[76] 제시되었다. 그런데 우리가 그것들의 특징을 따로따로 규정했으므로 그것들로부터 이루어진 덕, 즉 우리가 이미 '**아름답고도 좋음**'[77]이라고 부른[78]

76 위의 III~VI(=『니코마코스 윤리학』 V~VII) 참조. 이 장의 논의는 『대윤리학』 II 9, 1207b20~II 10, 1208a20; 『수사학』 I 6, 1362b8; I 7, 1364b27; I 9, 1366a33 참조.

77 그리스어 'kalokagathia'는 'kalos'와 'agathos'가 합성된 말로 원래 외모의 아름다움과 행동의 훌륭함을 함께 뜻했다. 헤로도토스가 이 용어를 낙소스섬에 적용했을 때에는 아마도 섬이 보기에 아름답고 또한 비옥하다는 의미였을 것이다(31, 1). 이 표현의 역사와 용례에 관해서는 Dover(1974), pp. 41~45 참조. 영어로는 주로 'nobility(고귀함)'로 옮겨진다(Kenny, Woods, Rackham). 이 용어는 그리스의 전통적인 교육 이념을 표현했으며, 귀족의 사회적 신분과 함께 신체적 · 정신적인 탁월성을 함축하는 말이었으나 고전기에 인간 영혼의 고귀하고 훌륭함을 의미하는 말로 자리 잡는다. 이와 관련해서 송유레(2021), 140~149 참조. **아름답고 좋음** 개념과 덕의 통일성 주장에 대한 상세한 논의로 Bonasio(2020), pp. 31~41 참조.

78 이 책에서는 '아름답고 좋음'이라는 덕이 '이미' 언급된 자리를 찾을 수 없다.

덕에 대해서도 상론해야 할 것이다. 참으로 그러한 칭호를 받을 사람은 개별적 덕들을 반드시 가져야만 함이 명백하다. 사실, 다른 경우에도 사정이 달리 될 수 없다. 왜냐하면 아무도 몸 전체가 건강하면서 몸의 일부가 건강하지 않을 수 없으며, 반드시 모든 부분이 또는 대다수의 가장 중요한 부분들이 전체와 동일한 상태를 가져야 하기 때문이다.

실로 좋은 것과 **아름답고도 좋은 것**은 이름에 있어서뿐만 아니라 그 자체로 차이가 있다. 왜냐하면 모든 좋은 것 가운데 목적이야말로 그 자체를 위해 택할 가치가 있는데, 이 목적들 가운데에서 그 자체로 칭찬받을 만한 것이 모두 아름답기 때문이다.[79] 이것들은 칭찬받을 만한 행동의 원천이며 그 자체로 칭찬받을 만하니 말이다. 정의 그 자체와 [이것에서 비롯한] 행동들이 칭찬받을 만하고 절제 있는 사람들도[80] 그렇다. 절제 또한 칭찬받을 만하니까. 그러나 건강은 칭찬받을 만한 것이 아니다. 그 산물도 칭찬받을 만한 것이 아니니까. 힘세게 무언가를 하는 것 또한 칭찬할 만한 것이 아니다. 힘도 [칭찬할 만한 것이] 아니니까.

Décarie는 '이미'라고 번역된 그리스어 'ἤδη'를 '사실은(en fait)'으로 번역하길 제안한다. 이 제안에 따르면, 아리스토텔레스는 '아름답고 좋음'의 통상적인 용법을 지시하는 것이다.

79 II 1, 1219b11~16 참조. 『수사학』 I 9, 1366a33에서 아름다운 것은 "그 자체로 택할 만하고 칭찬되는 것"으로 정의된다.

80 1248b22: οἱ codd.

이것들은 좋은 것이지만, 칭찬받을 만한 것은 아니다.[81] 마찬가지로 다른 경우들에서도 이것은 귀납을 통해 분명하다.

그러므로 좋은 사람에게는 본성적인 좋음들이 좋다.[82] 왜냐하면 쟁취의 대상이자 가장 큰 좋음으로 여겨지는 것들인 명예, 부 그리고 육체적 탁월성, 행운과 권력은 본성적으로 좋은 것들이지만, 어떤 이들에게는 자신의 성향들로 인해 해가 될 수 있기 때문이다. 어리석거나 불의하거나 방종한 사람은 그것들을 사용함으로써 아무런 이득을 볼 수 없으니 말이다. 이것은 마치 병자가 건강한 이의 음식을 취하고, 약골과 불구자가 건강하고 성한 이들의 장신구들을[83] 사용함으로써 아무런 이득을 볼 수 없는 것과 같다. **아름답고도 좋은** 사람이란 좋은 것들 가운데 그 자체로 아름다운 것들을 소유하고 또 아름다운 것들을 그 자체를 위해 행할 수 있는 사람이다. 그런데 아름다운 것들은 덕들과 덕으로부터 나온 일들이다.

한편, 스파르타인들이 지니고 있거나 그런 부류의 사람들

81 따라서 아름다운 것이 아니다. '좋음'과 '아름다움'의 차이에 관해서는 『형이상학』 M 3, 1078a31~32; 『수사학』 I 6, 1362b8; Allan(1971), p. 64~ 68 참조.

82 본성적인 좋음들 또는 자연적 선은 사람에 따라서 이로울 수도 해로울 수도 있다. 좋은 사람에게는 좋게 작용해 득이 되지만, 나쁜 사람에게는 나쁘게 작용해 해를 끼칠 수 있다.

83 위의 III 5, 1233a34 참조.

이 지닐 법한 특정한 시민적 성향이 있다. 그 성향은 다음과 같다. 그들은 덕을 가져야만 하지만 본성적 좋음들을 위해서 가져야 한다고 여긴다. 그런 까닭에 그들은 좋은 사람들이긴 하지만—왜냐하면 본성적인 좋음들이 그들에게 〈좋기〉 때문이다—, 아름답고도 좋음을 가지고 있지는 않다. 왜냐하면 그들은 아름다운 것들을 그 자체 때문에 소유하지 않기 때문이다. 하지만 〈그것들을 그 자체 때문에 소유하는 이들은〉 아름답고도 좋은 것을 선택한다. 그뿐 아니라, 본성적으로 아름답지 않더라도 본성적으로 좋은 것들 또한 이들에게는 아름답다. 왜냐하면 그것들을 행하고 택하는 목적이 아름다울 때에 그것들이 아름답기 때문이다. 이런 까닭에 아름답고도 좋은 이에게 본성적 좋음들은 아름답다. 왜냐하면 정의로운 것이 아름다운데, 가치에 상응하는 것이 정의롭고, 그런 사람이 그런 것들을 가질 가치가 있기 때문이다.[84]

또한 적절한 것이 아름답다.[85] 그런데 부, 좋은 출생, 권력과 같은 것들은 그에게 적절하다. 그러므로 아름답고도 좋은 이에게는 같은 것이 유익하기도 하고[86] 아름답기도 하다. 그러나 많은

84 아름답고도 좋은 사람이 자연적으로 좋은 것들을 가질 자격이 있다.

85 『변증론』 I 5, 102a5~6에서 아름다움을 적절함(to prepon)으로 규정한다.

86 여태까지 '좋음'의 의미가 '유익함'의 의미로 쓰였음을 암시한다.

이들에게는 여기에 부조화가 있다.[87] 왜냐하면 단적으로 좋은 것들[88]은 그들에게는 좋지 않고, 좋은 사람에게 좋기 때문이다. 그런데 **아름답고도 좋은** 이에게는 그것들이 아름답기도 하다. 그는 많은 아름다운 행위들을 그것들 때문에 행할 테니 말이다. 그러나 외적인 좋음들을 위해서 덕을 가져야만 된다고 여기는 사람은[89] 우연히 아름다운 행위를 하게 된다. 그러므로 **아름답고도 좋음**은 완전한 덕[90]이다.

즐거움에 관해서도 그것이 어떤 특성을 가지는지 그리고 어떤

87 『니코마코스 윤리학』 II 2, 1104b30~1105a1 참조.
88 '자연적으로 좋은 것들'에 해당한다.
89 위의 1248b39 이하 참조.
90 어떤 의미에서 **아름답고도 좋음**이 완전한 덕인지는 분명하지 않다. 이 덕이 다른 목적에 봉사하는 것이 아니라, 그 자체로 목적이라는 점에서 완전하다고 할 수 있을까? 제2권 1장에서 완전성 개념을 전체성과 연결시킨다(1219a35~39: "삶에는 완전한 것도 불완전한 것도 있으며 덕 역시 그러한데—어떤 것은 전체이지만 어떤 것은 부분이니까—, 불완전한 것의 활동은 불완전하므로, 행복은 완전한 덕에 따른 완전한 삶의 실현(zôês teleias engergeia kat'aretên teleian)'이라고 할 수 있다"). **아름답고도 좋음**은 덕의 총체라면 성격적 덕과 지성적 덕을 모두 포함한다고 결론 내릴 수 있다. 『니코마코스 윤리학』 4권 3장의 긍지(megalopsychia)에 대한 논의에서 **아름답고도 좋음**이 언급된다. 아리스토텔레스는 **아름답고도 좋음**이 없이는 긍지 있는 사람이 될 수 없다고 주장하면서, 긍지 있는 자를 '완전한(παντελοῦς: 1124a8) 덕'을 가진 자로 제시한다. 이 맥락에서 긍지는 덕들 없이 생기지 않는다는 언명이 나온다. 따라서 여기에서도 아름답고도 **좋음**이 총체적 덕의 의미로 사용되었을 수 있다. Décarie(2007), pp. 272~273 참조. 총체적 덕과 **아름답고도 좋음**에 대해서는 Décarie(1975), pp. 60~76 참조.

의미에서 좋은지를[91] 말했고, 단적으로 즐거운 것이 아름답고,[92] 단적으로 좋은 것이 즐겁다는 것을 말했다.[93] 그런데 쾌락은 행동 밖에서는 생기지 않는다. 이런 까닭에 참으로 행복한 사람은 또한 가장 즐겁게 살 것이며,[94] 이것을 사람들이 주장함이 헛되지 않다.

그런데 의사에게도 어떤 기준이 있어서 그것을 참조하여 건강한 몸과 그렇지 않은 몸을 판별하며, 매사 그것에 준하여 어느 정도까지 행해야만 하는데, 잘 행하면 몸이 건강하지만, 만약 적거나 많이 행하면, 더 이상 건강하지 않다. 그런 식으로 훌륭한 사람[95]에게도 본성적으로 좋지만 칭찬의 대상이 아닌 것들을 행하고 선택함에 있어서 부와 행운의 선물의 많고 적음에 관련해 소유[96]와 취사선택의 어떤 기준이 있어야만 한다.

그런데 앞에서[97] 우리는 '사고가 명하는 바대로'를 언급했다.

91 I 5, 1216a32~33; VI(=『니코마코스 윤리학』 VII) 1153b7, 13; 1152b27; 1154b15.

92 VII 2, 1235b32~36; 1231a7~10; VI(=『니코마코스 윤리학』 VII) 1153a1~29.

93 VI(=『니코마코스 윤리학』 VII) 1154b20 참조.

94 행복한 사람은 덕에 따라 활동하는 사람이고, 쾌락이 활동에 수반되므로 행복한 사람이 쾌락을 가지게 된다. VII 13, 1153b10 이하 참조.

95 그리스어 'spoudaios'는 '군자(君子)' 또는 '유덕자(有德者)'로 번역될 수 있다.

96 이 문맥에서는 'hexis'가 '성향'이나 '성격'이 아니라 '소유'를 의미하는 것으로 보인다.

97 II 3, 1220b21~35; II 5, 1222a8~36; 1222b7~9; 『대윤리학』 II 10, 1208

하지만 이것은 마치 누군가 섭생과 관련해 '의술과 그것의 처방이 시키는 대로' 하라고 말하는 것과 같다. 그것이 참이긴 하지만, [의미가] 정확하지는 않다.[98] 실로 다른 경우들에서처럼 우리는 다스리는 것에 준하여, 즉 다스리는 것의 활동과[99] 성향에 준하여 살아야만 한다. 마치 노예가 주인의 활동과 성향에 준하여 살 듯이 말이다. 우리는 각자 자신에게 합당한 다스리는 요소[100]에 준하여 살아야 한다.

그런데 인간도 본성상 다스리는 것과 다스림을 받는 것으로 이루어져 있으므로,[101] 각자는[102] 자신의 다스리는 요소를 위해 살아야만 할 것이다. 그런데 이 다스리는 요소는 이중적이다. 왜냐하면 의술과 건강은 다른 방식으로 다스리는 요소이기 때문이다. 그런데 후자를 위해 전자가 있다. 이론적 관조 능력의 경우도 이와 같다. 왜냐하면 신(神)[103]은 명령을 내리면서 다스리지 않

a5~20 비교.

98 I 6, 1216b32~35 참조.

99 1249b7: Richard와 함께 καὶ로 읽음.

100 그리스어 archê가 다스리는 부분을 가리키는 것으로 보았다.

101 II 1, 1219b28~35 참조.

102 Woods와 함께 '우리들 각자'를 가리킨다고 본다.

103 여기서 신(b14)은 바로 앞에 언급된 영혼의 '이론적 관조 능력(to theôrêtikon)'을 받는 것이 문맥상 자연스럽다. 아리스토텔레스는 『니코마코스 윤리학』 10권 7장에서 관조적 활동을 완전한 행복으로 제시하면서 이것을 다시금 우리 안에 있는 최고의 것, 즉 정신(nous)의 활동으로 밝힌

고 그를 위해 슬기가 명령을 내리기 때문이다. 그런데 '그를 위해서'는 이중적 의미를 지닌다. 다른 곳에서[104] 구분되었다. 그는 어쨌든 아무것도 필요로 하지 않으니 말이다.

그러므로 본성적 좋음들의—육체의 좋음이든, 부든 친구들이든 또는 다른 좋음들이든—택함과 획득에 있어 신(神)의 이론적 관조를[105] 가장 많이 산출하는 것이 가장 좋은 것이다. 그리고 이

다. 강상진, 김재홍, 이창우는 『니코마코스 윤리학』를 번역하며 그리스어 'nous'를 '지성'으로 옮겼다. 하지만 역자는 'nous'의 번역어로 '정신'을 택했다. 하지만 이 책의 8권 2장에서 신은 영혼 내의 운동의 원리로서 사유하는 정신을 초월하는 존재로 묘사되었다(1248b25~34).

104 '그것을 위해서'라고 번역한 그리스어 'hou heneka'는 누군가 무언가를 위해서 어떤 행동을 한다고 할 때, 무엇을 가리킨다. 그런데 이것에는 두 가지 의미가 있다. 하나는 행동의 목적을 가리키고, 다른 하나는 수혜자를 가리킨다. 예를 들어, 의사는 건강을 위해서 일을 하지만, 환자를 위해서 일하기도 한다. 『자연학』 II 2, 194a35; 『형이상학』 Λ 7, 1072b2~3; 『영혼론』 415b2 참조.

105 1249b17: τὴν τοῦ θεοῦ θεωρίαν codd. 비판본(τοῦ θείου) 대신 필사본에 따랐다. 여기에서 신(theos)은 문법상 관조(theoria)의 주체일 수도 있고 대상일 수도 있다. 신이 영혼의 이론적 관조 능력이라면, 관조의 주체일 것이다. 하지만 만약 신이 우주론적 차원의 신, 즉 부동의 원동자라면 관조의 대상이라고 보아야 할 것이다. 그런데 우주를 초월해 있는 부동의 원동자를 관조하는 것이 무슨 의미가 있는가? 아리스토텔레스의 초월적 신은 자기 자신을 관조하는 정신이다. 하지만 우리가 그러한 '나르시스적인' 신을 바라본다는 것이 어떤 활동인지 불분명하다. 로마제정기의 고대 플라톤주의에서는 신적 정신의 생각이 이데아들이다. 따라서 신적 정신을 관조한다는 말은 이데아들, 다시 말해 감각적 세계의 원형적 형상들을 관조한다는 의미가 있다. 이런 시각에서 형이상학적 원리에 대한 이론적

것이 가장 아름다운 기준이다. 무엇이든 모자람이나 지나침으로 인해 신을 돌보는 것,[106] 즉 관조하는[107] 것을 막는 것은 비천하다. 이것이 영혼에 적용된다. 왜냐하면 영혼에게 가장 좋은 기준은 영혼의 다른[108] 부분을 그것인 한에서 가능한 한 적게 느끼는 것이기 때문이다. 그러므로 이제 무엇이 **아름답고도 좋음**의 기준이고, 무엇이 단적으로 좋은 것들의 목표인지 논의된 것으로 하자.

연구는 신을 관조하는 것과 뗄 수 없다. 하지만 아리스토텔레스에게 이런 '플라톤주의적' 입장을 귀속시키기는 어렵다. 따라서 역자는 '신'이 14행에 언급된 신, 즉 영혼의 관조 능력을 가리킨다고 본다. 이에 따라, 아래 본문의 내용도 우주 바깥에 있는 신이 아니라, 말하자면 '우리 안의 신'에 대한 것으로 해석했다. 아리스토텔레스는 『니코마코스 윤리학』 10권 7장 서두에서 관조적 행복을 우리 안에 있는 최고의 것의 활동으로 규정하면서 우선 이 최고의 것이 "정신이든 혹은 다른 어떤 것이든", "자체가 신적인 것이든 아니면 우리 안에 있는 것들 가운데 가장 신적인 것이든" 그것의 활동이 관조적 활동임을 주장한다. 더불어, 우리 안에 있는 최고의 것이 "본성상 우리를 다스리고 이끌며, 아름답고 신적인 것들에 대한(περὶ καλῶν καὶ θείων: 1177a15) 관념을 가지고 있다"고 말한다. 이 다음으로 그는 그것이 정신임을 명시한다. "우리 안에 있는 것들 가운데 정신이 최고이며, 정신이 관계하는 대상 또한 인식 대상들 중 최고이니까."(καὶ γὰρ ὁ νοῦς τῶν ἐν ἡμῖν, καὶ τῶν γνωστῶν, περὶ ἃ ὁ νοῦς: 1177a20~21) 나아가, 그는 정신을 인간 안에 있는 어떤 신적인 것(θεῖόν τι : 1177b28)으로 지시했다. 『에우데모스 윤리학』에서는 인간 정신의 신적인 면모를 강조하기 위해 신으로 부른 것으로 여겨진다.

106 1249b20: τὸν θεὸν θεραπεύειν codd. 비판본(τὸ ⟨ἐν ἡμῖν⟩ θεῖον)과 는 달리 필사본의 전통에 따라 읽었다. 『정치학』 VII 9, 1329a32에 같은 표현이 나온다. 『니코마코스 윤리학』 10권 8장에서는 "정신에 따라 활동하며 이것을 돌보는 사람(ὁ δὲ κατὰ νοῦν ἐνεργῶν καὶ τοῦτον θεραπεύων: 1179a22~23)"이 신들로부터 가장 많은 사랑을 받는 사람인 것 같다는 언명이 나온다. 위의 본문에서 신이 우리의 정신이라면, 정신을 돌보는 것이 정신에 따른 활동을 돌보는 것, 다시 말해 관조적 활동에 마음 쓰는 것이라고 해석할 수 있다. 이와 유사한 생각이 플라톤의 『티마이오스』에서 발견된다. 티마이오스의 우주제작신화에서 신, 즉 조물주는 우리 각자에게 '영혼의 가장 주된 종류'(cf. τὸ δὲ δὴ περὶ τοῦ κυριωτάτου παρ' ἡμῖν ψυχῆς εἴδους: 90a3~4)를 신령(daimon)으로 주었는데, 관조적인 삶을 사는 사람은 바로 이 신적인 존재를 돌본다(90c4: θεραπεύοντα τὸ θεῖον). 이 신적인 존재가 바로 영혼의 세 부분 가운데 머리에 자리하는 첫번째 부분, 즉 이성적인 영혼(logistikon)이다(90a7~8). 플라톤은 이 이성적인 영혼을 '우리 안의 신성'이라고 불렀다(90c7~8). 이런 식으로 플라톤은 우리 안의 신성을 돌보라고 권고한다. 아리스토텔레스는 『니코마코스 윤리학』에서 정신을 '우리 안의 신성'으로 불렀다. 역자는 위에서 언급된 신이 바로 우리 안의 신 또는 신성, 즉 정신을 가리킨다고 해석했다.

107 동사가 목적어 없이 쓰인 것으로 보았다. Kenny, Décarie, Woods는 1249b20~21행의 τὸν θεὸν θεραπεύειν καὶ θεωρεῖν 구문에서 τὸν θεὸν을 θεραπεύειν뿐만 아니라, θεωρεῖν의 목적어로 취했다. 역자는 위 구문의 καὶ의 기능이 설명이라고 보아서 '즉'이라고 번역했다.

108 1249b22: ἄλλου Π. '다른' 영혼은 이론적 관조를 하는 정신을 제외한 나머지 영혼을 가리키는 것으로 보인다.

작품 안내

1. 아리스토텔레스의 생애와 저작

아리스토텔레스는 기원전 384년 스타게이로스에서 태어났고 17세에 아테네로 유학 가서 거의 20년간 플라톤의 아카데미아에 머무르며 배우고 가르쳤다.[1] 기원전 348년 플라톤 사후, 소아시아 지방으로 거처를 옮겨 연구를 지속했고, 한때 마케도니아의 필리포스 2세의 아들인 알렉산드로스를 지도했다고 전한다. 기원전 335년 아테네로 되돌아와서 '뤼케이온'이라 불리는 학원을 설립한 후 왕성한 학문 활동을 펼친다. 이 학원이 표방한 철학 사조는 '소요학파(逍遙學派)'로 불리는데, 이 명칭은 학자들의

1 아리스토텔레스의 생애와 저술에 대한 주요 전거는 기원후 3세기 초에 활동한 디오게네스 라에르티오스의 『유명한 철학자들의 생애와 사상』(이하 *DL*로 축약) 제5권이다.

회합 장소로 사용된 산책로를 가리키는 그리스어 'peripatos'에서 유래했다.[2] 전설에 따르면, 아리스토텔레스는 동료들과 산책을 하면서 토론하는 습관이 있었다고 한다.[3] 기원전 323년 알렉산드로스 대왕의 죽음과 함께 아테네에 반-마케도니아 분위기가 일어나자, 불경죄로 고소당한 아리스토텔레스는 소크라테스의 죽음을 상기시키며 '아테네인들이 철학에 두 번 죄를 짓지 못하도록'[4] 칼키스로 떠나고 이듬해 거기에서 숨을 거둔다.

아리스토텔레스는 플라톤의 제자이지만, 스승의 철학과는 사뭇 다른 철학을 개진할 수 있었던 독립적 정신의 소유자이다. 무엇보다도 그는 실천적 지혜(phronêsis)를 이론적 지혜(sophia)로부터 구분함으로써 실천철학을 이론철학으로부터 분리한다.[5] 이론철학에는 자연학과 이른바 '형이상학'이라 불리는 제1철학이 포함되고, 실천철학에는 윤리학, 정치학과 가정경제학이 속한다. 하지만 아리스토텔레스는 윤리학을 정치학의 일부, 심지어 정치학으로 여길 정도로 둘 사이의 긴밀한 관계를 강조했다.[6] 이

2 Kenny(2011), viii.

3 *DL* V 2.

4 Gigon(2017), *Vita Aristotelis Marciana*, p. 41.

5 『니코마코스 윤리학』 VI =『에우데모스 윤리학』 V 7, 12; 『형이상학』 α 1, 993b19~23 참조.

6 아리스토텔레스는 『니코마코스 윤리학』에서 자신의 탐구 영역을 정치학이라고 명시하고, 정치학을 '으뜸 학문'이라고 지칭한다(I 2, 1094a26~27; b11).

와 별도로 논리학 분야가 있는데, 이것은 본격적인 철학의 일부가 아니라, 철학의 '도구(organon)'로 간주된다.[7] 이러한 철학의 구분과 더불어, 그는 학문(epistêmê)을 이론적(theôretikê) 분야와 실천적(praktikê) 분야 그리고 제작적(poietikê) 분야로 삼분하며 학문 전체의 체계화를 시도한다.[8]

현존하는 아리스토텔레스 저작의 대부분은 뤼케이온 학원 내부의 강의용으로 쓰여진 글들(esoterikoi, akroatikoi logoi)로 출판이 되지 않았고, 외부로 출판된 글들(exôterikoi, ekdedomenoi logoi)은 거의 모두 소실되었다. 아리스토텔레스 저작의 전승에 얽힌 전설에 따르면,[9] 강의를 목적으로 쓰여진 아리스토텔레스

그렇다고 그가 '윤리학'이라는 용어를 전혀 사용하지 않는 것은 아니다. 그의 『정치학』에는 '윤리학'과 '윤리학적 논의들'이—비록 어느 저서를 지칭하는지 불분명하지만—여러 번 언급된다(II 2, 1261a31; III 9, 1280a18; III 12, 1282b19; IV 11, 1295a36 ; VII 13, 1332a8; VII 13, 1332a22). 참고로 『대윤리학』의 저자는 윤리학을 정치학의 부분이라고 규정한 후, '윤리학'이라는 분야를 차라리 '정치학'이라고 불러야 한다고 주장한다(1181a26~b28).

7 *DL* V 28.

8 『형이상학』 E 2, 1026b3~5. 실천과 제작의 구분 기준은 행위의 결과가 행위 내부에 있는지(실천) 또는 외부에 있는지(제작)이다.

9 스트라본, 『지리지』 13, 1, 54 ; 플루타르코스, 『술라』 26, 1~2. 이 전설을 어디까지 믿어야 할 지에 대해서는 학계에 논란이 있지만, 아리스토텔레스의 주요 저술들이 오랫동안 사라졌다가 다시 나타난 것은 대체로 인정된다. 헬레니즘 시대 알렉산드리아 도서관에서 유래한 아리스토텔레스 저술들의 제목과 순번은 안드로니코스의 판본 이후 통용되는 그것들과 상이하다. 이에 관해서는 Primavesi(2007), pp. 70~73; Frede(2019), p. 93 참조.

의 수고(手稿)가 그의 사후 제자들의 수중으로 넘어갔고, 뤼케이온의 제2대 원장인 테오프라스토스가 사망한 후 그의 제자인 넬레우스에 의해 소아시아의 스켑시스라는 곳으로 옮겨져서 이후 근 200년간 한 지하창고에 묻히고 만다. 기원전 1세기에 테오스의 아펠레콘이 훼손된 수고를 구입해서 아테네로 가져왔지만, 술라의 아테네 함락 후, 전리품의 일부로 기원전 84년경 로마로 들어온다. 술라는 수고를 문헌학자인 튀란니온에게 넘겨서 사본들을 만들게 했고, 그중 하나를 후자의 제자인 로도스의 안드로니코스가 획득해서 편집한 후, 저술 목록과 함께 출판했다.[10] 안드로니코스의 판본에 포함된 저술들이 이른바 '아리스토텔레스 전집(Corpus Aristotelicum)'을 구성하게 되고, 출판 당시 존재했으나 포함되지 않은 저작들은 이후 전승 과정에서 사라진다.[11]

안드로니코스는 아리스토텔레스의 저작을 주제별로 편집하였다. 맨 처음에 '논리학적' 저술들인 『범주론』, 『명제론』, 『분석론

10 안드로니코스의 편집 활동에 대해서는 회의적인 시각이 있다. Barnes(1997), 17은 안드로니코스가 단지 저술 목록만 만들었다고 주장한다. 그런데 기원후 4세기 초 포르피리오스는 안드로니코스를 본받아 플로티누스의 전집을 편집했다고 말한다. 포르피리오스의 편집을 참조해 볼 때, 안드로니코스는 아리스토텔레스의 저술들을 주제별로 분류하여 전집을 재조직했을 것으로 추정된다. 이에 관해 Frede(2019), p. 93 참조.

11 그리스의 158개의 정체들을 묘사한 『정체들』은 오래전에 소실되어 '아리스토텔레스 전집'에 속하지 못했으나, 그중 첫 번째 책인 『아테네의 정체』가 1890년 이집트에서 발견되었다.

전서』, 『분석론후서』, 『변증론』, 『소피스트 논박』이 오고, 이어서 『자연학』, 『천체론』, 『생성소멸론』 등 자연학 분야의 저술들이 따른다. 여기에는 『영혼론』과 다수의 생물학적 저술들도 포함된다. 그다음으로 장차 '형이상학'이라 지칭되는 일련의 저술들이 오는데, 이 명칭은 해당 저술들이 편집상 '자연학 다음에(ta meta ta physika)' 온다는 서지학적 사실에서 유래했다. 다음으로 윤리학 저술들과 『정치학』 및 『가정경제학』이 오고, 이어서 수사학 저술들이 따르며, 『시학』이 그 마지막을 장식한다. 오늘날의 판본들은 안드로니코스 판본의 필사본에 기반하는데, 최초의 필사본은 비잔틴 시기인 9세기 것이다. 최초의 인쇄본은 알두스 마누티우스에 의해 1495년부터 1498년에 출판되었고(editio Aldina) 1831년 임마누엘 벡커(Bekker)가 출판한 '아리스토텔레스 전집'의 근대적 판본은 현재 표준적인 인용 방식의 준거로 기능한다.

아리스토텔레스의 저작은 고대 그리스 문명이 낳은 고전적 사유의 한 정점을 담은 보고(寶庫)이다. 아리스토텔레스는 그의 위대한 스승 플라톤을 비롯한 이전 철학자들의 담론들을 비판적으로 반성하고 체계적으로 발전시켜 거의 모든 후대 철학자들에게 논의의 기본적 틀과 기초적 어휘를 제공했다고 해도 과언이 아니다. 그가 정식화하고 첨예화한 문제들과 그런 문제들을 해결하기 위해 도입한 이론들의 상당 부분은 서양의 고대와 중세를 넘어, 동 · 서양의 장벽이 허물어지고 있는 현대에 이르기까지 그 현실성을 잃지 않고 있으며, 때로는 특정 시대에 국한되거나 역사적 특수 상황에 의존된 통념을 깨는, 적어도 상대화할 수 있는 참신한 시각을 마련해 준다. 이는 특정한 종교나 권위에 굴종하지 않고, 자유로운 철학적 이성을 통해 보편적인 학문의 체계를 구축하려고 한 그의 기본 정향으로부터 연유한 것으로 볼 수 있을 것이다. 물론, 아리스토텔레스의 철학적 이상을 높이 산다고 해서, 그의 철학이 시대와 장소를 뛰어넘는 영원하고 절대적인 보편학이라고 주장하는 것은 결코 아니다. 가령, 그의 노예관과 여성관은 그가 고대 사회의 억압적인 지배질서의 틀을 벗어나지 못했음을 단적으로 보여준다. 그러나 그의 이성적 인간 이상과 보편적 학문 이상은 지금도 많은 이에게 설득력과 매력을 행사하고 있는 살아 있는 지적 유산임이 틀림없다.

아리스토텔레스의 윤리학은 이러한 고전적인 그리스 이상의 틀 안에서도 놀라울 만큼 유연한 사고방식과 현실 감각을 보여준다. 아리스토텔레스는 학적 엄밀성을 연구 대상의 특성에 맞추어 요구해야 한다고 생각했기 때문에, 우연성이 개입된 인간 삶을 대상으로 하는 윤리학을 논리적 필연성이 지배하는 엄밀한 의미에서의 보편적 학문으로 기획하지 않았다. 그는 방법론적 측면에서도 구체적 삶의 경험과 일반적인 통론을 탐구의 기반으로 삼았다. 나아가 아리스토텔레스의 윤리학은 이성적 인간 이상을 고수하면서도, 인간을 이성으로 축소시키지 않고, 그 외의 다른 측면들, 즉, 성격, 감정, 욕구 등을 가진 복합적인 존재로 다룬다. 특히, 감정과 그와 긴밀히 연결된 성격적 덕에 대한 논의는 현대 '덕윤리(virtue ethics)'에서 가장 주목 받고 있는 대목이다.

잘 알려진 것처럼, 아리스토텔레스는 인간을 정치적 동물, 다시 말해 정치 공동체를 이루고 사는 존재로 바라보았으며, 이와 같은 인간상을 근거로 윤리학을 정치학의 틀 안에서 전개한다. 따라서 아리스토텔레스 윤리학의 중추적 개념인 행복은 고립된 개인의 행복이 아니라, 도시 국가(polis)라는 사회적 울타리 안에서 다른 사람들과 함께 사는 시민(politês)의 행복이다. 공교롭게도 마케도니아 왕국의 부상과 함께 그리스 도시 국가들의 해체를 목도해야만 했던 아리스토텔레스에게서 우리는 도시 국가라는 형태의 고대적 정치 공동체에 대한 가장 강력한 변론가를 발견하게 된다. 이러한 시각에서, 아리스토텔레스의 윤리학은 그리스 도시 문명의 정치적 인간 이상을 대변하는 사고 체계로 자리매김될 수 있을 것이다.

2. 『에우데모스 윤리학』의 제목, 전승 및 구성

『에우데모스 윤리학』은 『니코마코스 윤리학』, 『대윤리학』, 『덕과 악덕에 관하여』와 나란히 아리스토텔레스 이름 아래 전승된 윤리학 저술의 하나이다.[12] 언급된 네 작품 가운데에서 『대윤리학』과 『덕과 악덕에 대하여』는 아리스토텔레스의 저술이 아니라는 것이 학계의 중론이다. 19세기 독일의 문헌학자 프리드리히 슐라이어마허는 『대윤리학』을 아리스토텔레스 윤리학의 대표작으로 내세우면서 『니코마코스 윤리학』과 함께 『에우데모스 윤리학』이 위작이라고 주장했지만, 현재 학계에서는 이 두 작품 모두

12 아우구스투스 시대 스토아주의자 아레이오스 디뒤모스(기원전 1세기~기원후 1세기)의 소요학파 철학 개요에 『니코마코스 윤리학』, 『에우데모스 윤리학』과 『대윤리학』이 모두 사용된 것으로 여겨진다. 이 개요는 기원후 5세기에 활동한 스토바이오스에 의해 인용되어 전한다. 『에우데모스 윤리학』이 사용된 곳으로 보이는 자리는 다음과 같다. 스토바이오스, 『선집』 128, 12; 139, 20; 139, 23. 현전하는 고대 문헌 목록 가운데 『에우데모스 윤리학』이 등장하는 가장 오래된 것은 기원전 1세기 '프톨레마이오스 목록'이다. Moraux(1957), p. 297 참조. 기원후 2세기에는 아스파시오스에 의해 에우데모스의 작품으로 언급된다(*In EN* 178, 1~3). 3세기에는 디오게네스 라에르티오스는 '친구들이 [많이] 있는 자에게는 아무도 친구가 아니다(ᾧ φίλοι οὐδεὶς φίλος)'라는 말을 "『윤리학』 7권에서(ἐν τῷ Ἠθικῶν ἑβδόμῳ)" 인용한다고 전하는데(*DL* V 21), 실제로 『에우데모스 윤리학』 7권 12장 1245b20(οὐθεὶς φίλος ᾧ πολλοὶ φίλοι)를 가리키는 것으로 보인다. 6세기 심플리키우스의 『범주론 주석』(4, 26 Kalbfleisch)과 올림피오도로스의 제자인 엘리아스의 『철학서설』(32, 32~33, 2 Busse)에 책의 제목인 τὰ Εὐδήμεια가 명시적으로 언급된다. 비잔틴 시기에는 니케아의 에우스트라티오스(ca. 1050~1120)의 『니코마코스 윤리학 주석』에 『에우데모스 윤리학』이 아리스토텔레스의 저작으로 언급된다. 하지만 14~15세기에 활동한 비잔틴 학자 게미스토스 플레톤은 『에우데모스 윤리학』의 저자가 아리스토텔레스인지를 의심했다. 자세한 사항은 Dirlmeier, p. 115 이하 참조.

진작이라는 견해가 지배적이다.[13]

『에우데모스 윤리학』의 제목은 아리스토텔레스가 붙인 것이 아니며, 그 의미도 불분명하다. 2세기에 활동한 아리스토텔레스 주석가 아스파시오스는 『에우데모스 윤리학』의 저자가 에우데모스라고 생각했다.[14] 사실, 제목과 관련해서 네 가지 가설이 있다.[15] ① 아리스토텔레스가 아끼던 제자인 로도스의 에우데모스가 저자라는 가설, ② 아리스토텔레스가 남긴 강의록의 편집자라는 가설, ③ 책이 그에게 헌정되었다는 가설,[16] 마지막으로 ④ 친구인 퀴프리스의 에우데모스에게 헌정되었다는 가설. 현재로

13 19세기 이후 아리스토텔레스의 윤리학 저술, 특히 『에우데모스 윤리학』의 진위 여부를 둘러싼 논의에 관해서는 Décarie, pp. 11~12; Tricot(1959), pp. 8~10 참조.

14 *In EN* 178, 1~3. 아스파시오스가 참조한 『에우데모스 윤리학』의 구절은 VII 4, 1239a1~12; 10, 1242b2~21이다. 『니코마코스 윤리학』의 저자 내지 편집자가 젊어서 전사한 아리스토텔레스의 아들 니코마코스로 간주되기도 했다. 기원전 1세기에 활동한 키케로는 소(少) 루쿨루스의 도서관에 자신이 가지고 있지 않은 아리스토텔레스의 저술들(commentarii)을 빌리러 갔다고 말했는데(*De Finibus* 3. 1), 이 저술들에 『니코마코스 윤리학』이 포함되었던 것으로 보인다. 키케로는 이 작품의 저자가 아리스토텔레스의 아들 니코마코스일 수 있다고 보았다(*De Finibus* 5. 12). 11~12세기에 활동한 에우스트라티오스는 책의 제목이 니코마코스라고 불리는 어떤 사람—아리스토텔레스의 아들이든 동명이인이든—에게 헌정된 데서 연유한다고 전한다(*In EN* 4. 19~20 Heylbut).

15 Décarie, pp. 35~37 참조.

16 불어권에서 통용되는 제목인 'Éthique à Eudème'은 '에우데모스에게 헌정한 윤리학'이라는 의미를 담고 있다.

서는 ①을 제외하고 ②~④ 가운데 하나의 가설이 맞을 것으로 짐작된다.

그런데 아리스토텔레스가 『에우데모스 윤리학』과 『니코마코스 윤리학』을 모두 썼다면 다음과 같은 물음들이 일어난다. 그는 왜 윤리학 저서를 두 편이나 썼는가? 어느 작품을 먼저 썼는가?[17] 두 작품의 내용은 다른가? 다르다면 어떻게 다른가? 그리고 그것이 아리스토텔레스 윤리학의 변화를 의미하는가? 아니면 두 작품이 각기 다른 목적으로 또는 다른 청중을 상대로 쓰인 것일까? 게다가, 『에우데모스 윤리학』은 총 8권으로 이루어져 있으며, 4권부터 6권까지 세 권이 『니코마코스 윤리학』의 5권에서 7권과 겹친다. 이러한 구성상의 특수성은 다음과 같은 의문을 불러일으킨다. 두 작품에서 겹치는 책들, 이른바 공유서들(the common books)은 원래 어디에 속하는가? 아니면 별도로 쓰여진 것을 후에 양쪽에 삽입한 것인가?[18] 이런 의문들에 대답하기 위해서는 무엇보다도 두 저서에 대한 면밀한 연구가 요청된다.

17 이 문제에 대해서는 Rowe(1971); Kenny(1978) 참조.

18 Kenny(1978)는 문체측정법(stylometry) 연구를 근거로 당시 지배적인 견해에 반해 공유서가 『에우데모스 윤리학』에 속한다고 주장했다. 나아가, Kenny(2011), xi는 이러한 주장이 현재의 지배적인 견해라고 소개한다 ("It now seems to be the majority opinion of scholars that the original home of these common books was indeed the EE."). 이에 대한 비판적인 검토는 Frede(2019) 참조.

『에우데모스 윤리학』은 오랫동안 『니코마코스 윤리학』의 그늘에 가려 학계의 관심을 받지 못했다. 왜냐하면 아시파시오스부터 현대에 이르기까지 『니코마코스 윤리학』이 아리스토텔레스 윤리학 저술의 '결정판'으로 인정받아 왔기 때문이다.[19] 연구의 기초가 되는 표준 판본을 확립하기가 어려웠다는 점도 본격적인 연구에 지장을 주었다. 현재 학계에서 주로 사용하는 옥스퍼드 판본은 1991년에야 비로소 출간되었는데, 여전히 편집상 많은 약점을 지닌 것으로 평가된다.

『에우데모스 윤리학』에는 총 20개의 필사본이 전하는데, 원문이 심하게 훼손되어서, 전승상의 어려움을 보여준다. 『에우데모스 윤리학』은 안타깝게도 『니코마코스 윤리학』과는 달리, 아리스토텔레스 필사본 가운데 가장 전승 상태가 좋은 10세기 Laurentianus(Kb)와 12세기 Parisiensis(Lb)에 포함되어 있지 않다. 총 20개 필사본 중에서 가장 오래된 필사본은 13세기의 Codex Vaticanus 1342(P)와 Cantabrigiensis 1879(C)이다. 이 두 필사본은 메시나에 위치한 수도원의 동일한 필경사에 의해

19 Frede(2019), 94("Aristotle's definitive work"). 중세에 『니코마코스 윤리학』의 경우 작품 전체가 라틴어로 번역되었지만, 『에우데모스 윤리학』은 단편만이 번역되었다. 『에우데모스 윤리학』은 19세기에 종종 로도스의 에우데모스의 이름으로 출간되었고, 20세기에는 베르너 예거(Werner Jäger)의 '발전사적' 해석 영향 하에 아리스토텔레스의 미성숙한 작품으로 간주되었다. Kenny(2011), xi.

쓰였으며, 'Recensio Messanensis'라 불리는 전승의 중심이 된다. 이 전승에는 공유서가 포함되어 있지 않다. 다음으로 15세기의 Venetus Marcianus 213(Marc.)와 Laurentianus 81. 15(L)가 온다. 1421~1423년 콘스탄티노플에서 만들어진 필사본 L은 언급된 다른 필사본들과는 달리, 'Recensio Costantinopolitiana' 전승의 주축을 이룬다. 『니코마코스 윤리학』과 겹치는 공유서 세 권은 바로 이 'Recensio Costantinopolitiana'에 전승된다. 하지만 필사본 L에 포함된 공유서가 『니코마코스 윤리학』의 필사본에 포함된 공유서와 독립적인 것인지에 관해 논란이 있다.[20]

13세기에는 『에우데모스 윤리학』 8권 2장의 라틴어 번역(Λ^2)과 8권 3장 서두의 라틴어 번역(Λ^3)이 『대윤리학』 2권 8장의 라틴어 번역과 함께 소책자인 『행운에 관하여(*De bona fortuna*)』를 이루었다. 이 책은 중세에 매우 인기를 끌었으며, 15세기 출판된 『중세 라틴 아리스토텔레스 전집(*Aristoteles Latinus*)』에 포함되었다. 16세기에 『에우데모스 윤리학』의 라틴어 번역본(Λ^1)이 나오는데, 아마도 15세기 말 유럽에서 최초로 편찬된 희랍어 원전(*editio Aldina*)에 의존했을 것이다. 최초의 라틴어 주석서는 예수회 수사인 실베스테르 마우루스(Silvester Maurus)에 의해 1668년 로마에서 출판되었다.[21]

20 Frede(2019), 88~89.

『에우데모스 윤리학』은 총 8권으로 구성되어 있다.[22] 1권에서는 행복(eudaimonia)을 인간 행동의 목적이자 최고선으로 제시하며, 행복한 삶의 내용과 조건을 탐구한다. 2권에서는 행복을 덕(德, aretê)에 따른 활동으로 정의한 후, 덕의 일반적 개념을 중용, 쾌락, 자발성과 비자발성, 욕망, 사고, 선택과 같은 개념들을 통해 분석한다. 나아가 영혼의 이중적 구조에 상응해서 성격의 덕과 지성의 덕이 구분된다. 이러한 덕의 일반론에 이어 3권에서는 덕에 대한 각론이 펼쳐진다. 용기, 절제, 온화함, 후함, 긍지와 호탕함과 같은 성격적 덕이 그 대상이다. 『니코마코스 윤리학』의 5~7권과 겹치는 4~6권에서는 정의(正義), 지성의 덕, 자제력 없음과 쾌락이 다루어지고, 7권에서는 친애 내지 우정(philia)에 대한 체계적인 논의가 이루어진다. 마지막으로 8권에서는 덕과 앎의 차이, 행운(eutychia) 그리고 덕의 이상인 '아름답고도 좋음(kalokagathia)'이 논구된다.

21 『에우데모스 윤리학』의 필사본 전승에 관해서는 Harlfinger(1976), 특히 pp. 26~28 참조. 라틴어 번역 전통에 관해서는 Dirlmeier, pp. 119~121 참조..

22 옮긴이는 『에우데모스 윤리학』의 이해를 돕기 위해 각 장마다 제목을 달았다.

3. 『에우데모스 윤리학』의 주요 내용

1) 행복과 덕의 윤리학

아리스토텔레스의 윤리학은 행복을 윤리학의 핵심으로 삼은 고대 행복주의(eudaimonism) 전통에 속하며, 행복을 덕(德)의 실현에 있다고 본 점에서 덕의 윤리학이라 부를 수 있다. 현대의 교양인들이 고대의 윤리학이라 하면, 아리스토텔레스의 윤리학을 떠올릴 만큼 아리스토텔레스의 윤리학이 윤리학사에서 차지하는 비중은 매우 크다. 하지만 아리스토텔레스의 윤리학이 고대 윤리학 전체의 입장을 대변하는 것은 아니다. 고대 윤리학의 치열했던 논쟁사를 되돌아볼 때, 아리스토텔레스의 입장은 오히려 소수파에 속한다. 그럼에도 불구하고, 아리스토텔레스는 이후 개진된 윤리학적 논의에 주요 쟁점을 제기했을 뿐만 아니라, 논의의 기반이 되는 개념적 틀을 제공해 주었다.

서양 고대 윤리학사에서 소크라테스와 그의 후예들, 특히 플라톤과 스토아주의자들이 통상적인 행복관에 대항해 '역설의 윤리학'으로 도전했다면, 아리스토텔레스는 통상적 행복관에 반영된 '상식의 윤리학'을 옹호했다고 할 수 있다. 철학적 반성을 통한 상식의 완성이라는 그의 '현상구제적' 방법론은 현대의 윤리학자들에게 재조명되고 있으며, 실제로 현대 덕윤리학의 약진은 아리스토텔레스 윤리학의 르네상스와 맞물려 있다.

하지만 통상 '아리스토텔레스의 윤리학'으로 지시되는 것은 『니코마코스 윤리학』의 내용이다. 『니코마코스 윤리학』은 기능주의적 덕 개념, 이성주의적 인간관 그리고 목적론적 자연관을 기반으로 하나의 고전적인 행복관을 구축한다. 그러나 이 행복관에 대한 해석을 둘러싼 논쟁은 아직도 끊이지 않고 있다. 크게 두 가지 입장이 팽팽히 맞서고 있다고 볼 수 있는데, 하나는 인간의 행복이 오로지 최상의 덕의 실현, 즉 이성적, 정신적 삶의 구현에 있다는 '주지주의적' 입장이고, 다른 요소들을 고려하지 않는다는 점에서 '배제주의적' 입장으로도 불린다. 다른 하나는 행복이 그러한 이성의 덕의 실현 외에도 성격의 덕의 실현과 재산, 명예, 좋은 집안, 건강 등 외적 선(善)들을 포함한다는 '포괄주의적' 입장이다.[23] 이런 해석상의 근본적인 문제의 미해결에도 불구하고 저작에 담겨 있는 날카로운 통찰과 정치한 논변은 부분적이지만 지속적으로 조명 받고 수용되고 있다. 특히, 습관을 통한 성격의 덕의 함양은 현대 덕윤리학에서 가장 환영 받고 있는 대목이다.[24]

『에우데모스 윤리학』은 『니코마코스 윤리학』에서 사용된 개념들과 이론들을 상당 부분 공유하지만, 보다 통합적이고 일관된

23 논쟁과 관련 문헌에 대해서는 김대오(1992) 참조.

24 이에 대해서는 황경식(2012) 참조.

행복관을 개진하는 것으로 보인다. 우선, 저작 전체의 성격과 저자의 집필 의도를 파악하기 위해서 작품 서두를 주목해서 살펴보겠다. 다음으로 이 저작에 담긴 행복관의 윤곽을 드러내기 위해 행복의 정의(定義)와 내용을 논구할 것이다. 마지막으로, 고대 윤리학의 최대 쟁점 가운데 하나인 행복과 외적 좋음의 관계를 간략히 다룰 것이다.

2) 행복의 성역으로 이르는 올바른 입구

> 가장 정의로운 것이 가장 아름답고, 건강한 것이 가장 좋지만
> 가장 즐거운 것은 자신이 사랑하는 것을 얻는 것이다.[25]

그리스의 대표적 성지인 델로스에 위치한 레토 신전의 입구에 새겨진 이 비문을 전격적으로 거부하면서 아리스토텔레스는 『에우데모스 윤리학』의 서두를 연다. 그는 아름다움, 좋음 그리고 즐거움의 각 최상급이 지시하는 것이 서로 상이한 것들이라는 비문의 내용을 한 개인의 그릇된 견해로 치부하며, 행복이야말로 가장 아름답고 가장 좋을 뿐만 아니라 가장 즐거운 것이라

25 『에우데모스 윤리학』 I 1, 1214a5~6. 『니코마코스 윤리학』 I 8, 1099a27~8에도 인용된다.

는 주장을 내세운다.[26] 이 주장의 확립을 위해서는 행복이 과연 무엇이고, 어떤 의미에서 아름다움과 좋음 그리고 즐거움의 정점을 이루는지 규명하는 작업이 필요하다. 바로 이 작업이 실제로『에우데모스 윤리학』의 주요 내용을 이룬다고 볼 수 있다.[27]

『에우데모스 윤리학』의 전체 성격과 관련해서 한 가지 특기할 사항은 아리스토텔레스가 자신이 이 저작에서 하고 있는 작업, 즉 행복을 대상으로 삼는 철학적 탐구를 '이론철학(philosophia theôretikê)'으로부터 차별화한다는 점이다. 비록 '실천철학'이라는 용어를 사용하지는 않지만, 행복의 탐구가 오로지 대상의 인식에 기여하는 이론철학과는 달리 대상의 획득과 실천에도 관여한다고 지적하면서, 자신의 탐구 과제에 행복이 어떻게 생기고, 어떤 방식으로 획득될 수 있는지를 살펴보는 것을 포함시킨다. 결국, 아리스토텔레스에게 윤리학이란 행복하기 위해서 하는 철학이다. 행복을 아는 데 그치지 않고 그것을 실현하기를 추구하는 윤리학은 이 저서에 도입된 학문의 구분에 따르면 '제작적 학

26 『에우데모스 윤리학』I 1, 1214a1~8.

27 좋음(to agathon), 아름다움(to kalon) 그리고 즐거움(to hêdy)의 개념을 각각 상론하는 것은 이 글의 범위를 벗어나기 때문에, 이 자리에서는 다음과 같은 점을 지적하는 것으로 만족하겠다(『에우데모스 윤리학』VIII 3). 즉, 그 자체로 추구되는 목적들을 '좋다'라고 하고, 그중에서 그 자체로 칭찬의 대상이 되는 것들을 '아름답다'라고 한다. 즐거움은 본성에 따른 활동을 수반하는 지각이다.

문(epistêmê poiêtikê)'에 속하며, 학문의 목적이 앎 자체에 있는 '이론적 학문(epistêmê theôretikê)'과 대조를 이룬다.[28]

이렇게 행복을 만드는 학문을 아리스토텔레스는 '정치학(politikê)'으로 지칭하거나 정치학, 가정경제학(oikonomikê)과 실천적 지혜(phronêsis)를 포괄하는 '주된 기술(kyria technê)'로 기술한다.[29] '주된 기술'이란 여타 기술들을 지배하는 위치에 있는 기술이다. 행복을 낳는 '주된 기술'은 다시금 넓은 의미의 '실천적 지혜'라고 불린다.[30] 이 문맥에서 아리스토텔레스는 '기술(technê)', '학문(epistême)', '실천적 지혜(phronêsis)'를 용어상 엄밀히 구분하지 않는다.[31] 주된 기술로서 실천적 지혜는 개인적 차원, 가정경제적 차원 그리고 국가적 차원에서 적용되는 총체

28 『에우데모스 윤리학』 I 5, 1216b10 이하; 1221b5~6 비교.

29 『에우데모스 윤리학』 I 8, 1218a34; 1218b12~14; 『니코마코스 윤리학』 I 2, 1094a26~27; b11.

30 『에우데모스 윤리학』 V=『니코마코스 윤리학』 VI 8, 1141b23~9.

31 공유서에서 '학문(epistêmê)', '기술(technê)', '실천적 지혜(phronêsis)'는 엄밀한 의미에서 상호 구분된다. '학문'은 '증명할 수 있는 성향(hexis apodeiktikê)'으로 달리 될 수 없는 것, 즉 영원하고 필연적인 것을 대상으로 하는 데 비해, '기술'은 '제작할 수 있는 성향'으로 달리 될 수 있는 것을 대상으로 한다. '실천적 지혜'는 달리 될 수 있는 것을 대상으로 하며, 인간적인 좋음, 즉 인간에게 좋은 것을 실천할 수 있는 성향이다. 그런데 인간적인 좋음은 실천 바깥에 있는 작품과 같은 것이 아니라, 잘 실천하는 것, 달리 말해 잘 사는 것 자체이다. 실천적 지혜는 잘 살기 위해서 무엇이 좋은지를 분별하고 어떻게 행동해야 하는지를 숙고할 수 있는 지적인 역량이다. 자세한 규정은 『에우데모스 윤리학』 V=『니코마코스 윤리학』 VI 3~5 참조.

적인 '삶의 기술'이라 할 수 있겠다. 행복을 위한 삶의 기술이 지니는 이러한 중층성은 인간을 본성상 가정경제적이고 정치적인 동물[32]로 파악한 아리스토텔레스의 인간관을 반영한다. 주된 기술이 생산하고자 하는 행복이 그 최소 단위에서도 사회와 고립된 한 개인의 행복이 아니라, 하나의 정치적 공동체를 구성하는 한 시민의 행복임을 암시하는 것으로 볼 수 있다.

이 자리에서 아리스토텔레스가 정치가의 실천적 사고를 '건축학적(architektonikê)'[33]이라고 표현한 데 주목해 보자. 이에 따르면 정치술은 시민들의 행복을 건축하는 기술이라고 부를 수 있다. 사실, 정치술은 체계적인 앎이라는 점에서 정치학이라고 부를 수 있다.[34] 아리스토텔레스는 건축가(architektôn)와 수작업을 하는 목수(cheirotechnês)를 구분하는데, 그 구분의 기준은 전자가 후자와는 달리 지을 건물의 원인들, 더 자세히 말해, 형상인과 목적인을 안다는 데 있다.[35] 구조적이고 조직적이며 합목적적인 고려가 건축학적 사고의 핵심이라고 한다면, 행복이라는 최종 목적을 향해 인간 삶을 체계적으로 조직하고 구성하려는 정

32 『에우데모스 윤리학』 VII 10, 1242a23.

33 『에우데모스 윤리학』 I 6, 1217a6~7.

34 아리스토텔레스의 저작에서 그리스어 'politikê'는 뒤에 'technê'가 생략된 것으로 읽어서 '정치술'로 옮길 수도 있고, 'epistêmê'가 생략된 것으로 읽어서 '정치학'으로 옮길 수도 있다.

35 『형이상학』 A 981a30~b2; 『자연학』 II 194b1~7 참조.

치술 내지 정치학은 충분히 '삶의 건축학'으로 지칭될 수 있을 것이다.

실제로 『니코마코스 윤리학』에서는 정치학이 '가장 주되고 가장 건축학적인 학문(tês kyriôtatês kai malista architektonikês)'[36]으로 명시되는데, 이때에도 '건축학적'이라는 표현은 도시 국가의 교육 및 입법 등 제반 사항을 목적들의 위계질서에 따라 체계적으로 규정하고 조직하는 방식을 묘사하는 것으로 보인다.[37] 정치적 활동을 지배하는 최종 목적은 인간 행위의 영역을 벗어난 어떤 초월적 좋음이 아니라, 인간이 실행할 수 있는 '인간적인 좋음', 즉 행복이다.[38]

그런데 아리스토텔레스는 행복이 한편으로는 '인간적인 좋음

36 『니코마코스 윤리학』 I 2, 1094a26~b7.

37 『니코마코스 윤리학』 I 2, 1094b1~7: "왜냐하면 국가 안에 어떤 학문들이 있어야만 하는지, 그리고 각 시민이 어떤 학문을 얼마나 배워야 하는지를 정치학이 규정하기 때문이다. 또한 우리는 가령 전술이나 가정경제학 그리고 수사학처럼 가장 높이 평가되는 능력들도 정치학 아래 놓여 있는 것을 보기 때문이다. 그리고 정치학은 나머지 실천적인 학문들을 이용하면서, 나아가 무엇을 행하고 무엇을 삼가야 하는지를 입법하기에 그것의 목적은 여타 학문의 목적을 포함할 것이며, 결국 정치학의 목적은 '인간적인 좋음'일 것이다."(강상진, 김재홍, 이창우 번역 수정 · 인용) '건축학적'으로 옮겨진 그리스어 'architektonikê'는 강상진, 김재홍, 이창우 번역에서는 '총기획적인'으로 의역되었다.

38 『니코마코스 윤리학』 I 2, 1094b7.

들 중에서 최대이자 최상'[39]이라고 말하면서도 다른 한편으로는 인간성에 고유한 것이 아니라 어떤 신적인 것임을 강조한다. 그는 '행복'으로 번역된 그리스어 'eudaimonia' 자체가 나타내듯이 행복은 어떤 '신성(daimôn)'과의 관계를 내포하기 때문에 오직 신성에 참여할 수 있는 존재만이 행복의 특권을 가질 수 있다고 생각한다. 따라서 자연의 위계질서에서 인간 아래에 오는 생물들의 경우 신성을 결여하고 있으므로 행복을 누릴 수 없다.[40] 요컨대, 행복한 삶은 인간과 신이 공유할 수 있는 가장 좋은 삶이자 거룩한 삶이다.

이 점에서 행복한 삶의 건축은 신전의 건축에 비유될 수 있다. 행복의 본성과 실현 방법을 탐구하는 철학적 작업은 행복이라는 신전을 건축하는 데 필요한 기초 설계도와 건축 현장의 안내도, 또 그곳으로 가는 이정표를 제공해 준다고 할 수 있다. 달리 말해, 정치학은 행복한 삶을 기획하는 동시에 그러한 삶으로 인도하고 안내하는 역할을 담당하게 된다. 결국, 아리스토텔레스는 『에우데모스 윤리학』의 서두에 행복이 가장 좋고, 가장 아름다울

39 『에우데모스 윤리학』 I 7, 1217a21~23.

40 『에우데모스 윤리학』 I 7, 1217a26~28: "사실, 말도 새도 물고기도 행복한 존재가 아닐뿐더러, 존재하는 것들 가운데—그 명칭[eudaimonia]에 합당한 방식으로—본성적으로 어떤 신성에 참여하지 않는 다른 어떤 것도 행복하지 않다." 그리스어 'eudaimonia'는 문자적으로는 어떤 신적인 존재의 기호 아래에 있는 상태를 뜻한다.

뿐만 아니라 가장 즐겁다라는 명제를 씀으로써 행복의 성역으로 들어가는 올바른 입구—즉 자신의 정치학—에 걸맞은 비문을 새기려고 한 것으로 보인다.

3) 인간의 행복

아리스토텔레스는 그리스어의 일상적인 용법과 그 안에 담겨 있는 일반인들의 선이해를 철학적 탐구의 출발점으로 삼는다. 그는 사람이면 누구나 진리 탐구에 기여할 바가 있다고 믿었고, 사람들이 하는 말 중에 맞긴 하지만 명료하지 않은 말을 명료하게(saphôs) 해주는 일이 철학자의 몫이라고 여긴다.[41]

'행복하다'라고 번역된 그리스어 'eudaimonein'은 고대 고전기 그리스의 일상 어법에서 '잘 산다(eu zên)', '잘 지낸다, 잘 행한다(eu prattein)'와 같은 의미로 쓰였다. 이에 따라 'eudaimonia'는 '좋은 삶', '번영하는 삶', 이른바 '잘 나가는 삶'을 뜻했다. 학계의 관례상 '행복'으로 옮겨지긴 하지만, 'eudaimonia'는 주관적인 만족감이 아니라, 객관적인 성공을 가리킨다.[42] 이런 까닭에

41 『에우데모스 윤리학』 I 6, 1216b30 이하 참조. 물론 철학적 탐구는 정확한 사실의 기술을 넘어 사실의 설명을 목적으로 한다. 따라서 '왜 그런가?'를 밝히려고 애쓴다.

42 '행복'과 마찬가지로 영어 happiness, 불어 bonheur, 독일어 Glück 모두 주관적 감정을 지시한다. Glück의 경우, 행운이라는 뜻도 가진다.

'eudaimonia'는 통상적으로 건강, 수려한 외모, 좋은 혈통, 부유함, 장수 등 '외적인 좋음'[43]과 연결되어 있다. 이 점에서 그것은 우리말 어법에서 '행복'보다는 오히려 '복(福)'에 더 가까운 것으로 보인다.

이러한 통상적인 행복관에 따르면, 행복은 타고나는 것이든지 아니면 운에 달려 있는 것으로 여겨지기 쉽다. 그런 경우, 행복이란 많은 이에게 아예 가망 없는 희망 사항일 뿐이다.[44] 이에 반해, 아리스토텔레스는 행복을 열망의 대상일 뿐만 아니라, 노력을 통해 성취할 수 있는 대상으로 제시한다. 그가 전하는 '복음(福音)'에 따르면, 행복이란 근본적으로 우리 자신에게 달려 있다.[45] 잘 산다는 것은 결국 우리가 어떻게 사느냐에, 우리 각자가 어떠한 사람이고 어떤 행위를 하느냐에 달려 있다는 것이다.

그러나 아리스토텔레스는 스토아주의자들이 주장하듯이 행복이 전적으로 우리 자신의 내면적 덕에만 의존한다고 생각하진 않았다. 뒤에서 상론하겠지만, 행복은 덕의 소유를 넘어 그것의 실현에 있기 때문에 그 실현을 위해 외적인 조건들도 구비되어

43 아리스토텔레스는 영혼을 기준으로 내적 좋음과 외적 좋음을 구분한다. 『에우데모스 윤리학』 II 1, 1218b32.

44 『에우데모스 윤리학』 I 3, 1215a6 이하.

45 '우리 자신에게 달린 것(to ep'hêmin)'은 2권 8장에서 자발성을 개념화하는 데 핵심적인 역할을 한다(II 8, 1225a9~33). 『에우데모스 윤리학』의 행동의 자발성 개념에 관해서는 송유레(2019) 참조.

야 한다. 그런 한에서 건강이나 부와 같은 외적인 좋음도 그리고 외적 좋음의 획득에 관여하는 행운도 행복의 조건을 이룬다고 할 수 있다. 그렇다고 해서 행복이 그것의 조건과 동일시될 수는 없다. 왜냐하면 행복이란 우리에게 '주어진' 것이 아니라, 우리가 '하는' 것이기 때문이다. 요컨대, 아리스토텔레스에게 행복은 인간이 실천할 수 있는 가장 좋은 것, 즉 최고선(tôn anthrôpôi praktôn ariston)이다.[46]

그런데 아리스토텔레스는 어떤 의미에서 행복을 인간에게 가장 좋은 것이라고 생각하는가? 우선, 1권 8장에서 자신이 구하는 최상의 좋음이 플라톤이 주창한 '좋음의 이데아'가 아니라는 점을 분명히 한다. 모든 좋은 것들에 의해 공유되지만, 그것들로부터 분리되어 있는 '좋음 자체'로 이해되는 '좋음의 이데아'란 빈말에 지나지 않고, 설령 그러한 초월적 좋음이 있다손 치더라도 좋은 삶과 행위에 아무런 도움이 되지 않는다고 주장한다. 이 자리에서는 아리스토텔레스의 이데아론 비판을 상론하지 않겠다.[47]

중요한 점은 아리스토텔레스의 '행복의 정치학'이 요청하는 최상의 좋음이 추상적인 관념이나 초월적 존재가 아니라, 구체적

46 『에우데모스 윤리학』 I 7, 1217a30~40.

47 Allan(1963~1964); Berti(1971); Brunschwig(1971); Cherniss(1944) 참조.

행동을 이끌 수 있는 목적(telos)이라는 것이다. 그것은 모든 인간이 실천적 목적으로서 바라는 좋음이다.[48] 아리스토텔레스에게 행복은 인간 행동의 목적들이 이루는 계열에서 최상의 위치를 점하는 최종적인 목적이라는 의미에서 인간에게 가장 좋은 것이다.

아리스토텔레스에 따르면, 자신의 선택에 따라 행복한 삶을 꾸리려고 하는 사람은 누구나 모든 행위의 구심점으로 하나의 목표(skopos)를 가져야 하며, 그 목표에 맞추어 삶 전체를 정돈해야 한다.[49] 여기에는 합목적적이고 통일적인 질서를 지닌 삶이 좋다는 신념이 깔려 있다. 그러나 아무리 주도면밀하게 삶을 조직하고 관리한다 할지라도 그릇된 목표를 좇는 사람은 잘 사는 게 아니다. 그래서 우리의 철학자는 "무엇보다도 먼저 과연 잘 산다는 것(to eu zên)이 우리에게 속한 것들 가운데 무엇 안에 놓여 있는지, 또 인간들이 잘 살기 위해 없어서는 안 되는 것이 무엇인지를 성급하지도 않고 해이하지도 않게 스스로 분별해야만 한다"[50]고 권고한다. 그러므로 행위의 지향점과 선택의 준거를 구체적으로 설정하기 위해서는 좋은 삶, 즉 행복의 내용을 제대로 파악하는 것이 필요하다.

48 『에우데모스 윤리학』 I 8, 1218b10.
49 『에우데모스 윤리학』 I 2, 1214b9 이하.
50 『에우데모스 윤리학』 I 2, 1214b11~14.

아리스토텔레스는 행복의 내용을 밝히기 위해 2권 1장에서 다음과 같이 논의를 개진한다. 우선 모든 좋음을 영혼 내적인 좋음과 외적인 좋음으로 구분한 후, 내적인 좋음이 선택할 가치가 더 높다고 주장한다. 자신의 주장을 뒷받침하기 위해, 모든 사람들이 내적인 좋음에 속하는 지혜, 덕 그리고 쾌락 가운데 일부 또는 전부를 인생의 목적으로 삼는다는 사실을 지적한다. 이 세 가지 좋음은 각기 행복한 삶의 방식으로 회자되던 세 가지 삶의 방식, 즉 철학적 삶의 방식, 정치적 삶의 방식, 향락적 삶의 방식에서 추구하는 좋음에 해당한다. 따라서 여기에서 언급된 '지혜(phronêsis)'는 이론적 지혜를 배제한 실천적 지혜만을 가리키는 것이 아니라, 오히려 이론적 지혜를 뜻하거나 이론적 지혜와 실천적 지혜 둘 다 포괄하는 것이라고 할 수 있다. 덕은 철학자의 학문적 역량보다는 시민, 즉 정치 공동체의 구성원으로서 지녀야 할 성격적 덕 내지 실천적 덕을 뜻하는 것으로 여겨진다. 마지막으로 향락적 삶의 방식에서 추구하는 쾌락은 주로 육체적인 쾌락이라고 보아야 할 것이다. 아리스토텔레스는 이러한 통속적인 관념들을 물려받았지만, 그것들을 철학적으로 반성하고 체계화한다. 종국적으로 『에우데모스 윤리학』에서 제시하는 행복한 삶은 위의 세 가지 삶의 방식이 특수한 방식으로 통합된 삶이다. 그것은 지혜로운 삶이자 유덕한 삶이고 또한 즐거운 삶이기도 하다. 아리스토텔레스의 행복한 사람은 성격적 덕과 지성적 덕을 겸비하며, 그 덕에 따라 활동하는데, 그러한 유덕한 활동에 즐거움이 깃든다. 또한 그가 지닌 지성적 덕은 이론적 지혜뿐만 아니라, 실천적 지혜를 포함한다.

이러한 결론을 내리기에 앞서 그는 행복의 정체를 규명하기 위해, 영혼의 내적인 측면을 성향(hexis), 능력(dynamis), 활동(energeia) 내지 운동(kinêsis)로 나누고, 행복이 무엇에 해당하는지 가려내기를 시도한다. 이때 행복이 최상의 좋음이라는 명제가 주도적 관점을 제공한다. 논의를 간추리면 다음과 같다.

(1) 모든 성향이나 능력은 그것의 사용(chrêsis) 내지 기능의 수행을 목표로 한다. 따라서, 사용이나 기능의 수행이 성향이나 능력보다 더 나은 것이다.
(2) 더 좋은 성향이나 능력이 더 좋은 기능을 수행할 수 있다.
(3) 덕은 영혼이 지니는 가장 좋은 성향 내지 능력을 가리킨다.
(4) 덕의 사용 내지 기능이 영혼 내부에서 발견할 수 있는 가장 좋은 것이다.
(5) 그러므로, 행복은 덕의 실현, 달리 말해 유덕한 영혼의 활동이다.

이 맥락에서 아리스토텔레스는 행복이 어떤 완전한 것이라는 통념에 호소하면서 행복을 영혼의 가장 좋은 성향의 실현, 즉 덕의 실현이라고 주장한다. 나아가, 행복이 '완전한 덕에 따른 완전한 삶의 실현(zôês teleias energeia kat'aretên teleian)'[51]이라는 결론을 이끌어 낸다. 이때 '완전한 덕'이란 부분적인 덕이 아닌 총체적 덕을 의미하고, '완전한 삶'은 인생의 한 시기가 아닌 인생 전체를 통틀어 일컫는 말이라는 데 주의할 필요가 있다. 요컨대, 행복은 인생 전체에 걸친 총체적 덕의 실현이다. 이러한 행복관은 인간의 덕이 여러 부분을 가지고 있음을 전제한다. 여기서는 『니코마코스 윤리학』에서 언급된 바 인간의 행복이 오로지 최상의 덕의 실현에 놓여 있다는 배제주의적 입장이 고려되지 않는다.[52] 그 대신 덕 전체의 실천에 의해 구현되는 행복이 논의의 대상이다. 아리스토텔레스는 8권 3장에서 전체로서의 덕을 완전한 덕으로 내세우며 '아름답고도 좋음(kalokagathia)'이라고

51 『에우데모스 윤리학』 II 1, 1219a38~9.

52 『니코마코스 윤리학』 I 6, 1098a16~18: "인간의 좋음은 덕에 따르는 영혼의 활동이라는 것이 밝혀진다. 그리고 만일 하나 이상의 여러 덕이 있다면, 그 가운데 최상의 그리고 가장 완전한 덕에 따르는 영혼의 활동이 인간의 좋음이다."; 『니코마코스 윤리학』 X 7, 1177a12~18: "행복이 덕에 따르는 활동이라면 그것은 가장 높은 덕에 따르는 것임이 합당하다. 그런데 이것은 우리의 최선의 부분의 덕일 것이다. 이것이 정신이든 혹은 다른 어떤 것이든, 자체가 신적인 존재이든 혹은 우리 안에 있는 것 중 가장 신적인 것이든, 이것은 우리의 자연적 지배자와 인도자로서 고귀하고 신적인 것에 대한 인식을 가질 것이다. 이것의 활동이 자신의 고유한 덕에 일치할 때, 이 활동이 바로 완전한 행복일 것이다. 그리고 이것이 관조적 활동이라는 것은 우리가 이미 말했다."(강상진, 김재홍, 이창우 옮김)

부른다.[53] 이 점에서 『에우데모스 윤리학』은 일종의 포괄적 행복관을 표명하는 것으로 보인다.

행복의 내용을 총체적 덕의 실현으로 규정할 경우, 행복론의 핵심은 덕론이라고 할 수 있다. 아리스토텔레스의 덕론은 그의 영혼론을 토대로 전개된다. 그는 인간의 영혼을 이성적인 부분과 그 자체로 이성적이지 않지만, 이성에 순종할 수 있는 부분으로 나누고, 각각에 지성의 덕들과 성격의 덕들을 귀속시킨다.[54]

눈여겨볼 점은 영혼의 이성적 부분에 명령하는 기능이 부여된다는 점이다.[55] 이는 인간의 이성이 단순히 생각하는 '기관'이 아니라, 행동의 동기 부여에 개입함을 암시한다. 플라톤은 『국가』 4권에서 인간이 지닌 상이한 욕망들 간의 갈등을 설명하기 위해 영혼을 세 부분으로 나누고, 각 부분에 고유한 동기력을 귀속시킨다.[56] 이 맥락에서 그는 생리적 욕구와 기개로 대표되는 비

53 『에우데모스 윤리학』 VIII 3, 1248b8~11. 『니코마코스 윤리학』에서는 '아름답고도 좋음'이 주제적으로 다루어진 장이 없다. 아리스토텔레스의 '아름답고 좋음' 개념을 통해 덕의 통일성 문제를 접근한 논문으로 Bonasio(2020) 참조.

54 『에우데모스 윤리학』 II 1, 1219b26 이하. 이 맥락에서 인간의 몸의 생장과 관련되는 영혼의 부분은 인간에 고유한 것이 아니라는 점을 들어 논의에서 제외된다. 아리스토텔레스는 인간에 고유한, 이런 의미에서 '인간적인' 영혼의 덕은 생각(logismos)과 행위(praxis)와 관련되어야 한다고 주장한다.

55 『에우데모스 윤리학』 II 1, 1220a9, 1219b30(epitattein) 참조.

56 플라톤의 영혼 삼분설에 대해서는 Burnyeat(2006); 강성훈(2012) 참조.

이성적인 욕망 외에 이성에 고유한 욕망을 상정함으로써 욕망의 삼분설을 정립한다.

아리스토텔레스 또한 욕망의 삼분설을 주장하면서 이성적인 욕망을 '바람' 내지 '소망(boulêsis)'이라고 지칭했다.[57] 하지만 여기에서 바람이 어떤 의미에서 '이성적인' 욕망인가에 대해서는 많은 논란이 있다. 아리스토텔레스는 바람이 이성의 욕망이라고 생각했을까? 고대 후기 아리스토텔레스의 주석가인 알렉산드로스 아프로디시아스는 바람이 "이성적 활동이기 때문이 아니라, 그것의 활동들에 의존하여 생기기 때문에 이성적이다"라고 주장했다.[58] 이 주장에 따르면, 바람은 인간 영혼의 비이성적 부분에 속한다. 따라서 그것은 이성 자체의 기능은 아니다. 하지만 그것은 이성의 활동을 전제하고, 그것에 의존하고 또 부합하는 욕망이라고 할 수 있다. 사실, 아리스토텔레스는 행동의 동기를 설명하기 위해 충동(hormê) 개념을 도입한다. 그에 따르면, 영혼의 이성을 가진 부분은 추론을 통해, 비이성적인 부분은 비이성적인 욕망을 통해 상충되는 충동들을 제공할 수 있다. 이성이 우리에게 충동, 즉 동기력을 제공할 때, 추론을 통해 그에 상응하는

57 『에우데모스 윤리학』 II 7, 1223a26~28. 『수사학』 1368a37~9a7; 『영혼론』 II 413b21; 『대윤리학』 700b22 이하 참조

58 *De anima*, 74. 8~9 Bruns.

이성적 욕망, 즉 바람을 불러일으키는 것으로 여겨진다.[59]

아리스토텔레스는 이성이 아니지만 이성에 따를 수 있는 영혼의 부분을 길들이는 데 큰 가치를 부여한다. 플라톤이 습관이나 연습에 의해 획득되는 성격의 덕을 신체의 덕에 견주면서, 그가 '신적'이라고 부른 지적 인식의 덕에 비해 훨씬 가치가 떨어지는 것으로 기술하는 데 반해,[60] 아리스토텔레스는 성격의 덕을 인간이 행복한 삶을 영위하기 위해 포기할 수 없는 요소라고 생각한다. 인간의 행복은 '인간적인' 덕의 실현도 포함해야 한다는 말이다. 물론, 그는 이성적인 인간 이상에 여전히 충실하다. 하지만 그렇다고 해서 그가 인간 존재를 이성으로 축소하는 것은 아니다. 그는 우리 안에 있는 '철없는 아이'를 아예 무시하거나, 또는 단순히 억압하는 대신, 오히려 이성의 말을 듣고 따르도록 돌보아야 한다고 여긴다. 사실, 이렇게 인간의 비이성적인 부분마저 가능한 한 이성적 부분과 조화를 이루도록 만들어야 한다는 생각이야말로 이성적 인간 이상의 극치를 보여준다고 할 수 있다.

'성격'은 일반적으로 감정과 행위에 관련된 인간 영혼의 지속

59 이 해석에 관한 자세한 논의는 송유레(2016) 참조. 다른 해석으로는 전헌상(2004) 참조.

60 『국가』 518 d~e. 플라톤은 또한 『파이돈』 82a에서 습관과 연습에 의해 획득되는 덕들을 '대중적인(dêmotikê)' 덕이라 칭하고, 참된 덕의 그림자라고 폄하한다. 그러나 그의 최후의 저작인 『법률』에서는 성격과 감정 교육의 중요성이 강조된다.

적인 성향을 지칭한다. 그에 따라 성격의 덕은 정황에 적합한 감정과 행위를 산출할 수 있는 뛰어난 내적인 역량이다. 아리스토텔레스는 습관에 의해 바뀔 수 있는 성격의 특성에 주목해서, 변화의 양극단을 악덕으로, 중간을 덕으로 상정한다.[61] 물론, 이때 중간이란 산술적인 중간치를 가리키는 것이 아니라, 지나치지도 모자라지도 않고 꼭 알맞은, 즉 적절한 정도를 뜻한다. 예를 들어, 위험에 처하면 두려움이라는 감정이 일어나는데, 너무 지나치면 비겁이고, 너무 모자라면 무모함이 되지만, 대상이나 상황에 걸맞게 때와 장소를 가려서 적절한 두려움을 가지는 것이, 다시 말해, 마땅히 두려워할 대상을 마땅히 두려워할 때와 곳에서 마땅한 방식으로 두려워하는 것이 용기라는 덕의 기능이다.

이와 같은 '중용(mesotês)'으로서의 성격의 덕을 함양하기 위해서는 무엇보다도 인간 내부에 작동하는 쾌와 불쾌의 자연적 기제를 이해해야 하며, 이를 바탕으로 실생활에서 여러 구체적 상황에 부합하도록 감정을 조율하고 행위를 조정하는 훈련을 장기간 거쳐야 한다.[62] 바로 이러한 시각에서 아리스토텔레스는 소

61 『에우데모스 윤리학』 II 3 참조.

62 실제로 한번 형성된 성격은 고치기가 어렵다. 하지만 아리스토텔레스는 성격을 고치는 것이 불가능하다고 생각하지는 않은 것으로 보인다. 그에 따르면, "사람들은 자신들의 습관과 본성을 거스르는 행동들을 한다(『정치학』 1332b6~7)." 따라서 그러한 행동들을 반복함으로써 기존의 성격을 고치는 것이 가능하다고 추론할 수 있다.

크라테스의 주지주의적 행복관을 다음과 같이 비판한 것으로 보인다.

> 노(老)소크라테스는 [인생의] 목적이 덕을 인식하는 것이라고 여겼고, 정의가 무엇인지, 용기가 무엇인지, 즉 덕의 부분들 각각이 무엇인지를 탐구하곤 했다. 그렇게 한 것도 일리가 있긴 하다. 왜냐하면 그는 모든 덕이 앎이며 따라서 정의를 앎과 정의로움이 동시에 성립한다고 여겼기 때문이다. […] 이런 이유로 그는 덕이 무엇인지 물었지만, 그것이 어떻게 생기고 무엇으로부터 나오는지는 묻지 않았다. 하지만 이런 탐구 방식은 이론적 학문들에 적합한 것이다. […] 제작적 학문들의 경우, 그 목적이 앎과 인식과 다르다. 예를 들어, 의학의 목적은 건강이고, 정치학의 목적은 좋은 법질서(eunomia)[63] 내지 그와 같이 어떤 다른 것이다. 물론 아름다운 것들 각각을 인식하는 것도 아름답다. 그렇지만 적어도 덕에 관한 한 가장 가치 있는 것은 그것이 무엇인지를 아는 게 아니라, 그것이 무엇으로부터 나오는지를 인식하는 것이다. 왜냐하면 우리가 바라는 것은 용감이 무엇인지를 아는 것이 아니라, 용감한 사람이 되는 것이며, 정의가 무엇인지를 아는 게 아니라, 정의로운 사람이 되는 것이기 때문이다. 마치 건강함이 무엇인지를 인식하기보다는 오히려 건

63 『정치학』 1268b35 이하; 1294a4.

강하기를 바라고, 좋은 체력이 무엇인지를 인식하기보다는 오히려 좋은 체력을 가지기를 바라는 것처럼.[64]

4) 행복의 조건과 수단

앞에서 언급했듯이, 『에우데모스 윤리학』에서 아리스토텔레스는 행복이 인간의 총체적 덕의 실현에 있다는 논지의 일종의 포괄적 행복관을 주장한다. 그런데 자세히 보면 이 포괄적 행복관은 헬레니즘 시기에 정설로 인정된 소요학파의 그것과 상이하다. 나아가 아리스토텔레스 윤리학의 현대적 논의에 대두되는 포괄주의와도 상이하다. 이 두 경우 모두 행복이 내적인 좋음 외에 외적인 좋음까지 포괄한다는 것이 주된 논점이기 때문이다. 『에우데모스 윤리학』에 나타난 포괄적 행복관을 좀더 분명히 규정하기 위해서 앞으로 행복의 내용을 이루는 덕의 실현과 외적인 좋음의 관계를 살펴보고자 한다.

아리스토텔레스는 우리가 다룰 문제와 관련해서 적어도 몇 가지 유용한 개념적 도구들을 제시한다. 우선 1권 2장에서 "우리한테 있는 것들 가운데 무엇에 '좋은 삶'이 놓여 있고, 그것이 실제로 있기 위해서 인간들에게 없어서는 안 되는 것이 무엇인지

64 『에우데모스 윤리학』 I 5, 1216b2~25.

를 스스로 분별해야만 한다"[65]고 그가 권고한 대목을 상기하자. 여기서 그는 행복의 내용과 행복의 필수 조건(conditio sine qua non)을 구분한다. 이 구분을 명확히 하기 위해서 '건강함'과 '건강하기 위해 없어서는 안 되는 것'이 같지 않다는 점을 지적한다. 그런데 후자의 경우, 건강에 고유한 필수 조건이 있는가 하면, 건강을 비롯해 여러 다른 상태나 행위에 공통되는 필수 조건이 있다. 공통된 조건으로 숨 쉬는 것, 깨어 있는 것, 움직이는 것을, 고유한 조건으로는 육식을 하거나 식후에 운동을 하는 것을 예로 든다. 이에 덧붙여, 어떤 사람들이 행복의 필수 조건을 행복의 부분, 즉 구성 요소로 혼동한다고 지적하면서, 이 혼동이 다시금 행복이 무엇인지, 그리고 무엇을 통해 생기는지(dia tinôn)에 대한 논란의 원인이 되고 있는 것으로 진단한다.[66] 여기에서 행복의 필수 조건과 수단 간의 관계는 더 이상 논의되지 않지만, 적어도 이 둘 모두 행복의 구성 요소가 아니라는 점은 확인할 수 있다.

『에우데모스 윤리학』에서 외적인 좋음은 행복의 정의에 포함되지 않는다. 따라서 행복을 구성하는 부분으로 보기 어렵다. 하지만 외적인 좋음이 행복과 전적으로 무관하지는 않은 것으로

65 『에우데모스 윤리학』 I 2, 1214b11~14.
66 『에우데모스 윤리학』 I 2, 1214b14~27.

보인다. 2권과 3권에서 상론되는 덕의 목록만 훑어보더라도, 외적인 좋음이 없이는 성립하기 어려운 덕들이 눈에 띈다. 예를 들어, 베풀 수 있는 재산이 없을 경우, 통 큰 사람이 될 수 없고, 명예가 없이는 지고함을 논할 수 없다. 이때, 큰 규모의 재산이나 높은 명예는 각각 호탕(megaloprepeia)과 긍지(megalopsychia)에 고유한 필수 조건으로 여겨질 수 있을 것이다. 나아가, 실천적 덕을 실현하기 위해서는 상대가 필요하다. 이와 관련해서 7권에서 친구가 가장 큰 좋음들 가운데 하나로서 도입되며, 친구가 없는 삶은 '끔찍한' 삶으로 제시된다.[67] 아리스토텔레스는 행복한 인간의 자족성과 신의 자족성을 구분하며, 아무것도 부족한 것이 없기 때문에 친구도 필요 없는 신과 달리, 인간은 오히려 아무것도 부족하지 않을 때 함께 할 친구들을 필요로 한다는 논변

67 『에우데모스 윤리학』 VII 1, 1234b33. 여기에서 '친구(philos)'는 생활 공동체와 자발적인 회합의 구성원들로 좁은 의미의 '친구'뿐만 아니라, 부모, 형제, 자식 및 배우자, 친척과 동료를 아우른다(VII 1, 1235b34~1235a2). 아리스토텔레스는 상호 동등한 친구들 간의 친애 내지 우정을 세 가지 종류로 나눈다. ① 쾌락에 의거한 친애, ② 유용성에 의거한 친애, ③ 덕에 의거한 친애. 그는 ③이 유용할 뿐 아니라, 즐겁다는 것을 보임으로써 주된 의미의 친애인데 반해, ①과 ②는 파생적인 의미의 친애라고 주장한다(VII 2, 1236a15~1236b26). 이처럼 동등성에 기반한 친애 외에 부자 간의 친애와 같이 우월성에 기반한 친애도 있다. 아리스토텔레스는 부부 간의 친애도 여기에 포함시키는데, 이것은 고대 그리스의 남성우월주의적 세태를 반영한 것으로 시대적 한계를 보여준다(VII 3, 1238b24).

을 펼친다.[68]

행복과 외적인 좋음의 관계에 대한 상론은 『에우데모스 윤리학』의 종결부인 8권 3장에서 발견된다. 기본 논제는 외적인 좋음들이 행복에 수단으로서 기여한다고 요약될 수 있다. 이 논의에서 몇 가지 주목할 만한 사항이 있다. 우선, 아리스토텔레스는 부, 좋은 출생, 권력, 행운 등과 같은 외적 좋음을 '본성적 좋음' 내지 '단적인 좋음'으로 지칭한다. 여기서 그는 일종의 가치 실재론을 주장하는 것으로 보인다. 즉, '좋음'이 주관적으로 결정되는 것이 아니라, 객관적으로 있다는 말이다. 그렇지만, 그는 본성적인 좋음이 사용자에 따라 이득을 가져올 수도 해를 끼칠 수도 있다는 점을 간과하지 않는다. 그의 견해에 따르면, 본성적으로 좋은 것들은 좋은 사람에게 좋게 작용한다. 뒤집어 말하면, 좋은 사람이란 본래 좋은 것을 좋은 것으로, 즉 제대로 사용할 수 있는 사람이다.

그런데 여기에 나타난 아리스토텔레스의 외적 좋음에 대한 견해는 이후 헬레니즘 시기에 스토아주의자들이 계승한 소크라테스주의적 견해와 적어도 용어상 상당한 차이를 보인다. 플라톤의 『에우튀데모스』에 모범적으로 기술된 소크라테스적 견해에 따르면, 통상적으로 좋다고 여겨지는 것들, 즉 부, 아름다운

68 『에우데모스 윤리학』 VII 12 참조.

외모, 건강, 권력 등이 어떻게 사용되느냐에 따라 도움을 줄 수도 있고 해를 끼칠 수도 있지만, 사용되지 않을 경우, 좋지도 나쁘지도 않다. 따라서 그것들은 그 자체로 본성상 좋은 것이 아니며, 오직 올바로 사용할 수 있는 슬기(phronêsis) 내지 지혜(sophia)만이 좋고, 그렇지 못한 무지(amathia)만이 나쁘다고 일컬어질 수 있다.[69]

이러한 견해를 바탕으로 스토아주의자들은 이른바 '외적인 좋음들'이 행복과는 무관하며 좋지도 나쁘지도 않은 중립적인 것(adiaphora)이라고 선언한다. 그들에 따르면, '외적인 좋음'으로 불리는 것은 사실상 좋음이 아니다. 단적으로 말하자면, 외적인 좋음이라는 것은 없다. 물론, 그들도 '외적인 좋음'이 '외적인 나쁨'에 비해 '선호할 만한 가치(axia)'가 있다는 점은 인정했다.[70] 가령, 건강이 질병에 비해 선호할 만하고, 부가 가난에 비해 선호할 만하다. 하지만 건강이나 부를 가져야만 행복할 수 있는 것도 아니고, 병들고 가난하다고 행복할 수 없는 것도 아니다. 스토아주의자들은 소크라테스의 후예로서 행복이 통상적으로 받아들여지듯이 '외적인 좋음들'의 획득에 놓여 있는 것이 아니라,

69 『에우튀데모스』 278e~281e. 자세한 논의는 이창우(2003), 특히 63~65쪽 참조.

70 *SVF* III 140~2; 146; 키케로, 『최고선악론』 3, 50 이하; 5, 83; *DL* VII 100 이하. 이에 대해서 Long(1967), p. 65 이하 참조.

그것들을 잘 사용할 줄 아는 내면의 덕에 달려 있다는 점을 부각하기 위해, 좋음을 내면화하는 전략을 택한 것이다. 그 결과, 내적인 덕이 곧 좋음이고, 악덕이 곧 나쁨으로 불리게 된 것이다. 이런 식으로 좋음과 나쁨, 다시 말해 선(善)과 악(惡)이 도덕적 의미로 국한되어 사용된다. 이러한 어법은 기존의 상식을 뒤집는 것이었다.

이와 대조적으로 아리스토텔레스는 상식이라는 발판을 떠나지 않으면서, 오히려 상식에 진정한 의미를 부여하는 길을 택한 것으로 보인다. 즉, 외적인 좋음들이 있다는 것을 일단 인정하되, 그것들의 본성적 가치를 발휘하도록 사용하는 것이 중요하다고 강조함으로써, 결국 본성적으로 좋은 것이, 우리가 좋은 존재인 한, 우리에게 좋은 것과 일치한다고 주장한다.

끝으로, 행복과 외적인 좋음의 관계와 관련해 다음 사항을 지적함으로써 이 글을 매듭지을까 한다. 아리스토텔레스는 외적인 좋음의 소유의 한계와 선택의 기준을 신(神)의 관조(theôria)에 기여하는지 여부에 둔다. 그런데 이렇게 중요한 사항과 관련해서 두 가지 해석상의 난점이 남아 있다.[71] 우선, 여기에서 '신'이 무엇을 지시하는지가 불분명하다. 다시 말해, 그것이 『니코마코스 윤리학』 10권에 언급된 우리 안에 있는 신성, 즉 정신을 가리키

71 이와 관련한 논쟁에 대해서는 Woods(1992), pp. 180~184 참조.

는지 아니면 『형이상학』 Λ에 논의되는 우주론적 차원의 신(神), 즉 부동의 원동자를 지시하는지 결정하기 어렵다. 다음으로, '신의 관조'라는 표현은 두 가지 의미로 해석될 수 있다. (1) 신이 관조한다는 의미, (2) 신을 관조한다는 의미. 신이 우리 안의 정신 즉 관조 능력이라면, 신이 관조의 주체라고 보는 것이 나을 것이고, 신이 우리 밖에 있는 우주론적 차원의 신이라면 관조의 객체라고 보는 것이 나을 것이다. 하지만 『에우데모스 윤리학』에서는 신학적 논의가 본격적으로 전개되지 않기 때문에 이러한 문제들에 대한 확실한 대답을 이끌어내기가 어렵다.[72]

그럼에도 불구하고 윤리학적 논의에 관한 한, 외적인 좋음이 너무 넘치거나 모자라서 신의 관조에 방해가 돼서는 안 된다는 주장은 확고하다. 또한 외적인 좋음들 가운데 신의 이론적 관조를 가장 많이 산출하는 것이 가장 좋은 것이라는 주장 또한 분명하다. 아리스토텔레스는 관조를 신을 모시는 일과 연결시킨다. 그는 우리 안의 신, 즉 영혼의 관조적 능력이 제 기능을 할 수 있도록 돌보는 것이 신을 모시는 일임을 암시한다. 또한 신을 모심을 인간 행위의 최종 목적으로 제시한다. 따라서 신에 대한 봉사가 행복의 정점을 이룬다고 볼 수 있다. 이는 행복이라는 목적

72 역자는 『니코마코스 윤리학』 10권의 내용을 참조하여 '신의 관조'가 신이 관조하는 사태를 표현하는 것이며, 이때 신은 영혼 내의 관조적 정신이라는 해석을 제공했다. 해당 각주 참조.

내부에 다시금 목적의 위계가 있음을 내포한다. 사실, 행복이 부분을 가지고 있다는 점을 고려하면 당연한 귀결이다. 행복을 구성하는 요소를 성격의 덕의 실현과 지성의 덕의 실현이라고 할 때, 아리스토텔레스는 의심의 여지없이 전자를 후자 아래에 두며,[73] 지성적 덕의 실현이 다시금 이론적 관조와 실천적 지혜의 수행으로 나뉘어지자, 후자를 전자에 복속시킨다. 이런 점을 고려해 볼 때, 아리스토텔레스의 행복관은 다수의 독립적인 목적들이 추구되는 '병렬적 포괄주의'가 아니라, 목적들이 위계적으로 상호 연계되어 있는 '정합적 포괄주의'라고 특징지을 수 있겠다.[74] 결국, 아리스토텔레스의 삶의 건축학에 따르자면, 신을 모시는 관조적 활동이야말로 행복이라는 성전 건축을 완성하는 가장 좋고, 가장 아름다우며, 가장 즐거운 것이다.

73 하지만 아리스토텔레스가 성격의 덕을 '정신의 도구'(VIII 2, 1248a29)라고 부를 때에는 성격적 덕과 지성적 덕 사이의 위계적 질서뿐만 아니라, 양자 간의 유기적 연결을 염두에 두었다고 짐작해 볼 수 있다.

74 이 해석에서 역자는 Kenny(1992)의 병렬적 포괄주의 해석(p. 6: eudaimonia as "the exercise of several independently valued pursuits")을 비판하고 정합적 포괄주의 해석을 대안으로 내세운 Buddensiek(1999)에 동의한다(p. 107, Note 11; 109: "eine inklusive Konzeption in dem Sinne von 'inklusiv', demzufolge eudaimonia durch eine starke und eindeutige Hierarchisierung kohärenter menschlicher Aktualität gekennzeichnet ist.").

참고문헌

『에우데모스 윤리학』 주요 판본, 번역 및 주해서

Barthélemy Saint-Hilaire, J., *Oeuvre d'Aristote. La Morale, III : Morale à Eudème*. Paris 1856.

Bekker, I., *Aristotelis Opera*. Academia Regia Borussica. Berlin 1831.

Bender, H., *Eudemische Ethik*. Stuttgart 1873.

Burnet, J., *The Ethics of Aristotle*. London 1900.

Bussemaker, U. C., et al., *Aristotelis Ethica Eudemia*. Paris 1851.

Décarie, V., Aristote. *Éthique à Eudème*. Paris & Monreal 1978.

Dirlmeier, F., *Aristoteles Werke in deutscher Übersetzung*, Band 7: *Eudemische Ethik*. Berlin 1962/1984[4].

Fritzsche, A., *Eudemi Rhodii Ethica*. Regensburg 1851.

Gohlke, P., *Eudemische Ethik*. Paderborn 1954.

Inwood, B., Woolf, R., Aristotle. *Eudemian Ethics*. Cambridge 2013.

Kenny, A., Aristotle. *The Eudemian Ethics*. Oxford 2011.

Plebe, A., Aristotele. *Grande etica. Etica eudemia*. Bari. Laterza 1965.

Rackham, H., Aristotle. *The Athenian Constitution. The Eudemian*

Ethics. On virtues and vices. London 1935.

Riecker, J., *Aristoteles: Werke*, vi. 7: *Eudemische Ethik*. Stuttgart 1858.

Solomon, J., *The Works of Aristotle, Translated under the Editorship of Sir David Ross*, ix. Oxford 1915.

Susemihl, F., *Eudemi Rhodii Ethica*. Teubner. Leipzig 1884.

Walzer, R. R., Mingay, J. M., *Aristotelis Ethica Eudemia*. Oxford 1991.

Woods, M., *Aristotle's Eudemian Ethics: Books I, II and VIII*. Oxford 1982/1992^2.

Zanatta, M., Aristotele. *Etica Eudemia*. Milan 2012.

荻野弘之, アリストテレス全集 16: エウデモス倫理學. 東京 2016.

『에우데모스 윤리학』 주요 연구서 및 논문

Allan, D. J., "Quasi-mathematical method in *Eudemian Ethics*", Mansion, S. (ed). *Aristote et les problèmes de Méthode*, Louvain 1961, 303~318.

_____, "Aristotle's Criticism of Platonic doctrine concerning goodness and the good", *Proceedings of the Aristotelian Society* 64(1963/4), 273~286.

_____, "Review of Aristoteles: Eudemische Ethik, Übersetzt und erläutert von Franz Dirlmeier, Academie-Verlag, Berlin, 1962", *Gnomon* 38(1966), 138~149.

_____, "The fine and the good in the *Eudemian Ethics*", Moraux & Harlfinger(1971), 63~71.

Apelt, O., "Zur Eudemischen Ethik", *Jahrbücher für Classischer Philologie* 40(1894), 729~752.

_____, *Zur Eudemischen Ethik*. Eisenach 1902.

Arnim, H. Von., "Die drei Aristotelischen Ethiken", *Sitzberichte der Wiener Akademie* 2, Wien 1924.

Aubenque, P. , *La prudence chez Aristote*. Paris, P.U.F. 1963.

Aubry, G., Dherbey, R. (eds) , *L'excellence de la vie. Sur l'Éthique à Nicomaque et l'Éthique à Eudème d' Aristote*. Paris 2002.

Berti, E., "Unité et multiplicité du bien selon E.E. I 8", Harlfinger & Moraux(1971), 157~184.

Bloch, O., Leandre, A., Aristote. *Éthique à Eudēme*, Paris 2011.

Bonasio, G., "Kalokagathia and the Unity of the Virtues in *Eudemian Ethics*", *Apeiron* 53/1(2020), 27~57.

Bonitz, H., "Zur Textkritik der Eudemischen Ethik und der Magna Moralia", *Jahrbücher für Classische Philologie* 5(1859), 15~31,

Brunschwig, J., "E. E. I 8 et le περὶ τἀγαθοῦ", Harlfinger & Moraux (1971), 197~222.

Buddensiek, F., *Die Theorie des Glücks in Aristoteles' Eudemischer Ethik*. Göttingen 1999.

Cherniss, H. T., *Aristotle's Criticism of Plato and the Academy*. Baltimore 1944.

Décarie, V., "Vertu 《totale》, vertu 《parfaite》 et 《kalokagathie》 dans *l'Ethique à Eudème*", *Sens et existence, en hommage à Paul Ricœur*. Paris 1975, 60~76.

Fragstein, A. Von., *Studien zur Ethik des Aristoteles*. Amsterdam 1974.

Fraisse, J. −C., *Philia. La notion d'amitié dans la philosophie antique*. Paris 1974.

_____ , "*Autarkeia* et *Philia*", Harlfinger & Moraux(1971), 245~251.

Frede, D., "On the So−called Common Books of the Eudemian and the Nicomachean Ethics", *Phronesis* 64/1(2019), 84~116.

Gauthier, R.−A., *La magnanimité. L'idéal de grandeur dans la philosophie païenne et dans la théologie chrétienne*. Paris 1951.

Gigon, O., "Das Proomion der *Eudemischen Ethik*", Harlfinger & Moraux(1971), 197~222.

Hall, R., "The Special Vocabulary of the *Eudemian Ethics*", *Classcal Quarterly* 9(1959), 197~206.

Harlfinger, D. & Moraux, P. (eds.), *Untersuchungen zur Eudemischen Ethik*. Akten des 5. Symposium Aristotelicum. Berlin 1971.

Harlfinger, D., "Die Überlieferungsgeschichte der *Eudemischen Ethik*", Harlfinger & Moraux(1971), 1~50.

Heinaman, R., "The *Eudemian Ethics* on Knowledge and Voluntary Action", *Phronesis* 31(1986), 128~147.

Houde-Sauvé, R., *La Philia dans le livre VII de l'Ethique à Eudème*. Thèse. Montréal 1974.

Jackson, H., "Eudemian Ethics, VIII 1–2", *Journal of Philology* 32(1913), 170~221.

Joachim, H. H., Aristotle. *The Nicomachean Ethics*, Oxford 1951.

Jost, L., "The EE and its Controversial Relationship to the NE", R. Polansky (ed.), *Cambridge Companion to Aristotle's* Nicomachean Ethics. Cambridge(2014), 410~425.

Kapp, E., *Das Verhältnis der eudemischen zur nikomachischen Ethik*. Diss. Freiberg 1912.

Kenny, A., *The Aristotelian Ethics*. Oxford 1978.

Lacombe, G., *Aristoteles Latinus*. Pars I. Bruges-Paris 1957.

Marguerite, H., "Notes critiques sur le texte de l'Éthique à Eudème", *Revue d'Histoire de la Philosophie* 1930, 86~97.

Moraux, P., *Les listes anciennes des ouvrages d'Aristote*. Louvain 1957.

______, "Das Fragment VIII 1: Text und Interpretation", Harlfinger & Moraux(1971), 253~284.

Moreau, J., "Telos et aretê d'après Éthique à Eudème II. 1 et la tradition platonicienne", Harlfinger & Moraux(1971), 223~230.

Mühll, P. von der., *De Aristotelis Ethicorum Eudemiorum Auctoritate*. Diss. Göttingen 1909.

Owen, G. E. L., "Tithenai ta phainomena", *Aristote et les problèmes de méthode* 1961, 83~103.

Pearson, G., "*Phronêsis* as a Mean in the *Eudemian Ethics*", Oxford Studies in Ancient Philosophy 32(2007), 273~295.

Rassow, H., *Observationes Criticae in Aristotelem*, Berlin 1858.

Rowe, C. J., "The Meaning of φρόνησις in the *Eudemian Ethics*", Harlfinger & Moraux(1971), 73~92.

_____, *The Eudemian and Nicomachean Ethics: A Study in the Development of Aristotle's Thought*. Cambridge 1971.

Schleiermacher, F., *Über die ethischen Werke des Aristoteles*. Sämtliche Werke III 3. Berlin 1817.

Schofield, M., "L'Éthique à Eudème postérieure à l'Éthique à Nicomaque? Quelques preuves tirées des livres sur l'amitié", Aubry & Dherbey(2002), 299~315.

Shorey, P., "A Note on the *Eudemian Ethics* 1247b 6", *Classical Philology* 21(1926), 80~81.

Spengel, I., *Über die unter dem Namen des Aristoteles erhaltenen ethischen Schriften*. München 1941.

Verbeke, G., "La critique des Idées dans l'*Ethique Eudèmienne*", Harlfinger & Moraux(1971), 135~156.

Verdenius, W. J., "Human Reason and God in the *Eudemian Ethics*", Harlfinger & Moraux(1971), 191~298.

송유레, 「행동의 자발성: 아리스토텔레스의 『에우데모스 윤리학』을 중심으로」, 《서양고전학연구》 58/2(2019), 191~220.

기타 원전 판본 및 번역서

Adler, A., *Suidae Lexicon*. Stuttgart 1928~1938.

Allen, T. W., Monro, D. B. *Homeri Opera*. Oxford 1917~1919.

Bollack, J., *Empédocle III: Les origines, Commentaire I*. Paris 1969.

Burnet, J., *Platonis Opera I-V*. Oxford 1900~1907.

Diehl, E., *Anthrologia Lyrica Graeca*. Leipzig 1949~1952.

Diels, H. & W. Kranz, *Die Fragmente der Vorsokratiker*. Berlin 1974(=DK).

Diggles, J., *Euripides*. Oxford 1994.

Heinze, R., *Xenocrates: Darstellung der Lehre und Sammlung der Fragmente*. Leipzig 1892.

Heylbut, G., *Aspasius. In Ethica Nicomachea quae supersunt commentaria*. Berlin 1889.

________, *Eustratii et Michaelis et Anonyma in Ethica Nicomachea commentaria*. Berlin 1892.

Hicks, R. D., *Diogenes Laertius. Lives of Eminent Philosophers Books I-V*. Cambridge-Massachussets 1972 (= *DL*).

Hude, C., *Herodoti Historiae*. Oxford 1953.

Jones, H. S., Powell, J. E., *Thucydidis Historiae*. Oxford 1956~1960.

Marchant, E. C., *Xenonphontis opera omnia*. Oxford 1900~1904.

Nauck, A., *Tragicorum graecorum fragmenta*. Leipzig 1889.

Ross, W. D., *The Works of Aristotle*, vol. 12. Select Fragments. Oxford 1952.

Solmsen, F., *Hesiodi Theogonia. Opera et dies, Scutum*. Oxford 1990.

Stahlin, O., *Clemens Alexandrinus. Stromata*. Berlin 1906~1909.

West, M. L., *Iambi et elegi Graeci ante Alexandrum cantata*. Oxford 1998(테오그니스 단편 포함).

강상진, 김재홍, 이창우 옮김. 아리스토텔레스. 『니코마코스 윤리학』. 서울: 도서출판 길 2011.
김주일, 김인곤, 김재홍, 이정호 옮김. 디오게네스 라에르티오스. 『유명한 철학자들의 생애와 사상 1』. 파주: 나남 2021.
박찬국 옮김. 프리드리히 니체. 『비극의 탄생』. 파주: 아카넷 2009.
조대호 옮김. 아리스토텔레스. 『형이상학 1, 2』. 파주: 나남 2012.

기타 연구서 및 논문

Ackrill, J. L., "Aristotle on Happiness", Rorty(1980), 15~33.
Annas, J., "Aristotle on Virtue and Happiness", Sherman(1999), 35~55.
Bendixen, J., "Die aristotelische Ethik und Politik", *Philologus* XI(1856), 576~583; XVI(1860), 465~522.
Bostock, D., *Aristotle's Ethics*. Oxford 2000.
Broady, S., *Ethics with Aristotle*. Oxford 1991.
Burnyeat, M. F., "Aristotle on Learning to Be Good", Rorty(1980), 69~92.
____, "The Truth of Tripartition", *Proceedings of the Aristotelian Society*. Vol. 106/ 1(2006), 1~22.
Cooper, J. M., "Friendship and the Good in Aristotle", Sherman(1999), 277~300.
____, "Aristotle on the goods of fortune", *Philosophical Review* 94(1985), 173~196.
Crisp, R. & M. Slote (eds.), *Virtue Ethics*. Oxford 1997.
Frede, D., Aristoteles. *Nikomachische Ethik* I–II. Berlin, Boston 2020.
Gallet, H., *Exploration archéologique de Délos*. Paris 1959.
Hardie, W. F. R., *Aristotle's Ethical Theory*. Oxford 1980[2].
Hart, H. L. A., "Negligence, Mens Rea and Criminal Responsibility", A.

G. Guest (ed.), *Oxford Essays in Jurisprudence*. London 1961.

Irwin, T. H., "Aristotle's Methods in Ethics", D. J. O'Meara (ed.), *Studies in Aristotle*. Washington 1981, 193~224.

Jäger, W., *Aristoteles. Grundlegung einer Geschichte seiner Entwicklung*. Berlin 1923

Joly, R., *Le thème philosophique des genres de vie dans l'antiquité classique*. Bruxelles 1956.

Krämer, H. J., *Arete bei Platon und Aristoteles*. Amsterdam 1967.

Kenny, A., *Aristotle on the Perfect Life*. Oxford 1992.

Kraut, R., *Aristotle on the Human Good*. Princeton 1989.

Lear, J., *Aristotle: The Desire to Understand*. Cambridge 1988.

Long, A. A., "Carneades and the Stoic Telos", *Phronesis* 12(1967), 59~60.

Rorty, A. O. (ed.), *Essays on Aristotle's Ethics*. Berkeley/Los Angeles/London 1980.

Sherman, N. (ed.), *Aristotle's Ethics. Critical Essays*. Oxford 1999.

Stemmer, P., "Aristoteles' Glücksbegriff in der Nikomachischen Ethik", *Phronesis* 37(1992), 85~110

Urmson, J. O., *Aristotle's Ethics*. Oxford 1988.

Zeller, E. : *Die Philosophie der Griechen II 2 3*. Leipzig 1879, 874~881.

강상진, 「아리스토텔레스의 필리아—자기애와의 관련을 중심으로」, 《인간연구》 4(2003), 105~123.

김대오, 「아리스토텔레스의 행복론」, 《서양고전학연구》 15(2000), 47~72.

김도형, 「'신성한 것'(theion)으로서의 '잘 삶'(eudaimonia)에 대하여—아리스토텔레스의 『니코마코스 윤리학』을 중심으로」, 《가톨릭철학》 22(2014), 5~40.

_____, 「아리스토텔레스의 중용론에 관하여 – 중도론적 해석에 대한 비

판」, 《한국윤리학회》 124(2019), 37~56.

김상돈, 「아리스토텔레스의 시민적 친애」, 《윤리연구》 131(2020), 43~70.

김영균, 「아리스토텔레스의 윤리학에 있어서 즐거움의 문제—『니코마코스 윤리학』 7권과 10권을 중심으로」, 《동서철학연구》 12(1995), 64~84.

손병석, 「아리스토텔레스에게 있어서 실천지의 적용 단계—숙고와 선택 결정에서 제기되는 판단 과정의 위치설정 문제를 중심으로」, 《철학연구》 48(2000), 21~43.

송유레, 「의지의 기원과 이성적 욕망—아리스토텔레스의 소망(boulêsis) 개념 연구」, 《서양고전학연구》 55/2(2016), 59~86.

_____, 「아리스토텔레스의 '올바른 선택'—성격적 덕과 실천적 지혜의 합작」, 《철학사상》 74(2019), 99~130.

_____, 「악덕의 자발성: 아리스토텔레스의 반-소크라테스적 논증」, 《철학》 141(2019), 1~26.

_____, 「에토스에 관한 철학: 윤리학의 기원과 교육의 문제」, 《서양고전학연구》 60/1(2021), 131~156.

장미성, 「아리스토텔레스의 에로스와 친애」, 《철학연구》 104(2014), 27~64.

전헌상, 「소망과 품성—이성적 욕구와 영혼의 비이성적 상태들」, 《서양고전학연구》 21(2004), 107~140.

_____, 「아리스토텔레스의 아크라시아론」, 《철학사상》 30(2008), 37~67.

_____, 「성품의 자발성」, 《철학》 136(2018), 1~25.

조대호, 「숙고의 인지적 조건—아리스토텔레스 도덕심리학의 숙고 개념」, 《서양고전학 연구》 55/2(2016), 87~120.

편상범, 「아크라시아와 무지—『니코마코스 윤리학』 7권 3장을 중심으로」, 《철학사상》(2014), 97~139.

황경식, 『덕윤리의 현대적 의의』, 서울: 아카넷 2012.

보조 도서

Bonitz, H., *Index Aristotelicus*. Berlin 1870.

Dennisten, J. D., *The Greek Particles*. Oxford 1970.

Liddell, Scott, Stuart Jones, McKenzie, *Greek English Lexicon*. Oxford 1968.

찾아보기

한국어 - 그리스어

ㅂ

ㅈ

잘못을 범하다 hamartanein 22a40, 26a36, 38, 27b21, 30b17, 31b21, 34b10, 46a32, 46b2
잘 지냄 eupragia 21a38, 33b25, 46b37, 47a1
재치 eutrapelia 34a4~23
저속한 phortikos 15a28~29, 34a8, 20, 45a37
적기(適期) kairos 14a14, 17b32, 37~38
적합한 prepon 21a36, 33a34, 36, 33b7~10
절제 sophrosyne 18a22, 20b19, 21a2, 30a36~31b4, 34a32~33, 48b23
정신 nous 17b30, 40b34, 47a30, 48a29
사유, 정신적 직관 46b10, 48a21, 32
지각을 가지다 noun echein 14b31, 37b38, 46b14
정의(正義) dikaiosynê 16b4, 7, 23, 18a10, 18, 34a31, 34b14, 31, 42a30, 43a33, 46a36~37, 46b3, 17, 48b21
dikaion 17b31, 21a4, 34b21, 25, 38b20, 41b12~15, 34, 37, 42a11~31, 42b1, 5, 43a11, 15, 33, 43b15, 49a8
정체 politeia 41b13, 26, 29, 42b1, 27~31
정치술, 정치학 politikê 16b19, 18a34, 18b13, 34b22, 37a2~3
정치적 politikos 14b33, 15a36, 15b3, 16a23~29, 42a23
정치적 동물 43b4
제작적 poiêtikos 16b7, 21b5, 27b29, 29a33~34, 29b12, 14, 37
조야한 agroikos 30b19, 34a5, 8
좀스러운 mikroprepês 21a35, 32a30, 33b4
좋은 agathos 14a3, 32, 14b2, 15a33, 16a10, 30, 17a22, 31, 35, 17b7, 25f., 18a14, 31, 34, 18b5, 25, 32, 19a28~35, 22a7~8, 27a21~22, 28b18, 32b35, 33a5, 34b32, 35b26, 30, 36a7~9, 36b34, 37a26, 38a3, 38b3~8, 45b1, 46a4, 48b18, 26~27, 49a2~18
좋음 자체 to agathon auto 18a16~38
좋음의 이데아 idea tou agathou

그리스어-한국어

aphrosynê 어리석음
apodeixis 논증
apolausis 향락
apolaustikos 향락적
archê 원리, 다스리는 요소
aretê 덕, 탁월성
arithmos 수
askêsis 훈련
asôtia 낭비
autarkeia 자족성
authadeia 오만
axia 가치

bia 강제
bios 삶, 생활방식
boêtheia 도움
bômolochos 알랑쇠
boulêsis 바람[所願]
bouleusis 숙고

chairein 기뻐하다
chalepotês 까다로움
chaunotês 허영
cheirôn 비열한
chôristos 분리된
chrêsis 사용
chresimos 유용한

daimôn 신령
dapanêria 흥청망청
deiknymi 증명하다
deinotês 영리함
deilos 겁쟁이
dianoêtikê 지성적
dianoia 사유
diathesis 상태
dikaios 정의로운, 정당한, 타당한
dikaiosynê 정의, 정의로움
doxa 믿음, 의견, 평판
dynamis 가능성, 권력, 능력, 특성, 힘

eidos 형상, 종
eleutheriotês 후함
elleipsis 부족, 모자람
elpis 희망, 기대
empeiria 경험
enantiotês 모순
endeia 빈곤
energeia 활동, 실현
enklêma 책망
enkrateia 자제력 있음
enthousiasmos 신적 영감
epagôgê 귀납
epainos 칭찬
epichairekakos 심술쟁이

epieikês 공정한
epimeleia 돌봄, 애씀
epistêmê 앎, 학문
epithymia 욕구
ergon 기능, 성과, 업적, 작품.
erôs 성적 사랑
erôtikos 사랑에 잘 빠지는
êthikê 성격적, 성격에 기초한
êthos 성격
eudaimonia 행복
euêtheia 순진
eunoia 선의
euphyês 재능을 타고난
eupragia 잘 지냄
eutrapelia 재치
eutychia 행운
exaiphnês 갑자기

genos 유, 종류
gnôsis 인식

hairesis 택함
haplôs 단적으로
hêdonê 즐거움, 쾌락
hêdy 즐거운, 달콤한
hekousios 자발적인
hexis 성향
holos 온전한, 총체적인
homilêtikos 사교적인
homoiotêtos 비슷함
homologia 동의
homonoia 한마음
hormê 충동
horos 기준, 규정
hôs epi to poly 대부분의 경우
hybris 폭력
hygieia 건강
hyperbolê 지나침
hyperochê 우월성
hypolepsis 가정
hypothesis 전제

iatrikê 의술
idios 고유한
ischys 힘
isotês 동등성

kairos 적기(適期)
kakia 악덕
kalokagathia 아름답고도 좋음
kalos 아름다운
kanôn 기준
karteria 인내
kataplêxis 쩔쩔맴
kata symbebêkos 부수적으로
kerdos 이득

kinêsis 운동, 변화
koinônia 공동체, 공유(관계)
koinos 공통된, 공동
kolakeia 비굴
kolasis 교정, 처벌
kyrios 주된, 지배하는
leitourgia 공공봉사
logismos 추론
logos 글, 논변, 비율, 사고, 이성
lypê 고통, 괴로움
manikos 미친
mantikê 예언술
megaloprepeia 호탕
megalopsychia 긍지
mesos 중간의
mesotês 중용
metron 척도
mikroprepês 좀스러운
mikropsychia 소심함
mochthêria 못됨
mousikos 교양 있는
nemesis 의분
noêsis 사유, 인식
nomos 법
nous 정신, 지각, 사유

oikeios 고유한
orexis 욕망
orgê 화
orgilotês 성마름
orthos올바른

paideia 교양
panourgos 교활한
pathos 감정, 경험, 상태
peithô 설득
phaulos 비천한
philia 친애
philos 친구
phobos 두려움, 공포
phortikos 저속한
phronêsis 슬기, 지혜
phronimos 현자
phthonos 시기
physis 본성, 자연
poiêsis 제작, 산출, 행함
politeia 정체
politikê 정치술, 정치학
politikos 정치적인, 시민적인
ponos 노력, 수고, 운동
pragma 사물, 사태, 대상
praktos 실천 가능한
praotês 온화
praxis 행동, 실천
prepos 적합한
prohairesis 선택

prothymia 열성
psogos 비난
psychê 영혼

salakôn 뻐기는
semnos 위엄 있는
skopos 목표
sophrosyne 절제
spoudaios 훌륭한, 유덕한, 고귀한, 군자, 유덕자
strophe 왜곡
syllogismos 추론
sympheron 유익한
synônyma 이름과 뜻이 같은 대상들

taxis 질서
technê 기술
teleios 완전한, 성숙한
telos 목적
theôria 관조, 이론적 활동
theos 신
theios 신성, 신적인
thrasytês 무모함
trypherotês 무름
thymos 분노, 기개
timê 명예
tychê 우연
zoê 삶, 생명

옮긴이의 말

최근 덕윤리의 부상과 함께 아리스토텔레스의 윤리학에 대한 관심이 고조되면서 국제 학계에서 『에우데모스 윤리학』에 대한 연구가 활발히 전개되고 있다. 국내 학계에서도 관련 연구가 심화되길 기대하며 2012년 출간한 아리스토텔레스의 『에우데모스 윤리학』을 고치고 다듬어서 새로이 내놓는다. 이 책은 총 8권으로 이루어져 있는데, 4권, 5권, 6권이 『니코마코스 윤리학』의 5권, 6권, 7권과 겹친다. 옮긴이는 학계의 관례에 따라 공유서 세 권을 번역에서 제외했다. 번역의 기준으로 삼은 판본은 발쩌(R. R. Walzer)와 민게이(J. M. Mingay)가 편집한 옥스퍼드 비판본 *Aristotelis Ethica Evdemia*(1991)이다. 이 비판본과 다르게 읽은 경우 주석을 달아 두었다.

옮긴이는 가능한 한 원문에 충실하게 번역하되 그리스어와 우리말이 지니는 차이점을 고려해 지나친 직역은 피하고 내용의 이해를 용이하게 하는 것을 번역의 준칙으로 삼았다. 하지만 가독성을 높인다는 구실로 까다로운 문구에 자의적인 해석을 가하지 않도록 삼갔고, 축약적이고 때로는 거칠기까지 한 문장을 매끄럽게 다듬지도 않았다.

이 책의 번역 작업에서 가장 어려운 점은 번역해야 할 그리스어 원문 자체를 종종 재구성해야 했다는 것이다. 원문의 복잡한 전승 과정에서 발생한 다양한 독법을 마주하면서 10년 전 이 책을 처음 우리말로 옮기면서 느꼈던 당혹감을 다시 느꼈으며, 어느새 그때의 초심자처럼 험난한 지적 모험을 감행하고 있는 나 자신을 발견했다. 사실, 하나의 독법을 선택하는 것에서 이미 하나의 해석이 시작한다. 이번 작업에서는 다양한 해석 가능성을 제시하는 것을 넘어서 나 자신의 관점에서 좀 더 적극적이고 일관적인 해석을 시도했다. 이 해석이 얼마나 설득력 있는지는 독자의 평가에 맡긴다.

우리에게 전승된 아리스토텔레스의 글들은 술술 읽히지 않는다. 때로는 그의 글쓰기 방식이 이해를 어렵게 만들기도 하고 때로는 다루어진 내용 자체가 어렵기도 하다. 그의 글을 읽는 것은 등산하기에 비유될 수 있을 것이다. 때로는 한 구절 한 구절이 가파른 고개일 수 있고, 때로는 낱말 하나 또는 토씨 하나에 걸려 산행이 중단될 수 있으며, 정신을 바짝 차리지 않으면 길을 잃기 쉽다. 또 주의를 기울인다 해도 그의 글이 담고 있는 풍경이 한꺼번에 눈에 들어오지 않는다. 오직 오랫동안 깊은 사색을 동반한 독서를 통해서만, 넓은 시야를 확보할 수 있는 정신의 전망대에 오를 수 있다. 이런 생각의 수고를 아끼지 않는 독자는 애써서 읽은 만큼 자신의 생각이 더 성숙했음을 발견하게 된다. 아리스토텔레스로부터 한 문제의 정답을 얻기 때문이 아니라 그 문제를 탐구하기 위해 필요한 개념들과 방법에 대해 깊이 숙고하는 법을 배우기 때문이다. 아리스토텔레스가 이 책에서 그리는 행복한 삶의 모습은 '어떻게 살아야 할 것인가?'라는 질문을 던지는 이들에게 유일무이한 정답은 아니더라도 눈여겨볼 만한 하나의 대답이 될 수 있을 것이다.

이 책의 전신은 서울대학교 인문학연구원 인문한국 문명연구사업단의 두터운 지원으로 태어났다. 또한 2013년 대한민국학술원의 우수학술도서로 선정되는 영광을 안았다. 인문한국의 미래를 함께 꿈꾸며 서로 독려를 아끼지 않았던 동료들을 그리운 마음으로 떠올린다. 초벌 번역의 부족함을 지적하고 개선 방향을 제시해 주신 이태수 선생님과 이창우 선생님의 은혜도 다시 새긴다. 옛 책에 새 생명을 불어넣을 기회를 주신 정암학당의 김주일 학당장님과 한경자 연구실장님, 지난 학기 윤독에 참여해서 많은 잘못을 바로잡아 주신 김유석, 임성진, 장미성, 허민준 박사님들께 감사드린다. 좋은 책을 만들기 위해 구석구석 세심히 살펴 준 아카넷 출판사 박수용 학술팀장에게도 고마움을 전한다. 마지막으로 아리스토텔레스 윤리학을, 말을 통해서만이 아니라 삶을 통해서도 가르쳐 주신 도로테아 프레데(Dorothea Frede) 선생님에게 깊은 존경과 사랑을 바친다.

2021년 가을 인왕산 자락에서

송유레

사단법인 정암학당을 후원해 주시는 분들

정암학당의 연구와 역주서 발간 사업은 연구자들의 노력과 시민들의 귀한 뜻이 모여 이루어집니다. 학당의 모든 연구는 시민들의 자발적인 후원을 바탕으로 하기 때문입니다. 그 결실을 담은 '정암고전총서'는 연구자와 시민의 연대가 만들어 내는 고전 번역 운동의 산물이라고 할 수 있습니다. 이 같은 학술 운동의 역사적 의미를 기리고자 이 사업에 참여한 후원회원 한 분 한 분의 정성을 이 책에 기록합니다.

평생후원회원

Alexandros Kwanghae Park　강대진　강상진　강선자　강성훈　강순전　강창보

강철웅　고재희　권세혁　권연경　기종석　길명근　김경랑　김경현　김기영

김남두　김대오　김미성　김미옥　김상기　김상수　김상욱　김상현　김석언

김석준　김선희(58)　김성환　김숙자　김영균　김영순　김영일　김영찬　김운찬

김유순　김 율　김은자　김인곤　김재홍　김정락　김정란　김정례　김정명

김정신　김주일　김진성　김진식　김출곤　김 헌　김현래　김현주　김혜경

김혜자　김효미　류한형　문성민　문수영　문종철　박계형　박금순　박금옥

박명준　박병복　박복득　박상태　박선미　박세호　박승찬　박윤재　박정수

박정하　박종민　박종철　박진우　박창국　박태일　박현우　반채환　배인숙

백도형　백영경　변우희　서광복　서 명　설현석　성중모　손성석　손윤락

손효주　송경순　송대현　송성근　송순아　송유레　송정화　신성우　심재경

안성희　안 욱　안재원　안정옥　양문흠　양호영　엄윤경　여재훈　염수균

오서영　오지은　오흥식　유익재　유재민　유태권　유 혁　윤나다　윤신중

윤정혜　윤지숙　은규호　이기백　이기석　이기연　이기용　이두희　이명호

이미란　이민숙　이민정　이상구　이상원　이상익　이상인　이상희(69)　이상희(82)

이석호　이순이　이순정　이승재　이시연　이광영　이영원　이영호(48)　이영환

이옥심　이용술　이용재　이용철　이원제　이원혁　이유인　이은미　이임순

이재경　이정선(71)　이정선(75)　이정숙　이정식　이정호　이종환(71)　이종환(75)　이주형

이지수　이 진　이창우　이창연　이창원　이충원　이춘매　이태수　이태호

이필렬　이향섭　이향자　이황희　이현숙　이현임　임대윤　임보경　임성진

임연정　임환균　장경란　장동익　장미성　장영식　전국경　전병환　전헌상

전호근　정선빈　정세환　정순희　정연교　정 일　정정진　정제문　정준영(63)

정준영(64)　정태흡　정해남　정흥교　정희영　조광제　조대호　조병훈　조익순

지도영　차경숙　차기태　차미영　최 미　최세용　최수영　최병철　최영임

최영환　최운규　최원배　최윤정(77)　최은영　최인규　최지호　최 화　표경태

풍광섭　하선규　하성권　한경자　한명희　허남진　허선순　허성도　허영현

허용우　허정환　허지현　홍섬의　홍순정　홍 훈　황규빈　황유리　황희철

나와우리〈책방이음〉　도미니코 수도회　도바세　방송대문교소담터스터디

방송대영문과07 학번미아팀　법률사무소 큰숲　부북스출판사(신현부)

생각과느낌 정신건강의학과　이제이북스　카페 벨라온

개인 241, 단체 10, 총 251

후원위원

강성식 강승민 강용란 강진숙 강태형 고명선 곽삼근 곽성순 구미희
길양란 김경원 김나윤 김대권 김명희 김미란 김미선 김미향 김백현
김병연 김복희 김상봉 김성민 김성윤 김순희(1) 김승우 김양희(1) 김양희(2)
김애란 김영란 김용배 김윤선 김정현 김지수(62) 김진숙(72) 김현제 김형준
김형희 김희대 맹국재 문영희 박미라 박수영 박우진 백선옥 사공엽
서도식 성민주 손창인 손혜민 송민호 송봉근 송상호 송연화 송찬섭
신미경 신성은 신영옥 신재순 심명은 오현주 오현주(62) 우현정 원해자
유미소 유형수 유효경 이경진 이명옥 이봉규 이봉철 이선순 이선희
이수민 이수은 이승목 이승준 이신자 이은수 이재환 이정민 이주완
이지희 이진희 이평순 이한주 임경미 임우식 장세백 전일순 정삼아
정현석 조동제 조문숙 조민아 조백현 조범규 조성덕 조정희 조준호
조진희 조태현 주은영 천병희 최광호 최세실리아 최승렬 최승아
최이담 최정옥 최효임 한대규 허 민 홍순혁 홍은규 홍정수 황정숙
황훈성 정암학당1년후원
문교경기〈처음처럼〉 문교수원3학년학생회 문교안양학생회
문교경기8대학생회 문교경기총동문회 문교대전충남학생회
문교베스트스터디 문교부산지역7기동문회 문교부산지역학우일동(2018)
문교안양학습관 문교인천동문회 문교인천지역학생회
방송대동아리〈아노도스〉 방송대동아리〈예사모〉 방송대동아리〈프로네시스〉
사가독서회

개인 118, 단체 16, 총 134

후원회원

강경훈 강경희 강규태 강보슬 강상훈 강선옥 강성만 강성심 강신은
강유선 강은미 강은정 강임향 강주완 강창조 강 항 강희석 고경효
고복미 고숙자 고승재 고창수 고효순 곽범환 곽수미 구본호 구익희
권 강 권동명 권미영 권성철 권순복 권순자 권오성 권오영 권용석
권원만 권장용 권정화 권해명 김경미 김경원 김경화 김광석 김광성
김광택 김광호 김귀녀 김귀종 김길화 김나경(69) 김나경(71) 김남구 김대겸
김대훈 김동근 김동찬 김두훈 김 들 김래영 김명주(1) 김명주(2) 김명하
김명화 김명희(63) 김문성 김미경(61) 김미경(63) 김미숙 김미정 김미형 김민경
김민웅 김민주 김범석 김병수 김병옥 김보라미 김봉습 김비단결 김선규
김선민 김선희(66) 김성곤 김성기 김성은(1) 김성은(2) 김세은 김세원 김세진
김수진 김수환 김순금 김순옥 김순호 김순희(2) 김시형 김신태 김신판
김승원 김아영 김양식 김영선 김영숙(1) 김영숙(2) 김영애 김영준 김옥경
김옥주 김용술 김용한 김용희 김유석 김은미 김은심 김은정 김은주
김은파 김인식 김인애 김인욱 김인자 김일학 김정식 김정현 김정현(96)
김정화 김정훈 김정희 김종태 김종호 김종희 김주미 김중우 김지수(2)

김지애 김지열 김지유 김지은 김진숙(71) 김진태 김철한 김태식 김태욱
김태헌 김태희 김평화 김하윤 김한기 김현규 김현숙(61) 김현숙(72) 김현우
김현정 김현정(2) 김현철 김형규 김형전 김혜숙(53) 김혜숙(60) 김혜원 김혜정
김홍명 김홍일 김희경 김희성 김희준 나의열 나춘화 남수빈 남영우
남원일 남지연 남진애 노마리아 노미경 노선이 노성숙 노혜경 도종관
도진경 도진해 류다현 류동춘 류미희 류시운 류연옥 류점용 류종덕
류진선 모영진 문경남 문상흠 문순혁 문영식 문정숙 문종선 문준혁
문찬혁 문행자 민 영 민용기 민중근 민해정 박경남 박경수 박경숙
박경애 박귀자 박규철 박다연 박대길 박동심 박명화 박문영 박문형
박미경 박미숙(67) 박미숙(71) 박미자 박미정 박배민 박보경 박상선 박상준
박선대 박선희 박성기 박소운 박순주 박순희 박승억 박연숙 박영찬
박영호 박옥선 박원대 박원자 박윤하 박재준 박정서 박정오 박정주
박정은 박정희 박종례 박주현 박준용 박지영(58) 박지영(73) 박지희 박진만
박진현 박진희 박찬수 박찬은 박춘례 박한종 박해윤 박헌민 박현숙
박현자 박현정 박현철 박형전 박혜숙 박홍기 박희열 반덕진 배기완
배수영 배영지 배제성 배효선 백기자 백선영 백수영 백승찬 백애숙
백현우 변은섭 봉성용 서강민 서경식 서동주 서두원 서민정 서범준
서승일 서영식 서옥희 서용심 서월순 서정원 서지희 서창립 서회자
서희승 석현주 설진철 성 염 성윤수 성지영 소도영 소병문 소선자
손금성 손금화 손동철 손민석 손상현 손정수 손지아 손태현 손혜정
송금숙 송기섭 송명화 송미희 송복순 송석현 송염만 송요중 송원욱
송원희 송유철 송인애 송태욱 송효정 신경원 신기동 신명우 신민주
신성호 신영미 신용균 신정애 신지영 신혜경 심경옥 심복섭 심은미
심은애 심정숙 심준보 심희정 안건형 안경화 안미희 안숙현 안영숙
안정숙 안정순 안진구 안진숙 안화숙 안혜정 안희경 안희돈 양경엽
양미선 양병만 양선경 양세규 양예진 양지연 엄순영 오명순 오승연
오신명 오영수 오영순 오유석 오은영 오진세 오창진 오혁진 옥명희
온정민 왕현주 우남권 우 람 우병권 우은주 우지호 원만희 유두신
유미애 유성경 유정원 유 철 유향숙 유희선 윤경숙 윤경자 윤선애
윤수홍 윤여훈 윤영미 윤영선 윤영이 윤 옥 윤은경 윤재은 윤정만
윤혜영 윤혜진 이건호 이경남(1) 이경남(72) 이경미 이경선 이경아 이경옥
이경원 이경자 이경희 이관호 이광로 이광석 이군무 이궁훈 이권주
이나영 이다영 이덕제 이동래 이동조 이동춘 이명란 이명순 이미옥
이병태 이복희 이상규 이상래 이상봉 이상선 이상훈 이선민 이선이
이성은 이성준 이성호 이성훈 이성희 이세준 이소영 이소정 이수경
이수련 이숙희 이순옥 이승훈 이시현 이아람 이양미 이연희 이영숙
이영신 이영실 이영애 이영애(2) 이영철 이영호(43) 이옥경 이용숙 이용웅
이용찬 이용태 이원용 이윤주 이윤철 이은규 이은심 이은정 이은주
이이숙 이인순 이재현 이정빈 이정석 이정선(68) 이정애 이정임 이종남

이종민 이종복 이중근 이지석 이지현 이진아 이진우 이창용 이철주
이춘성 이태곤 이평식 이표순 이한솔 이현주(1) 이현주(2) 이현호 이혜영
이혜원 이호석 이호섭 이화선 이희숙 이희정 임석희 임솔내 임정환
임창근 임현찬 장모범 장시은 장영애 장영재 장오현 장지나 장지원(65)
장지원(78) 장지은 장철형 장태순 장홍순 전경민 전다록 전미래 전병덕
전석빈 전영석 전우성 전우진 전종호 전진호 정가영 정경희 정계란
정금숙 정금연 정금이 정금자 정난진 정미경 정미숙 정미자 정상묵
정상준 정선빈 정세영 정아연 정양민 정양욱 정 연 정연화 정영목
정옥진 정용백 정우정 정유미 정은정 정일순 정재웅 정정녀 정지숙
정진화 정창화 정하갑 정은교 정해경 정현주 정현진 정호영 정환수
조권수 조길자 조덕근 조미선 조미숙 조병진 조성일 조성혁 조수연
조영래 조영수 조영신 조영연 조영호 조예빈 조용수 조용준 조윤정
조은진 조정란 조정미 조정옥 조증윤 조창호 조현희 조황호 주봉희
주연옥 주은빈 지정훈 진동성 차문송 차상민 차혜진 채수환 채장열
천동환 천명옥 최경식 최명자 최미경 최보근 최석묵 최선희 최성준
최수현 최숙현 최영란 최영순 최영식 최영아 최원옥 최유숙 최유진
최윤정(66) 최은경 최일우 최자련 최재식 최재원 최재혁 최정욱 최정호
최종희 최준원 최지연 최혁규 최현숙 최혜정 하승연 하혜용 한미영
한생곤 한선미 한연숙 한옥희 한윤주 한호경 함귀선 허미정 허성준
허 양 허 웅 허인자 허정우 홍경란 홍기표 홍병식 홍성경 홍성규
홍성은 홍영환 홍은영 홍의중 홍지흔 황경민 황광현 황미영 황미옥
황선영 황신해 황예림 황은주 황재규 황정희 황주영 황현숙 황혜성
황희수 kai1100 익명

리테라 주식회사 문교강원동문회 문교강원학생회
문교경기〈문사모〉 문교경기동문〈문사모〉 문교서울총동문회
문교원주학생회 문교잠실송파스터디 문교인천졸업생
문교전국총동문회 문교졸업생 문교8대전국총학생회
문교11대서울학생회 문교K2스터디 서울대학교 철학과 학생회
(주)아트앤스터디 영일통운(주) 장승포중앙서점(김강후)
책바람

개인 687, 단체 19, 총 706

2021년 10월 30일 현재, 1,046분과 45개의 단체(총 1,091)가 정암학당을 후원해 주고 계십니다.

지은이

아리스토텔레스(Aristoteles, 기원전 384~322)

그리스 북동부 스타게이로스에서 의사의 아들로 태어나 17세에 아테네로 유학을 떠났다. 스무 해 동안 플라톤의 아카데미에 머물면서 배우고 가르쳤다. 스승의 사후, 소아시아 지방으로 거처를 옮겼으며, 한때 마케도니아의 필립포스 2세의 아들인 알렉산드로스를 가르쳤다고 전한다. 기원전 335년에 아테네로 되돌아와 '뤼케이온'이라는 학원을 설립한 후 왕성한 학문 활동을 펼쳤다.
아리스토텔레스는 학문 분야를 이론 · 실천 · 제작 분야로 삼분하면서 학문 전체의 체계화를 시도했고, 각 분야마다 주요 개념과 이론적 틀을 제공했다. 기원전 232년 알렉산드로스 대왕의 죽음과 함께 아테네에 반(反)마케도니아 분위기가 일어나자, 불경죄로 고소당한 그는 소크라테스의 죽음을 상기시키며 '아테네인들이 철학에 두 번 죄를 짓지 못하도록' 에우보이아 섬의 칼키스로 떠나고 이듬해 그곳에서 숨을 거둔다.

옮긴이

송유레

서울대학교에서 불어교육을 전공하고 철학을 부전공한 후, 같은 학교 대학원 철학과에서 석사학위를 받았다. 독일 함부르크대학교에서 신플라톤주의의 주창자인 플로티누스의 윤리학 연구로 박사학위를 받았다. 서울대학교 인문학연구원 HK교수를 거쳐 지금은 경희대학교 철학과 교수로 재직 중이다.
주요 연구 분야는 서양 고대의 형이상학과 윤리학이며, 철학과 종교의 관계에 중점을 두고 있다. 주요 논문으로는 「에토스에 관한 철학: 윤리학의 기원과 교육의 문제」, 「플라톤의 『에우튀프론』에 나타난 인간애와 경건」, 「덕의 미메시스 — 플라톤의 시(詩) 개혁」, 「의지의 기원과 이성적 욕망 — 아리스토텔레스의 소망 개념 연구」, 「악덕의 자발성 — 아리스토텔레스의 반-소크라테스적 논증」, 「플로티누스의 세계제작자: 플라톤의 『티마이오스』의 탈신화적 해석」, 「영혼의 모상: 플로티누스의 자연과 영혼의 구분」 등이 있다.

정암고전총서는 정암학당과 아카넷이 공동으로 펼치는 고전 번역 사업입니다.
고전의 지혜를 공유하여 현재를 비판하고 미래를 내다보는 안목을 키우는
문화적 기반을 마련하고자 합니다.

정암고전총서 02

에우데모스 윤리학

1판 1쇄 찍음 2021년 11월 9일
1판 1쇄 펴냄 2021년 11월 30일

지은이 아리스토텔레스
옮긴이 송유레
펴낸이 김정호

책임편집 박수용
디자인 이대응

펴낸곳 아카넷
출판등록 2000년 1월 24일(제406-2000-000012호)
주소 10881 경기도 파주시 회동길 445-3 2층
전화 031-955-9511(편집) · 031-955-9514(주문)
팩스 031-955-9519
www.acanet.co.kr

Printed in Paju, Korea.

ISBN 978-89-5733-751-6 94160
ISBN 978-89-5733-609-0 (세트)